涌现 CHEERS

与最聪明的人共同进化

HERE COMES EVERYBODY

U0535109

戈特曼"亲密关系"系列

人的七张面孔

THE
RELATIONSHIP CURE

[美] 约翰·戈特曼（John Gottman） 著
琼·德克莱尔（Joan DeClaire）

李兰兰 译

浙江科学技术出版社

你了解人际交往中的心理奥秘吗？

- 如果你希望与关心的人保持长久、稳固的关系，一定要在任何情况下都能积极回应对方的沟通邀请吗？（ ）

    A. 是

    B. 否

- 在工作中，以下哪项活动能提高同事间的沟通能力？（ ）

    A. 增加各种"面对面"的机会

    B. 组织集体度假活动

    C. 组织小范围的生日聚会

    D. 以上全部

- 儿童心理学家海姆·吉诺特曾说："允许所有的感受，但不允许所有的行为。"以下哪项是对于这句话正确的理解？（ ）

    A. 孩子的感受不重要

    B. 孩子的行为和感受是割裂的

    C. 要为孩子因为坏情绪造成的负面行为设定界限

    D. 孩子的行为比感受重要

扫描左侧二维码查看本书更多测试题

JOHN GOTTMAN

约翰·戈特曼

"婚姻教皇"
与罗杰斯、荣格齐名的心理学家

专注50余年
"爱情实验室"与"婚姻教皇"

美国知名畅销书作家马尔科姆·格拉德威尔曾在自己的一本著作中写道:"他是一位个子不高的男士,长着猫头鹰般敏锐的眼睛,头发花白,胡须修得整整齐齐。他魅力超凡,总能与人相谈甚欢,每当谈到让他兴奋的话题时,他的眼睛便闪闪发亮,更加炯炯有神。他的身上仍带有20世纪60年代嬉皮士的范儿,比如他那顶偶尔扣在犹太编织圆帽上的红军帽。"

马尔科姆笔下的这个人便是全球人际关系领域公认的殿堂级人物——约翰·戈特曼。从20世纪70年代至今,戈特曼对人际关系、婚姻关系及家庭关系进行了长达50余年的跟踪研究。1992年,戈特曼与其妻子主持的爱情实验室公布了堪称史上最大规模的家庭关系研究结论,在这项涉及近3 000个美国家庭、700对新婚夫妇的纵向研究中,戈特曼可以在5分钟内判断一对夫妇未来一年内的婚姻状况,准确率高达91%。

爱情实验室的门槛被蜂拥而至的媒体踏平,《早安美国》《今日秀》《CBS早间新闻》《奥普拉脱口秀》《纽约时报》《人物》《今日心理》《西雅图时报》等争相报道戈特曼的神奇预言。有媒体甚至因戈特曼拯救了万千陷入危机的家庭而称其为"婚姻教皇"。戈特曼的著作《幸福的婚姻》更是畅销20余年,长期盘踞同类图书榜首,横扫全球22个国家,被《哈佛商业评论》誉为沟通经典之作。

用数据说话
大数据时代的亲密关系真相

戈特曼在50余年的研究生涯中始终致力于将人与人之间的关系与行为数据化,并通过建立数学模型来预测人的行为。其研究成果中的诸多数据广为流传,甚至已经成为共识,比如,婚姻稳定的夫妻释放的积极信号和消极信号比是5:1,最终离婚的夫妻释放的积极信号和消极信号比则是0.8:1;婚姻中有69%的冲突永远无法解决;67%的新手父母都对彼此非常不满;等等。通过对这些数据的分析和应用,戈特曼得以不断完善其独特的婚姻治疗方法,从而帮助伴侣消除感情障碍,改善相处模式,巩固亲密关系。

如今,戈特曼针对情侣、父母、单身人士、心理咨询从业者,已打造出一套科学而完备的亲密关系经营方法,为这些处于不同身份、不同人生阶段的人揭示了建立、经营与修复亲密关系的黄金法则。他在《爱的沟通》中给单身人士打造了一份科学恋爱攻略,又经《幸福的婚姻》提供了一份经久不衰的婚姻经营宝典,他在《爱的冲突》中鲜明地提出了让亲密关系走向成熟的磨合法则,又通过《幸福婚姻的10大敌人》提供了一份及时的婚姻抢救实战方案,他以《爱的博弈》指导伴侣修复信任,又以《当婚姻中有了孩子》为有孩子的伴侣送去一份爱情保温指南,他用《培养高情商的孩子》教会父母让孩子受益一生的情商训练法,又用《人的七张面孔》向所有人揭示了打造良好人际关系的秘诀……他毫无保留地将"戈特曼方法"传入千家万户,深刻地改变了两代人的婚恋观。

与罗杰斯、荣格齐名的心理治疗大师

无论在婚姻、亲子领域，还是在商业、职场中，戈特曼带给人际关系研究的变革都是划时代的。深耕人际关系领域50多年来，他建构的人际关系模型是目前心理学领域少有的可预测性数理模型，他的研究已使超过38个国家的数百万对夫妇和数万名临床医生直接受益，也已帮助无数面临人际和沟通问题的职场中人打破困局，达到人生的新高度。他极具科学性的研究让人耳目一新，也让人与人之间的沟通回归真挚且更加有效。

2007年，美国具有相当权威性的刊物《美国心理治疗网络》及《美国心理学家》杂志同时评出20世纪最后25年间，美国心理治疗师眼中10位最具影响力的心理治疗大师，戈特曼赫然在列，与卡尔·罗杰斯、卡尔·荣格共享殊荣。

戈特曼同时收获了美国家庭治疗领域的所有专业大奖。4次荣获美国国家心理健康研究所科学研究者奖章，并获美国婚姻与家庭治疗协会杰出科学研究者奖章、美国家庭治疗学会杰出贡献奖、美国心理学会家庭心理学分会会长奖章。

作者相关演讲洽谈，请联系
BD@cheerspublishing.com

更多相关资讯，请关注

湛庐文化微信订阅号

湛庐 CHEERS 特别制作

戈特曼 "亲密关系"系列	《爱的沟通》 《幸福的婚姻（全新升级版）》 《爱的冲突》 《幸福婚姻的10大敌人》	《爱的博弈》 《当婚姻中有了孩子》 《培养高情商的孩子》 《人的七张面孔》

中文版序

是什么让我们在一起

约翰·戈特曼
朱莉·施瓦茨·戈特曼

戈特曼"亲密关系"系列终于跟中国读者见面了，我和妻子朱莉·施瓦茨·戈特曼（Julie Schwartz Gottman）对此倍感欣喜。借此机会，我们要向所有的中国读者表达最诚挚的问候。

中国是一个伟大的国家，也是世界文明发展的引领者。只要是受过教育的人，没有谁不会对中国的灿烂文化、艺术、科学以及对世界的贡献赞叹不已。如今，中国在世界和平发展以及全人类的繁荣等方面起着领导作用。我们对此感到由衷的钦佩，并真诚地祝愿所有中国人幸福、长寿。

我们衷心地希望，世界上所有人都能认识到，人类是一个大家庭，有许多共同点，我们也正因如此才能如亲人般紧密相连。尽管不同国家或地区的人分歧和矛盾不断，然而冥冥之中，始终有一股强大的力量把人类紧密地联结在一起，这种力量就是爱。对爱的渴望是人类的共同追求。人们期待矢志不渝、一生一世的爱。人们期望通过爱建立家庭，共同追寻生活的意义，共同为养育健康、蓬勃而可爱的下一代努力。希望所有人能共享这样的爱。爱是把所有人联结到一个伟大的人类大家庭中的纽带，是凝聚万物的力量。我们愿意和所有人一起，为这种爱欢呼。

我们一直致力于通过客观的科学方法，从亲密关系中的"成功者"和"失败者"身上学习关于爱的知识。在这个过程中，我们有幸认识了数以千计的伴侣，他们自愿加入我们的科学研究和临床治疗工作中，令我们十分感动。与此同时，我们和同事罗伯特·利文森（Robert Levenson）博士一起，以非常高的准确率预测了美国伴侣亲密关系的未来发展状况。至今，我们对此依然感到非常惊讶。在过去的30多年里，我们将这种预测性的理论知识转化为改善亲密关系的实践方法，并在全球许多国家进行了系统性实证研究，以测试这些方法的效果。我们发现，这些方法也适用于美国以外的其他国家或地区的伴侣，对此，我们同样感到非常惊讶。当然，在一开始，我们还未对这些方法同样适用于中国人有十足的信心，好在结果证明，它们也为成千上万个中国人带来了幸福，我们备受鼓舞，也十分欣慰。现在，戈特曼"亲密关系"系列出版了，希望它能继续为中国读者的幸福旅程助力。

当今世界，各国仍存在着较大的政治和文化分歧，以及我们不愿意看到的两极分化，这使一些国家或地区的人们日益疏远甚至形同陌路。那么，我们能做什么呢？从现在开始，一起从科学中学习坚韧而持久的爱吧。只有爱能让我们求同存异，并意识到彼此是真正的兄弟姐妹。同样，在寻找人生伴侣的过程中，我们将看到，拥堵的冲突之路可以轻而易举地变成辽阔的相爱之路。在戈特曼"亲密关系"系列中，我们希望每个人都会看到，在我们对爱人日常的愤怒和失望中，其实蕴藏着欲望、梦想，也蕴藏着可以将冲突转变为亲密联结的蓝图。我们首先要做的，就是学习如何把冲突转化为联结。也许在这个小小的星球上，无论身处何地，学会深爱他人都是我们通往共情、慈悲和爱的必由之路。

目 录

中文版序　是什么让我们在一起
　　　　　约翰·戈特曼　朱莉·施瓦茨·戈特曼

第一部分　建立关系，从沟通开始

01　沟通邀请　　　　　　　　　　　　　003
完美人际关系的起点

沟通邀请，完美人际关系的起点　　　　　008
循序渐进，完美人际关系的守则　　　　　011
一次一步，从普通同事到挚友　　　　　　014
转折点，3种沟通回应方式　　　　　　　 024
无果的尝试　　　　　　　　　　　　　　028
人际关系危机，情感沟通缺乏的后果　　　029
获得情感沟通的能力　　　　　　　　　　036

02　3种沟通回应　　　　　　　　　　　039
测测你的沟通邀请能力

情感需求，沟通邀请的真面目　　　　　　042

沟通邀请的伪装：为什么像雾又像风	044
积极回应，最佳的沟通邀请	052
回避，无意伤害的沟通邀请	057
拒绝，糟糕的沟通邀请	064
男女有别	067

03 沟通中的 6 只黑手　　　　　　　　　069
阻碍人际关系发展的症结

第一只黑手，心不在焉	069
第二只黑手，口"剑"腹"蜜"	072
第三只黑手，口无遮拦	074
第四只黑手，宣泄不当	075
第五只黑手，执拗暴躁	076
第六只黑手，避而不谈	079

第二部分　人际关系背后的七张面孔

04 7 张情绪面孔　　　　　　　　　085
人际关系背后的心理秘密

7 种情绪指令系统	090
影响情绪指令系统的因素	096
了解自己的情绪指令系统	098
付诸实践	122
接受自我，接纳他人	123
勇于面对分歧，积极解决问题	125
情绪指令系统 vs 沟通邀请	127

05 隐秘的过去　　　　　　　　　135
影响人际关系建立的情感历史

探究情感历史，发现情绪反应的原因	138

家庭情绪观，情绪表达方式之源	145
"情绪管理训练型"情绪观	152
"忽视型"情绪观	153
"压抑型"情绪观	155
"放任型"情绪观	159
情感逃避，一道人际鸿沟	162
持续伤害，情感软肋	164
认识持续伤害，好处多多	168

06 不经意的线索　　　　　　　　　171
捕捉人际沟通细节的技巧

你的情感正在流露	174
辨别不同的面部表情	176
关注肢体语言	186
触摸，亲密关系信号	189
声音，流露丰富的情感信息	192
谈谈你的感觉	195
隐喻，内心想法的一面镜子	198
学会倾听最重要	204

第三部分　建立完美的人际关系

07 寻找共同意义　　　　　　　　　217
建立信任和支持的基石

"异"中求"同"	219
成为梦想发现者	221
个人梦想，请不要躲闪	224
倾听他人的梦想	225
信任和支持	227
充分利用已有的常规活动，创造新的常规活动	237
不要忽视情绪指令系统	241

调整常规活动	242

08 无处不在的沟通 — 247
学以致用的人际关系法则

夫妻，获得幸福婚姻的法则	247
婚姻中能加强情感联系的常规活动	259
父母与子女，培养亲密关系的法则	264
与孩子建立联系的常规活动	281
朋友，赢得长久友谊的法则	289
有助于和朋友建立情感联系的常规活动	299
兄弟姐妹，保持和谐相处的法则	302
与兄弟姐妹建立情感联系的常规活动	313
同事，提升工作满意度的法则	317
与同事建立情感联系的常规活动	327

后 记　**美好瞬间的收集者**　　333

第一部分

建立关系，从
沟通开始

THE
RELATIONSHIP
CURE

专注于对方的需求,
积极回应对方。

The
Relationship Cure

01

沟通邀请
完美人际关系的起点

西雅图一家互联网公司的员工正面临一个让他们头疼的问题，这个难题很普遍：他们无法与上级顺畅地沟通。在酒吧里，他们的对话很可能这样展开：

"约瑟夫是我见过的最冷淡的人。"

"对，对！有一天，我在他的办公室里看见一张小男孩的照片，我问：'这孩子真可爱，是你儿子吗？'他只回了句'不是'。"

"就这些？"

"是呀，当时我就想：'不是你儿子，那他是谁？你侄子？继子？教子？'"

"他这人就那样，不过他的工作能力很强，听说他要当我们的负责人，我还觉得挺兴奋的。"

"他是挺聪明的，可是这跟我们有什么关系？我们还没建成那个网站呢！"

"是啊，他与人交往的能力太差了！你有没有注意到，其他经理都不愿搭理他。"

"是呀，真烦人！本来我们在公司就没什么地位，还指望他把我们的声音传递给上层领导，让我们日子舒服点呢。可他从来不问我们的意见，甚至连日常问候都没有一句。"

"还记得我们刚搬进新办公楼的时候吗？他取消了独立办公室，还说让我们增进沟通！简直就是胡说嘛！"

"别说了，伙计们，我觉得他也挺可怜的。"

"他可怜？为什么？别忘了，人家可是有股票认购特权的人。"

"不过我觉得他也想当一个好领导，只是他不知道该怎么做。"

"是吗？你怎么知道的？"

"我也不知道，我猜的。也许他已经知道我们对他不满意，更不知道该怎么做了。我也不知道他心里在想什么，不过，我想他一定想当个好领导。"

再看另一个例子。45岁的克丽斯汀是一位广告公司经理，她的母亲被确诊患有阿尔茨海默病。克丽斯汀非常想照顾自己的母亲，可是她与母亲家隔了好几个州。母亲与她的姐姐爱丽丝住得比较近。下面是姐妹之间的对话：

"妈妈怎么样了？"克丽斯汀关心地问。

"只要保险公司把她的医药费支付了，她就能好很多，"爱丽丝说，"她整天念叨这个。"

"去年12月份就这么说，保险公司还没有赔付？"

"没有，上次的住院费还没有付，我刚才说的是这次住院的医药费。"

"这次住院？什么意思？"

"我没有告诉你吗？"

"告诉我什么？"

"上个月，妈妈又住院了，医院给她做了些检查。"

"你怎么不告诉我呀？为什么不给我打电话？"

"当时又忙又乱的，即使给你打电话，也只能拨通你的语音留言，语音留言从来也没找到过你。再说了，你住在东海岸，也帮不上忙呀。"

"可是，我跟你说过，要是妈妈再犯病，一定要给我打电话。"

"她现在又没事了，医院给她用了一种新药，现在好多了。我们都处理好了，没必要担心。"

可是克丽斯汀不但很担心，而且很生气。她告诉自己，爱丽丝也有很多事情要做，并非故意隐瞒。况且母亲目前健康状况每况愈下，姐妹俩需要更好的沟通和交流，否则，克丽斯汀很可能会失去照顾母亲的最后机会。如果这种情况真的发生的话，姐妹俩很可能会在互相抱怨中度过余生。

现在我们再听听菲尔和蒂娜的故事。菲尔和蒂娜是一对三十多岁的夫妻，他们彼此相爱，工作稳定，有两个可爱的孩子，身边还有很多朋友。在外人看来，他们的生活几近完美，不过他们已经整整6个月没有过性生活了。

他们二人坐在治疗室内的小沙发上，向我们讲述了问题是怎样产生的。

"蒂娜的公司当时正在重组，"菲尔解释说，"每天回到家，她都累得筋疲力尽。"

"那段时间挺难熬的，"蒂娜回忆说，"每天不间断地开会，会上气氛非常紧张，我必须保住大家的工作。回到家后，我还是不能摆脱压力，非常焦虑，不想跟任何人说话。菲尔一直对我很有耐心，但是……"

"我想帮她，想让她知道一切都会好起来。可是好像我做什么都不对，我们之间好像出现了严重的裂痕。在床上时，我亲她的脖子，抚摸她的肚子，可她一点反应都没有。以前我这么做，总能引起她的兴致，我真的不喜欢现在的样子。"

"我知道他抚摸我时，如果我没什么反应，他会觉得受伤，"蒂娜解释说，"这让我更紧张了。"

菲尔很理解蒂娜："公司里的人都寄希望于她，可是家里却有个缺少安全感的男人，因为得不到她的关爱而哀怨，这对她来说肯定挺没劲的。"

为了维护男人的尊严，菲尔不再尝试，他选择了沉默。"我厌倦了总是被拒绝。"他对治疗师说，"我不知道这样下去我们还能支撑多久，总是被拒绝，总是被人晾在那里的感觉很不好。我当然爱她，但是，我不知道我们的婚姻还能不能继续下去。"

"我也受不了，"蒂娜流着泪，沉默了很长一会儿后说，"其实我也渴望性爱，我也怀念以前的感觉。"

"也许我们可以重新开始。"菲尔平静地说，"我不知道你有这样的想法，以前你从来没有跟我说过。"

菲尔说得太好了！试图挽救婚姻的人希望婚姻幸福，努力解决家庭矛盾的人期待家庭和美，努力和上司搞好关系的人渴望事业有成。他们都需要与对方进行情感沟通，需要帮助对方意识到双方是彼此联系的。

前面提到的西雅图那群满腹牢骚的职员们，希望上司欣赏他们的工作，重视他们的提议。可是当他们试图同领导沟通时，对方没有任何回应，领导同职员甚至连普通的日常沟通都没有。领导的反应使下属们确信，绝对无法从领导那里获得赏识，他们士气大挫，开始怀疑是否能够建成网站，完成项目。

克丽斯汀和爱丽丝姐妹的情况同样如此。妹妹要求姐姐把母亲的病情及时通知她，她也是家庭的一分子，需要感受与家庭的联系。母亲生病时，更是如此。母亲再次住院，爱丽丝没有通知克丽斯汀，说明她认为克丽斯汀在母亲和她的生活里并不重要。尽管爱丽丝会解释说，因为克丽斯汀离母亲太远了，但由于没有被告知母亲再次住院的消息，克丽斯汀体会到的情感距离，比起地域的实际距离要远得多。

因婚姻出现危机在我这里接受治疗的夫妻中，菲尔和蒂娜的情况很普遍。不同婚姻出现问题的原因各不相同，性爱、金钱、家务、孩子都可能是导致问题的原因。不管具体原因是什么，所有夫妻都期待对方能理解并关心自己的感受。

通过语言或具体行动进行情感沟通，对任何人际关系的顺利发展都至关重要，这些重要关系包括我们同孩子、兄弟姐妹、朋友和同事的关系。在人际交往中，我们渴望得到认同，但可能遭受冷遇。问题的核心只有一个：与他人交往时，有的人缺少我称之为"沟通邀请"（bid）的能力。提出或回应沟通邀请是进行情感沟通的基础。

本书将向读者介绍5种方法，这些方法可以确保你获得这种能力，从而提高你的人际交往能力。

- 能力分析：对你提出沟通邀请以及回应他人沟通邀请的能力进行分析。
- 了解情绪指令系统：探究大脑的情绪指令系统如何影响你提出和回应沟通邀请的过程。
- 探寻情感历史：探寻情感历史如何影响你的人际交往能力和提出沟通邀请的方式。
- 提高沟通能力：研究如何提高你的情感沟通能力。
- 与人分享：发现与人分享的重要性。

沟通邀请，完美人际关系的起点

我们先一起分析一下什么是"沟通邀请"。沟通邀请可能是一个问题、一个手势、一本书或是轻轻的身体接触。任何希望同对方进行情感沟通的行为都可称为沟通邀请。对沟通邀请的回应可能是积极的，也可能是消极的。

> **人际关系关键词**
>
> **沟通邀请**
>
> 任何希望同对方进行情感沟通的行为都可称为沟通邀请，可能是一个问题、一个手势、一本书或是轻轻的身体接触。

最近，在华盛顿大学，我和我的研究团队发现，沟通邀请的过程对我们同他人的关系至关重要。例如，我们发现婚姻面临破裂的夫妻中，占82%的时间里，丈夫拒绝妻子希望进行情感沟通的尝试。而婚姻幸福的夫妻中，丈夫拒绝妻子沟通邀请的时间占19%。婚姻出现问题的夫妻中，占50%的时间内，妻子对丈夫发出的沟通邀请置之不理。而幸福的夫妻中，妻子拒绝丈夫沟通邀请的时间只占14%。

此外，对比婚姻幸福与婚姻不幸的两组夫妻后，我们还发现了另一个重要的现象：共进晚餐时，10分钟内，幸福的夫妻彼此产生联系的次数高达100次，而婚姻不幸的夫妻彼此产生联系的次数为65次。从表面看来，100次同65次差别并不太明显。但是，如果把10分钟换成一年呢？婚姻幸福的夫妻比婚姻不幸的夫妻多产生联系的时间都能写完一本长篇小说了。

我们还发现，夫妻间多进行情感沟通好处多多。比如，在日常生活中积极回应对方沟通邀请的人在争吵中更容易用幽默、感性的方式解决争端。在日常生活中，他们尊敬对方，热情地回应他人的沟通邀请，对方对他们的好感仿佛银行里的存款不断地增加。一旦发生争吵，存储的好感开始发挥作用。对方可能在潜意识中想："他现在快把我气死了！但是，看在他平常总是耐心地听我抱怨工作的份上，这次我就原谅他吧。""她简直把我逼疯了！不过，平时她总是对我说的笑话放声大笑，算了，不跟她计较了。"

幽默、感性地解决争吵十分重要，它能避免冲突继续恶化，加深双方的了解。在争吵的过程中，不逃避问题，积极地解决问题，可以顺利结束争吵，修复受伤的感情，建立对彼此的正面认识。这种沟通的方式需要慢慢修炼，需要在日常千万次的情感沟通中正确处理对方的'沟通邀请'才可获得。

如果总是不能积极地回应对方的情感沟通邀请，结果会怎样？我们总是忽略他人的情感沟通邀请，并不是蓄意而为，更不是恶意为之，很多时候，我们只是没有意识到对方需要我们的关注。尽管如此，一旦养成忽略他人的沟通邀请的习惯，结果却是致命的。

我在戈特曼研究所时见过很多这样的案例。很多找我咨询的人认为自己非常孤独。尽管他们的爱人、朋友、孩子、父母、兄弟姐妹和同事整日围绕在身边，他们依然觉得孤独。与亲朋好友的关系日益淡漠使得他们既吃惊又失望。

"我真的很爱我的妻子，"一位咨询者向我描述自己的婚姻时说，"但是我们的婚姻生活有时特别空虚。"他觉得往日的浪漫与激情在渐渐消退。他并没有意识到自己时刻都有机会密切同妻子的关系，重拾浪漫。同其他情绪低落、孤独的人一样，他并没有刻意忽视或拒绝妻子的情感沟通邀请。因为情感沟通邀请非常简单，十分微妙，听话人有时根本意识不到对方在尝试与他进行情感沟通。

忽略伴侣情感沟通邀请的人在工作中也会四处碰壁。刚进入新的工作环境，他们可能与同事的关系进展顺利，不过由于他们往往只关注眼前的工作和可能导致同事间关系破裂的不利因素。随着时间的推移，当他们发现自己并没有获得升职，在某些重大项目上也没有发言权时，他们既失望又懊恼，觉得同事和老板都背叛了他。

这些人对朋友和亲人同样十分失望，他们总觉得非常失落，认为朋友、兄弟姐妹甚至自己的孩子都不可信，对自己不忠诚。深入研究后，我们发现这些人总是倾向于忽视他人发出的沟通邀请，渐渐地，对方不再尝试，最终他们失去了亲朋好友的支持。

研究表明，不能恰当地回应沟通邀请的人同他人的争执也比普通人多。因为在很多情况下，只要他们意识到对方的情感需求，争执往往不会发生。生活中，很多争执都是因误解和疏离而产生的。如果双方及时沟通，大多数争执都是可以避免的。可是总有一些人选择争执，而不去沟通，这种争执往往导致婚姻破裂、父母子女关系恶化以及其他各种人际关系的破裂。长期生活在争吵环境中的孩子在人际交往的过程中往往面临更多的困难，争吵对他们的身心健康发展十分不利。缺乏归属感的人在工作中往往更容易感到孤独和不满，也更缺少安全感。这些问题容易给人们的生活带来巨大的压力，导致各种生理和心理问题的产生。

我们的研究成果表明，这些问题是可以得到解决的。分析发现，能正确地提出沟通邀请并对他人的沟通邀请做出积极回应的人，在处理各种人际关系时会得心应手、游刃有余。

我们希望更多的人分享我们的研究成果，希望本书能帮助你建立完美的人际关系，过上称心如意的生活。

循序渐进，完美人际关系的守则

作家安妮·拉莫特（Anne Lamott）给我们讲述了她弟弟的故事。10岁的弟弟需要写一篇关于鸟的调查报告。这个艰巨的任务让小男孩十分苦恼，于是弟弟去找爸爸帮忙。安娜写道——爸爸搂着弟弟的肩膀说："一步一步来，孩子，一步一步，慢慢来。"

这个方法同样适用于处理我们同家人、朋友和同事的关系。良好人际关系的建立绝非一朝一夕之功，而是在一次次的日常沟通中逐渐建立的。

如果你能与我们的研究团队一起分析每次日常沟通，你会发现每次沟通都是由一个个的沟通片段构成。每次沟通邀请都对应一个对沟通邀请的回应。这些沟通片段就像构成人体的细胞和建成楼房的砖块，是情感沟通的基础。每次沟通所包含的情感信息可能加深或淡化人们之间的关系。看下面几个例子。

"妈妈，什么时候可以吃晚饭？"
"别烦我了！看我把饭菜端上桌就能吃了。"
"这个月的报告你又没按时交，你怎么总是这样？！"
"为什么不查查你的邮箱？我昨晚就发给你了。"
"有人吗？"
"谁啊？"
"你今晚有时间吗？"
"也许有……也许没有……"

沟通邀请以及对沟通邀请的回应可能发生在很重要、很夸张或很神圣的时刻，如我们经常在电影中看到的画面：

"维奥莉特，你愿意嫁给我吗？"
"是的，杰克，我愿意！"

也可能发生在很普通的日常沟通中：

"上楼的时候给我带瓶啤酒，好吗？"
"好的，还要别的吗？要薯条吗？"

沟通邀请可能很隐晦："这条裙子真漂亮！"也可能非常直白："我想和你做爱。"

沟通邀请可能发生在陌生人之间无足轻重的沟通中："能帮我叫辆出租车吗？"也可能发生在好友分享秘密时的低语里："知道昨晚我遇到了什么事吗？简直让人难以置信！"

沟通邀请可以拉近陌生人的距离："我可以坐在这里吗？"也可以使熟人关系更亲密："好想你啊，我们找个地方聊聊吧！"

对沟通邀请的积极回应通常能带来进一步的深入沟通，沟通双方往往会提出更多的沟通邀请。旁观者仿佛在看乒乓球比赛，双方你来我往，不断提出沟通邀请，而对方总是积极回应。

"今天午餐打算怎么吃？"
"我带了一个三明治。想和我一起到外面吃吗？"
"好啊，不过我想先去食品店买点东西。要带点什么吗？"

"好，给我带罐乐倍①吧。我把上次聚会的照片也带上。"

"好，正想看呢！还有，我们得商量一下为佩格办聚会的事了。"

"对对，是该商量这事了。"

但对沟通邀请的消极回应会终止沟通的继续进行，其他沟通邀请也不会再发生。

"今天午餐打算怎么吃？"

"午餐？谁有时间吃午餐啊！"

"那以后再说吧！"

"嗯，以后再说。"

研究表明，"以后"几乎不会有"再说"。事实上，一旦首次沟通邀请被拒绝，人们几乎不会继续尝试。当然，这并不是说我们要接受所有的邀请。只是，人们可以在拒绝别人的同时，仍然接受对方情感沟通的邀请。

"今天午餐打算怎么吃？"

"真希望我能有时间吃午餐，只是我必须完成这个报告。你呢，怎么吃？"

"我带了个三明治，想坐外面吃。我还要去食品店买罐可乐，需要给你带点什么吗？"

"太好了。能给我带个黑麦汉堡和一罐乐倍吗？啊，还有，你在外面时，别忘了也替我晒晒太阳。"

"没问题。"

---

① Dr. Pepper，一种焦糖碳酸饮料。——译者注

一次一步，从普通同事到挚友

一般说来，随着沟通双方关系的不断深入，沟通邀请强度的不断加强，频率也会不断增加。我们看看普通同事是如何成为密友的。

工作第一天，你因为某个软件问题向他提出沟通邀请，然后你们分享了一个关于办公室隔断墙的笑话，当然这个笑话绝对与政治无关。接着他邀请你一起去吃午餐。午餐的谈话内容无非是日常琐事以及与工作相关的一些话题。你们渐渐熟悉后，一天，你问起他对老板的看法。他告诉了你真实的想法，接着你又请教了他几个工作上的问题。几个月后，得知你最重视的项目被撤销后，你满腹牢骚，非常气愤！到哪里去释放你的怒气呢？当然是去他的办公室，你信任他。你们畅所欲言，无话不谈，事后绝不会因为失言而后悔。随着时间的推移，周末你们一起去看比赛，邀请他和他的妻子来家里共进晚餐。他也了解了你的家庭和童年，理解你的喜怒哀乐。你已经想不起那些生活中没有他的时光。你总是第一个打开他的邮件，与他分享你所有的笑话。

这究竟是如何发生的？**答案很简单：一次一步。也就是说，每次沟通，你们的关系都会前进一步**。双方不断提出沟通邀请，并积极地回应对方的每次沟通邀请，你们的关系便得以顺利发展。

这样看来，建立完美的人际关系似乎很简单，但生活中因提出沟通邀请或回应沟通邀请的方式不恰当而导致关系疏远的例子比比皆是。

下面要提到的情景对你来说肯定不陌生。我们先看一下沟通邀请失败后影响关系发展的例子，然后看看改进沟通邀请后，双方关系如何好转，并得到进一步巩固，到达一个新境界。

无话可说的姐妹

还记得妈妈住院的那两姐妹吗？尽管姐妹两个已经相处多年，克丽斯汀仍希望两人的关系能更密切。这可并不容易，姐妹二人生活的世界差距太大了。克丽斯汀大学毕业后留在纽约，至今孤单一人，工作是她生活的重心。爱丽丝住在奥马哈市，高中一毕业就结婚了，现在是4个孩子的妈妈，孩子和家庭是她生活的重心。两姐妹的生活差别巨大，每天考虑的东西也完全不同，双方的交集恐怕也只有姐妹之情了。生活环境的巨大差异使得姐妹俩之间的沟通也比较困难，她们打电话时的对话就印证了这一点。

"我挺好的，"爱丽丝说，周四晚上接到克丽斯汀的电话她有些意外。"我们都挺好的，你呢？最近怎样？"

"我挺好的，"克丽斯汀回答说，"我最近特别顺利。"

"有什么好事啊？"

"嗯，我最近工作挺忙的，嗯……耗了这么长时间，我终于把那个客户拿下了。"

"你是说化妆品那事？"

"不是，不是，化妆品的事早就结束了，几个月前的事了。这次是服务商的事。"

"什么事？"

"网络服务提供商。"

"是电脑吗？"爱丽丝不好意思地笑着说，"我不懂。"

"嗯……其实就是那么回事，就是电脑的事。"

"噢。"

"你那里热吗？"

"热，都快37摄氏度了！"

"孩子们都好吗？"

"挺好的，丹尼所在的棒球队进入州决赛了。"
"太好了！"
"是呀，我们都为他自豪！"
"肯定的。"
"是的。"

在接下来的对话中，姐妹俩继续讲述着各自生活的点滴。一个讲时，另一个几乎无话可说。她们对对方的生活了解甚少，不知该如何接话。如果把她们的沟通比作打乒乓球的话，那姐妹俩的球总是落地，几乎没有上台的时候。很快她们就会觉得无趣，电话自然草草结束。我们不难猜到，下次她们打电话将是很久以后的事。

如果姐妹俩在沟通的过程中，多给对方一些信息，多问对方一些开放性的问题，结果会怎样呢？请看下面的对话，我们从爱丽丝意识到克丽斯汀在谈电脑的事开始。

"是的，就是关于电脑的事，"克丽斯汀也笑了，"他们总喜欢用难懂的术语吓人。"
"你怎么能记住那么多术语呀？"
"其实，我懂的也不多。我常常看些科技方面的专栏，实在看不下去，我就不看了。就像你和劳瑞照顾孩子一样，总得明白点新东西。丹尼不是总向你们要新鲜玩意儿吗？"
"是呀，劳瑞经常给他买新游戏和一些电脑配件。对了，我和你说过丹尼进入棒球比赛州决赛了吗？"
"没有啊，太好了！什么时候比赛？"
"这个月月底在林肯市，劳瑞要请假带我们全家去给丹尼加油助威呢！"

"你们肯定会玩得很高兴的。我得送丹尼点儿能给他带来好运的东西,给他个纽约扬基棒球队的棒球帽吧!"

"啊,他肯定会非常喜欢的。他现在还整天说我们去年去现场看球的事呢!"

看到差别了吗?这时的姐妹俩关心对方的生活,尽管有时这种关心显得有些过度,不过,她们的努力向双方传递了一个信号,一个想继续谈话、密切双方关系的信号。

保罗的改变

接下来我们看一个异性之间沟通失败的例子。保罗是一位40多岁的离异单身男人,他已经多年没有和异性约会了。其实,他已经很多年没有开口邀请异性出去了。他认为优秀的女人早被其他男人娶回家了。不过这次在朋友的生日聚会上他遇见了马莉,她既风趣又迷人,让保罗吃惊的是她居然还是单身。从朋友那里要了她的电话后,保罗鼓起勇气邀请马莉喝咖啡,她竟然同意了!

保罗提前15分钟到了咖啡馆,马莉比约定时间晚到了10分钟。她一进门,就看到了保罗,保罗也看见了她。马莉不自然地轻轻笑了一下,朝保罗走去。

"你好!"马莉坐下时,保罗说。保罗注意到她比在聚会上时显得矮一点。马莉也非常紧张,双手紧紧地握着衣角。

"你好!"

"这里不好找吧?"

"挺好找的。"

"那就好。"马莉朝柜台上的菜单看去。

"这里是自助餐厅，我帮你拿点吃的吧！"

"谢谢！"

"你想吃点什么？"

"嗯，先来杯咖啡吧，不加糖。"

保罗回来了，把两杯咖啡放在桌子上："你的咖啡。"

"谢谢！"

"嗯……"保罗说，"那晚在格雷格和苏珊家玩得真尽兴！"

"嗯，那个生日聚会很不错。"

"格雷格这个人真不错。"

"对，他很有意思。"

"苏珊也是个不错的人。"

"我和苏珊不是很熟。"

"你家离这儿近吗？"

"不近，我住在西区。"

"你在这附近工作吧？"

"嗯，我的公司在第六大街和枫树路交叉口。"

"艾奥塔公司就在那里。"

"嗯。"

"你在艾奥塔公司上班吗？"

"嗯。"

"从你家到这里可够远的。"

"是呀，不过我已经习惯了。"

"艾奥塔是一家保险公司吧？"

"对。"

"你是做什么工作的？"

"输入数据。"

谈话就这样继续着……像一个注定会失败的面试。"我知道她有点害羞,可是这聊天太可笑了,"保罗对自己说,"她真无聊,不过,也许是因为我吧,也许她不喜欢秃头的男人,也许我该请她去好一点的咖啡厅,也许她早就后悔来见我了。"

"面试"继续进行着,保罗越发郁闷:"我们俩绝对成不了,早知道不约她了。格雷格也没提醒我。我该怎么办呢?"

问得好!保罗该怎么办呢?其实保罗只要稍微改变一下自己问的问题,马莉稍微积极一点,这次沟通就会顺利很多。我们从保罗拿咖啡过来开始。

"你的咖啡。"
"谢谢!"
"那晚在格雷格和苏珊家玩得真尽兴!"
"是的,那个生日聚会很不错。"
"我和格雷格认识很久了,我们上大学时是室友,我和你说过吗?"
"你说过,在俄亥俄州立大学。"
"你怎么认识格雷格和苏珊的?"
"格雷格以前和我是同事。"
"在东区的那家保险公司?"
"是的,安心保险公司。"
"对,我记得格雷格特别讨厌那个地方,他那个女老板特别神经质——哎呀,别告诉我你就是他的老板啊!"

马莉笑着说:"还好我不是,她叫罗伯塔。"

"对!对!格雷格总提'女魔头罗伯塔'。你现在还在那里上班吗?"

"没有,我现在在艾奥塔公司。"

"那你和格雷格是不是定制了T恤衫,上面写着'女魔头罗伯塔手下的幸存者'？"

马莉笑着说："没有，不过我辞职后，格雷格和苏珊请我大吃了一顿。"

"你为什么辞职呢？"

"我也不知道，一天早上醒来后，我忽然间觉得自己不想再过这样的日子了。我请了病假，然后就开始找其他工作。"

"你肯定很快就找到新工作了吧？"

"大约一个月吧。"

"还适应新工作吗？"

"还行，比在安心保险时好多了。"

"哪方面好呢？"

"新同事都很真实。"

"'很真实'，什么意思？"

"嗯……你心情不好的时候不用伪装自己心情还很不错。"

"比如说？"

"比如说，上周四，我刚刚拿到上学期的成绩……"

"你在上学吗？"

"是的，我不太喜欢在保险公司的工作。其实，我对人类学特别感兴趣。"

"不是吧，我差点就上了人类学专业呢！"

"真的吗？"

"不过后来我改成商务专业了，真是个错误的决定。你刚说你想做什么？"

"保险太……太枯燥了，如果我能获得人类学硕士学位，说不定我……"

看到差别了吗？保罗耍了点小幽默，还对马莉的生活表现出极大的兴趣。马莉开始时还是有点害羞，可是保罗接连不断的提问使她慢慢放松下来。这次保罗不仅询问事实，还问了很多开放性问题，都与马莉的梦想有关，不知不觉中，马莉打开了心扉。她意识到保罗很想了解"真正的马莉"，并积极地给予回应。保罗感应到了马莉的积极回应，转而更积极地关注她。此时，马莉变得更有魅力，保罗的沟通邀请也成功地获得了回报——将来他们很有可能走到一起。

马戏团与孩子

最后，我们看一个最难处理的关系：父母与青春期孩子的关系。

罗杰是一名销售员，整日奔波在路上。他的女儿汉娜今年13岁，每次罗杰回家看到女儿，都感觉女儿好像又长高了。

以前爸爸对汉娜说很想她，汉娜感同身受，因为她也很想爸爸。自从她上中学后，这种感觉在不知不觉中慢慢地消退。小汉娜需要考虑的事情太多了——朋友、学业、田径队以及即将到来的高中生活。汉娜当然还爱她的爸爸，只是爸爸已不再是她生活的中心。

一天晚上，罗杰在回家的路上看到一个宣传广告，上面写着"华美历史剧与经典街头剧院的完美结合……不用动物表演的马戏团"。虽然票价贵得离谱，但罗杰想了想，"不用动物表演"，汉娜一直热衷于保护动物，她肯定会喜欢的。罗杰撕下广告，放进衣服口袋里。

第二天早餐时，罗杰说："宝贝女儿，你想看马戏团表演吗？"
"爸爸，你知道我不喜欢马戏团。"
"这个不一样，没有动物表演，像在剧院，有很多杂技演员，还有戏剧表演。"

"嗯……也许吧。"

"我口袋里有宣传广告，拿出来看看。"罗杰指着衣架上自己的外套说。汉娜有点兴趣了，拿出了广告。

"哇，看起来不错啊！"她一边读宣传广告一边说。

"那我去买票，"罗杰说，"就咱们两个一起去看，下周六晚。"

"下周六晚？"

"对，你约了帅哥吗？"罗杰逗汉娜说。

"可下周六是瑞秋举办'睡衣聚会'的日子啊！"

"她还会举办其他聚会的，"罗杰耐着性子说，"可是马戏团演出期间，我只有下周六晚有时间啊！"

"可我真的特别想去参加聚会。"

"你们不是每个周末都举办这样的聚会吗？"

"才没有呢！"

"哦，不是每个周末都举办。可是我觉得我们一起去马戏团多有意思啊！"

"可是，我不想那天去。"

"因为朋友比老爸更重要？"

"当然不是，只是这是瑞秋的聚会，她以前从来没有邀请我参加过她的聚会……"

"好吧，好吧，如果聚会那么重要，那你去吧！去吧！"

"我惹你生气了？"

"没有，你没惹我生气，我只是有点失望而已！我们总是不能一起活动。"

"这是我的错吗？"

"不是，不是你的错，谁也没有错。算了，算了，当我没说过马戏团的事，去参加那个该死的聚会吧！"

罗杰边说边将宣传广告揉成一团，汉娜哭着离开了餐桌。这和罗杰想象中的情景可真是天壤之别。如何才能改变这种状况呢？我们从汉娜告诉罗杰"睡衣聚会"开始。

"她还会举办其他聚会的，"罗杰耐着性子说，"可是马戏团演出期间，我只有下周六晚有时间啊！"

"可我真的特别想去参加聚会。"

"你刚说是谁举办的聚会？"

"瑞秋，她是新来的，达娜总是跟她一起玩，还说她很酷。"

"你最好的朋友达娜？"

"是呀，而且达娜晚上经常住在瑞秋家，凯莉和劳拉也总住在她家。"

"瑞秋以前从来没有邀请你参加过这样的聚会吗？"

"没有。我总觉得朋友们好像不喜欢我了，其实瑞秋只是不太了解我，我真的很想去。"

"可是聚会的时间和马戏团表演的时间冲突啊，我觉得有点失望呢！"

"我也是，马戏团的表演肯定很好看，爸爸，你想着带我去，我太高兴了！"

"我真想带你去，既然你必须周六晚上去参加聚会，那我们可以白天一起干点什么。"

"真的吗？"

"对呀，这样你就可以去参加瑞秋的聚会了。"

"爸爸你可以带妈妈去看马戏表演，她肯定会很高兴跟你一起去的。"

"说得对！那你得为下周六下午安排点活动，就我们两个人。"

"好的，爸爸，谢谢你！"

虽然罗杰不能带女儿去看马戏团表演，但是他的沟通邀请却成功地得到了回应——和女儿一起出去玩。不仅如此，他做到了很多父母无法做到的一点：汉娜知道了爸爸对她的生活真的很关心，还很理解女儿。这就是情感沟通。

转折点，3种沟通回应方式

经过对人们日常沟通的多年研究后，我发现沟通邀请在情感沟通过程中的作用不容小觑。我和我的团队研究了多种不同的人际关系，包括朋友关系、父母与儿女之间的关系、成年兄弟姐妹之间的关系和各个阶段的婚姻关系等。

所有研究对象中最让我佩服的是擅长解决婚姻矛盾、化争执于无形的人，我把他们称为"婚姻大师"。大师的婚姻中也有争吵和矛盾，但是他们总能维护双方的密切关系，避免关系疏远的情况发生。在大师眼中，婚姻中的吵吵闹闹仿佛生活的调味剂，充满乐趣。即使在争吵中，他们也绝不会为了维护自我而伤害对方，反而将爱、关心和尊重洒向眼前的争执。他们总能恰到好处地发挥幽默的神奇作用。对大师来说，争吵的过程是收获的过程，争吵是他们表达爱意和敬意的一种方式。争吵过后，他们不但找到了解决问题的办法，还加深了彼此的了解。

我曾经十分不解他们到底是怎么做到的。事实证明，嘲笑、批评、自我维护和搪塞可以摧毁各种人际关系，可是"婚姻大师"好像有对付它们的秘密武器。究竟是什么使得夫妻顶住生活压力并始终在幽默中滋生爱意？找到这个问题的答案，就可以帮助人们在各种人际关系中建立和保持良好的情感沟通。60对夫妻同意到位于华盛顿大学的家庭关系研究中心度过周末。研究中心被称为"爱情实验室",里面有一套套的小公寓。透过落地长窗,被试夫妻可以看到湖面上漂浮的游船,景色特别优美。

公寓内设计得就像一个温馨的度假地,在这里度过周末,可以远离平日的喧嚣。公寓里有厨房、餐厅、沙发床、电视和摄像机。被试夫妻可以在里面做饭、玩游戏或看电影。我们要求他们尽量放松,忘记研究,像往常在家过周末一样,想做什么就做什么。唯一不同的是,我们在厨房里安装了一面双向玻璃镜,镜子后面安排了观察员,在墙上安装了4个摄像头。每对夫妻的衣服上装有话筒,记录他们的一举一动和每次对话。他们身上装有传感器,检测他们的身体所承受的压力状况,如心跳或出汗加快。为了保护被试夫妻的隐私,每天晚9点至早9点以及他们去卫生间时,停止监测。每天他们可以去研究中心旁的公园散步半小时。

通过研究,我们发现人们采用3种方式回应他人的沟通邀请:回应、拒绝和回避。将被试夫妻之间不同的回应方式与他们10年后的婚姻状况联系起来,我们发现3种不同的回应方式对人际关系带来的影响截然不同,可以简要概述如下:

1. 回应。这里的"回应"指的是一方对另一方的沟通邀请积极回应,如一个人对另外一个人讲的笑话捧腹大笑;朋友指着一辆经过的豪车,另一位朋友点头表示赞同,仿佛在说"这车真的不错";爸爸让儿子把番茄酱递过来,儿子非常合作;正在思考如何安排假期计划时,同事过来提供了很多关于旅游的详细信息。

经过长时间的研究后,我们发现如果一个人对他人的沟通邀请总是积极地做出回应,他不但会收获和谐、稳定的人际关系,而且能始终拥有对方的好感。同"婚姻大师"一样,他可以幽默地解决争端,建立稳固的感情联结,消除可能侵蚀感情的不利因素。

2. 拒绝。 一般来说，好战或喜欢同他人辩论的人总是倾向于拒绝另一方的沟通尝试。如一个人正幻想着能拥有刚刚疾驰而过的豪华跑车，他的朋友可能会说："就你那点工资？做梦吧！"拒绝他人的沟通邀请往往同时伴随着讽刺和嘲弄。参加家庭关系研究的被试夫妻中有这么一对，妻子轻声地让丈夫放下报纸，她想和他谈谈。

"我们有什么好谈的？"丈夫冷笑着说。
"我们不是想买台电视机吗？"妻子说，"我们可以谈谈买台什么样的。"
丈夫接下来的回答真有点让人受不了："你懂什么？"他说完后，妻子再也不作声了。

我们发现，如果一方总是习惯性地拒绝另一方的沟通邀请，那么被拒绝的一方往往选择沉默并封闭自己。毕竟谁也不想总被人嘲弄或轻视。我们还发现恶意的拒绝后，随之而来的是情感的压抑，而压抑的情感足以摧毁任何人际关系。在婚姻关系中，如果一方总是拒绝另一方的沟通邀请，这种婚姻最终多以离婚收场。在成年兄弟姐妹关系中，拒绝往往带来情感的隔膜和关系的疏远。我们的研究还发现，这种拒绝也会破坏友谊以及包括同事关系在内的其他人际关系。

在研究中，我们发现，总是拒绝对方沟通邀请的夫妻走上离婚道路的速度虽然不及总是回避沟通邀请的人，但他们中的大部分人也避免不了夫妻分道扬镳的最终结局。

3. 回避。 总是回避他人沟通邀请的人要么直接忽视对方的邀请，要么用其他事情做挡箭牌。当一个人十分羡慕疾驰而过的豪华跑车并对其表达了赞美之意时，他的朋友可能连头都不抬。即使抬头，也可能会说些风马牛不相及的话，如"几点了"或"你能换开50元的零钞吗"。

我曾经研究过儿童之间的友谊。在过家家的游戏中，我经常看到回避对方沟通邀请的事例。一个孩子说："假装我们是海盗，这是我们的船。"另一个孩子却说："假装我是妈妈，我们得去超市买东西。"很显然，游戏无法继续进行。

在家庭关系研究中心，一位妻子在准备晚餐时犯了一个错误，她决定承认错误，向丈夫道歉。到傍晚时，她已经道歉3次了，显然，她需要丈夫的理解和支持。可是面对妻子的每次道歉，丈夫选择了沉默和忽视。

另一个案例中，丈夫对边看书边看电视的妻子说："晚饭准备好了。"妻子没有反应。他走到沙发前，来到妻子身边说："亲爱的，书好看吗？"妻子再次选择了沉默。丈夫亲了妻子两下，妻子仍然选择忽略丈夫的亲吻。"这本书好看吗？"妻子终于说："好看，书里有很多漂亮的图片。"这就是他们沟通的整个过程。

我们的研究发现，**在处理人际关系时，总是回避沟通邀请不利于人际关系的确立**。研究儿童的友谊关系后，我们发现，不能融入对方游戏中的孩子往往无法同他人建立稳固的联系。研究各种婚姻关系后，我们发现，回避对方的沟通邀请对婚姻关系的伤害是致命的。总是回避对方沟通邀请的夫妻最终变得充满敌意，不时地彼此伤害，尤其是面对他们无法达成共识的问题时。这种回避通常会导致结婚不久后便离婚。

我们的研究证实，回避对方沟通邀请也会损害父母与子女关系、成人间的朋友关系、成人兄弟姐妹之间的关系和同事关系。

无果的尝试

在各种人际关系中，如果一方总是积极地回应对方的沟通邀请，另一方却总是拒绝或回避对方的沟通邀请，结果会怎样？我们的研究结果表明，这种关系不会健康发展。一方努力吸引另一方的注意，可是对方却总是逃避或者恶意地回应，努力的人终有一天会因精疲力竭而放弃。

沟通邀请被忽视，孩子容易悲观。我们的研究还发现，如果父母总是忽略孩子的沟通邀请，孩子长大后很容易悲观、意志消沉、无法与他人长久相处。他们不但缺乏与朋友交往的能力，学业上也无法取得令人满意的成绩，身体素质也相对较差。

无果的沟通邀请显然也会影响婚姻关系。研究中，我们发现，即使夫妻双方彼此消极地回应对方沟通邀请的人，也认为自己的婚姻比起只有一方总是得到消极回应（通常是妻子）的婚姻要幸福。

当沟通邀请遭遇冷漠或拒绝，发出邀请的一方立刻偃旗息鼓，退而不攻。我们的研究证实，一旦沟通邀请被拒绝或被忽视，发出沟通邀请的一方将放弃再次邀请，其轻易程度让人难以置信。我们总以为得不到积极回应的人会坚持再次发出沟通邀请，事实证明，这种情况极少发生。即使在婚姻幸福的夫妻关系中，再次发出沟通邀请的比例也不过20%，婚姻不幸的夫妻再次发出沟通邀请的比例几乎为0。他们渐渐疏远，不再进行沟通，共度此生的信心和热情大大消退。

此外，我们发现发出沟通邀请的频率也很重要。婚姻美满的夫妻发出沟通邀请的次数明显高于婚姻不和的夫妻。我们前面提到过婚姻美满的夫妻晚餐10分钟时间发出沟通邀请的次数接近百次，而婚姻不和的夫妻仅发出了

65 次邀请。

不过，婚姻幸福的夫妻对于对方发出的邀请也不是每次都积极回应。没有人能做到时时刻刻全部满足另一个人的所有想法。比起沟通频率低的夫妻，婚姻幸福的夫妻给对方更多沟通的机会，因而他们的婚姻更稳固、更美满。

影响人们积极回应他人沟通邀请的因素有很多，如情商、家庭环境和情感沟通能力。在本书接下来的章节中，我们将深入探究每个因素。不过，让我们先了解一下缺少情感沟通的人际关系。

人际关系危机，情感沟通缺乏的后果

人们发出沟通邀请无非需要满足 3 种情感需求：①归属感；②对自身生活的控制感；③认同感。一旦这些情感需求得到满足，人们将获得精神的满足，通晓自己活着的意义。

如果无法恰当地发出沟通邀请，并且不能积极回应他人的沟通邀请，无疑会影响双方情感沟通的顺利进行，还有可能损害已经建立的情感联法。无论你担当什么角色，都会让你苦恼不已。

父母和子女之间的情感沟通危机

父母与子女之间稳固、健康的情感沟通极其重要，是构成其他人际关系的基础。一个不知道如何同父母进行情感沟通的孩子，成年后，也无法顺利同其他任何人沟通心声。

影响孩子同他人情感沟通的因素有很多，包括遗传因素。我们从出生第一天起就已具备某些性格特点，害羞或开朗，执拗或温和，等等。在某种程度上，这些性格特点将影响我们的人际交往能力。尽管如此，家庭环境仍然是决定我们情感沟通能力的最主要因素。刻意也好，无意也罢，**父母的言传身教是培养孩子情感沟通能力的首任老师。**

婴儿的每次啼哭都是一次沟通邀请。父母的爱抚、轻拍或柔声细语不但成功地回应了孩子的邀请，还教会了孩子如何安抚自己的情绪。父母的怀抱和话语也让孩子学会了在复杂的情感沟通过程中，如何用语言和非语言的方式回应彼此的"给予"和"索取"。

生活在混乱、冷漠的家庭环境中的孩子则没有机会习得这种情感沟通能力。面对哭闹的孩子，总是选择回避或忽视的父母无法告诉孩子情感沟通是一个互相"给予"的过程，孩子当然也没有机会体验被"给予"的感觉。总是不耐烦甚至发怒的父母会使得孩子长期处于压抑的状态，进而影响孩子大脑和神经系统的发育。事实上，生活在这种家庭环境中的孩子长大成人后也欠缺处理压力的能力，他们可能会变得十分冷酷。如果父母既冷漠又暴躁，即使孩子表达出自己的情感又有什么好处呢？

孩子不能从父母那里习得同他人进行情感沟通的能力，其危害非同小可。由于不能释放情感压力，很多孩子在童年时期就深受精神问题的折磨。他们无法专注地做事，无法专注地听别人讲话，无法控制不良情绪，无法恰当地理解伙伴发出的沟通邀请。人们认为他们太调皮或太害羞，给他们贴上"捣蛋鬼"或"胆小鬼"的标签，使他们成为同龄人中的边缘人。

升入初中或高中后，这些"捣蛋鬼""胆小鬼"同样无法解析与同龄人交往的社交密码。长大成人后，面对复杂的人际交往活动，如职场交往、同朋友或异性交往，他们更是一头雾水，无所适从。有的人饱受抑郁的困扰，还有的人精神错乱，患上严重的心理疾病。女孩容易封闭自我，患上抑郁症。虽然也有男孩得抑郁症，但更多的男孩变得非常好斗、极不友善，甚至有严重的暴力倾向。

1999年，在科罗拉多州哥伦拜恩高中发生的悲剧就是精神分裂导致的恶果。埃里克·哈里斯（Eric Harris）和迪伦·克莱伯德（Dylan Klebold）在枪杀了12名同班同学和一名老师后，开枪自杀，另有23名学生受伤。

看了随后的新闻报道，让人悲哀的是，我发现我们并没有看到把两个孩子变成杀人狂的真正原因。同发生在阿肯色州琼斯伯勒（Jonesboro）和俄勒冈州斯普林菲尔德（Springfield）的其他校园枪击案一样，新闻报道只关注这些杀手们对暴力电影和暴力游戏的执迷以及他们得到枪支的容易程度。这些因素确实加速了他们实施悲惨的"杀人狂欢"，不过，我认为隐藏在这些表象之后更重要的原因是，他们与家庭、学校和朋友之间的情感沟通完全空白。家庭、学校和朋友本应该成为他们最坚强的"情感盟军"，为他们提供最重要的情感支持，但是让我们失望的是，家庭、学校和朋友完全忽视了他们所遭受的痛苦和折磨。

究其根源，哥伦拜恩高中惨案正是忽略同孩子进行情感沟通的恶果，所幸此类案件非常极端，并不多见，但我们绝对不能忽视父母积极回应孩子沟通邀请的重要性。亡羊补牢，为时未晚。不管你的孩子现在处于什么年龄段，从现在开始请关注他们的情感需求，积极回应他们的沟通邀请。父母往往需要有足够的耐心和十足的热情才能做到这一点。也许你面对的是一个问题儿童，他的沟通邀请往往披着恶作剧的外衣；也许你的孩子用冷漠的顺从或反抗回报你的一切付出。但是随着时间的推移，终有一天，你的付出会有回报，孩子会信任你，并对你敞开心扉，与你沟通。

婚姻中的情感沟通危机

孩提时代情感沟通方面存在的问题不会凭空消失,它们跟随孩子步入成年,继续影响甚至阻碍他们找到生命的另一半。

情感沟通能力会影响约会的成败,这一点毋庸置疑。有些学者认为成功的约会就是顺利地进行情感沟通的过程。成功俘获爱情的人往往擅长读懂对方心思并恰当地做出反应,那些情场失意的人往往缺少这种能力。我们前面探讨过婚姻幸福、稳固的夫妻积极回应对方沟通邀请的次数高于婚姻不幸的夫妻。不过情场失意的人们也不必灰心,本书第6章将教你如何培养和提高情感沟通能力。

收获爱情后,如果希望双方的关系更密切,希望更好地了解对方,就需要更高超的情感沟通能力。陷入爱情的男女如果能继续积极回应对方的情感沟通邀请,那么双方的感情将慢慢稳固。但是如果双方彼此拒绝或回避沟通邀请,那么他们的爱情将最终走向尽头。

基于我们的研究,我认为无法顺利地进行情感沟通是当今西方社会离婚率居高不下的原因。

婚姻不幸的人患疾病的概率高于一般人。研究表明,婚姻不幸的人患身体疾病的概率比一般人高35%,平均寿命比普通人少4年。婚姻不幸的人长期生活在压力中,易得高血压和心脏病,也容易患心理疾病,如抑郁症和药物滥用。他们的身体免疫力比较差,更易受传染病和癌症的侵袭。

夫妻情感沟通不当所带来的压力也会影响孩子的幸福成长。研究发现,夫妻婚姻不幸福,他们的孩子承受的压力会随着时间的推移不断增加。这些孩子在幼儿时患传染病的概率也比较高。15 岁时，这些孩子大多患心理疾病，受人际交往问题的困扰。他们中有的是抑郁症患者，有的被同龄人排斥，还有的人举止不当，如充满攻击性。比起普通孩子，他们的学习成绩差，喜欢逃课。

学习如何与他人进行情感沟通可以帮助婚姻不幸福的夫妻以及他们的孩子建立稳固、温暖的家庭环境，也可以帮助婚姻即将走向破裂的夫妻破镜重圆。提高情感沟通能力可以帮你恰当地解决争端，为孩子提供一个更健康的家庭环境。

与朋友和兄弟姐妹的情感沟通危机

我们已经了解了如何经营婚姻，如何建立父母与子女间的和谐关系，下面我们看看如何增强我们同朋友和兄弟姐妹之间的关系。

同成人交往对很多人来说是个挑战，竞争和嫉妒是阻碍我们正常交往的原因之一，尤其是当我们处理同兄弟姐妹的关系时。信任和亲疏距离则是影响我们同新结交的朋友交往时的重要因素。

不过，在当今社会，影响成人交往的却是一个很现实的原因：**没有时间**。越来越多的家庭，夫妻双方都要出去工作。如今人们花在工作上的时间比 25 年前高出 10%。一旦有空闲时间，很多人又想多陪陪孩子，也许他们还要照顾年迈的父母。时间有限，我们不得不放弃很多事情，对大多数人来说，他们选择了放弃同朋友和兄弟姐妹交往的时间。

放弃同朋友和兄弟姐妹交往的同时，我们失去的更多。研究表明，拥有好朋友的人通常承受的压力更少，寿命更长。他们健康状况良好，抵御疾病的能力强，即使患病，也能很快恢复健康。一些研究结果证实，完美的人际关系比基因更能决定一个人的寿命。我们同他人的关系以及我们能从周围获得的支持和帮助是决定我们寿命长短的关键因素。

一项在加利福尼亚州阿拉米达县（Alameda County）进行的研究证明，拥有朋友和爱人的人比没有的人的寿命要长。不考虑饮食、抽烟和体育锻炼的因素，这确实是事实。另一项针对 2 800 名 65 岁以上老人的研究表明，朋友众多的人患心脏病的概率较低，即使得了心脏病，他们康复的速度也很快。耶鲁大学进行了一项历时 5 年的研究，研究对象是 10 000 名老人，研究结果表明，不管由于什么，没有朋友和亲人陪伴的老人，死亡率是有朋友陪伴的老人的 2 倍。

结论很简单，拥有亲朋好友能让你的生活更美满。当生活的狂风暴雨在你身边肆虐时，如离婚、失业、疾病或失去亲人等，朋友的陪伴使你变得更有力量。

不过，长久地保持同亲朋好友的良好关系并不容易。同你一起长大的兄弟姐妹对你的过去了如指掌，这也许会成为阻碍你们关系发展的重要因素。你也许已经改变很多，进步很大，但兄弟姐妹所熟知的关于你的点点滴滴，总会不断地提醒你那些你努力想忘记的过去。此外，年龄、性别、性格的不同也许会使你们对同样的童年有不一样的解析。不过，兄弟姐妹的见解也可能启发你从新的角度看待你的过去。

工作关系中的情感沟通危机

情商在工作中的重要性不可小觑，智商绝不是决定升迁的唯一要素，关于这方面的论著近年来也充斥市场。不同人对情商有不同的理解，我认为情

商主要包括恰当地提出沟通邀请的能力和回应对方沟通邀请的能力。 恰当的情感沟通可以保证与同事建立和谐的关系、懂得从他人角度考虑问题并增进双方的相互了解。

随着现代科学技术的发展，人际交往能力变得越来越重要。由于很多琐事可由电脑直接完成，我们同他人面对面沟通的机会越来越少。只有那些沟通能力突出、乐于同他人合作、善于激励他人并能恰当地处理瞬息万变的突发事件的人才能最终笑傲职场，而这些人往往正是那些善于同他人沟通的人。

与无法同家人、伴侣沟通的人一样，工作中总是不能与同事沟通的人将逐渐被众人孤立、变得消极甚至对他人充满敌意。无法同他人沟通的职员将丧失与他人分享重要资源的机会；无法同他人沟通的部门会处处树敌，游离于其他部门之外；无法同他人沟通的领导会失去与下属的联系，而在一线工作的下属则因被误解而整日郁郁寡欢。处于底层的人们看不到自己的努力与公司发展的密切联系，而老板则对着惨不忍睹的业绩万分迷茫。

只关注经济利益对提高你的人际交往能力于事无补。很多雇主牺牲员工的个人需求获取高额利润，很多人牺牲同家人的关系、忽视自己的情感需求赚得丰厚的物质利益。但我相信，如果人们重视同他人的情感沟通，除了能获得高额的物质回报，还能收获更有意义的硕果，如舒心的工作环境、稳定的军心、高效的产出和优质的生活。

这与公司最高层的领导力密切相关，而这一点是普通员工无法控制的。尽管如此，普通员工每天仍面临大量选择，不同的选择将决定我们与同事建立并努力维持的关系。如何处理这些关系不但决定你目前的工作经历，还有可能决定你未来的职业生涯。

获得情感沟通的能力

工作中无法同他人沟通会影响你的职业发展，从而影响你同家人、朋友、孩子和伴侣的关系。不过，别灰心，情感沟通能力并不是什么神秘莫测的玄妙之物，通过学习和实践，任何时候你都可以获得这种能力。

当然，情感沟通的能力不是灵丹妙药，并不能解决所有问题。

一位刚刚跳槽的女士来找我咨询婚姻问题。她的问题很有代表性：面对新的工作压力，她对前途非常困惑，还非常想念以前的同事。当我问及她的婚姻状况时，她说："我自己也很困惑，我和丈夫关系很好，我们之间的沟通也没有任何问题。可是，莫名的焦虑和压力总是让我喘不过气来。"

我告诉她："同丈夫沟通顺利并不能帮你解决所有的问题。你还有其他情感需求，你需要完美的工作，你会思念以前的同事。不过多同丈夫沟通可以帮你顺利度过这段时期。"

这也是人际交往的奇妙所在。无论你面对什么样的困境，疾病、离婚、失业或失去亲人，总有人陪你共同面对。同信任的人分享经历益处多多。对癌症患者存活率的研究表明，在所有其他因素相同的情况下，有人陪伴的"战士"存活率高于独自战斗的人。

同他人交往可以治愈伤痛，但是伤痛的痊愈并不是自发的，需要有意识地努力实现。我们从母亲同婴儿的沟通过程中可见一斑。研究者发现，母亲对婴儿的沟通误读高达70%，如母亲可能认为孩子饿了，而孩子也许正饱着呢！她轻轻晃动怀中的宝贝，可是孩子却哭了，她只能换其他方法抚慰孩子。尽管有时母亲好心做了"坏事"，可是她尝试的过程正是母子感情不断加深的过程。

伴侣、亲朋好友和同事之间的关系同样如此。如果双方能够互相关心，行为不当时及时调整，为增进感情而共同努力，那么双方关系定能更进一层。在双方交往的过程中出现问题并不可怕，努力解决问题、修复裂痕才是彼此珍惜、共渡难关的表现。经过磨难历练的婚姻才能真正美满，家庭才能真正和美，友谊才能真正持久，团队才能真正凝聚。

同其他人生目标一样，获得良好的人际交往能力需要付出时间，需要不断地努力。不过请相信，建立良好人际关系的过程正是我们互相了解、彼此理解的过程，拥有完美的人际关系给你带来的收获远远大于你所付出的努力。

人际关系要点

- 完美的人际关系是在一次次的日常沟通中逐渐建立的，不能一蹴而就。
- 对他人的沟通邀请，要积极地做出回应。
- 一旦首次沟通邀请被拒绝，人们几乎不会继续尝试。
- 在拒绝别人的同时，仍可接受对方情感沟通的邀请。
- 父母的言传身教是培养孩子情感沟通能力的首任老师。
- 拥有亲朋好友能让你的生活更美满。

02

3 种沟通回应
测测你的沟通邀请能力

　　1990 年，我和同事在华盛顿大学创建了社会关系研究实验室。很快，我就发现了一件让我出乎意料的事。多年以来，我一直苦苦思索着两个问题：维系幸福婚姻的秘诀是什么？导致婚姻破裂的根源又是什么？很多心理学家认同理论学家辛尼·吉拉德（Sydney Jourard）的观点，认为幸福婚姻的秘诀是自我坦诚——夫妻双方自愿向对方说出自己最隐秘的思想和经历。实验室的单向玻璃镜随时向我透露被试夫妻的一举一动，里面的布局和设施与普通家庭无异。本以为在这种轻松、熟悉的环境里，我能收集到夫妻之间自我坦诚的大量事例，并从中发现甜蜜夫妻亲密无间的秘诀。但是，仔细观看了长达数百小时的实验录像后，我几乎没有发现任何夫妻双方自我坦诚的事例。难道我的思路有问题？被试夫妻之间几乎没有什么心灵沟通，他们从不谈论支离破碎的梦境、莫名的恐惧或自身的性需求。被试夫妻间的绝大部分沟通如下：

　　"亲爱的，给我倒杯咖啡，好吗？"
　　"好，等我翻一下烙饼。"

"给你姐姐打电话了吗？上次见到她时，她看起来情绪差极了。"
"还没呢，你觉得她出什么事了？"
"看，这幅画太逗了……"
"安静会儿行吗？我在看书呢！"
"你看那场双打比赛了吗？"
"看了，不错。"
"听听这个！一个人头上顶着一只鸭子去看心理医生……"
"是吗？然后呢？"

即使婚姻幸福指数很高的夫妻，他们之间沟通的话题大多也平淡无奇，无非就是早餐麦片、房贷利率或棒球比赛等。

"这真是太浪费时间了，"我心里想，"付出了那么多努力，最终只得到这些垃圾。"

我一直和学生们一起观看实验录像。几个月后，我忽然意识到在沟通的过程中，也许夫妻间的亲密程度并不重要，双方能否针对话题达成一致意见也无关紧要。不管对方说什么或做什么，双方如何关注彼此，这才是最值得研究的。

我让研究生詹妮·德赖弗（Jani Driver）在观看录像时密切关注这一点。果然，她发现在每次沟通的过程中，夫妻双方可选择不同的方式回应对方。

妻子在给丈夫读一条有趣的新闻。丈夫会选择面带笑意抬头看着自己的妻子，还是会选择忽视妻子的话？或者他会打个响指，让她闭嘴吗？

丈夫指着杂志上立体声音响的广告。妻子会选择认同丈夫的偏好吗？还是会选择让自己的目光飘过音响，定格在女鞋广告上？或者她会选择皱着眉头表示否定吗？

妻子刚刚做好沙拉，丈夫撒上调料。妻子认为丈夫放的调料太多了。他会选择调皮地眨着眼睛说"那是因为你做的沙拉太少了"？或者选择愠怒却一言不发？还是会选择说"反正你做的沙拉本来也不好吃"？

在夫妻沟通的过程中，话题本身的内容并不重要。谈话有趣也好，无聊也罢，总有些人会毫不犹豫地选择忽视自己的伴侣。我们发现录像中一位丈夫想给妻子讲述他在西班牙扣人心弦的战争经历，他和战友们经过艰苦卓绝的战斗才取得胜利，妻子却选择完全无视丈夫的讲述。而另一对夫妻却能兴趣盎然地听对方讲妈妈制作面包的过程。

詹妮将夫妻间的这种沟通现象编码，与调查婚姻幸福度的其他资料对比后，我们发现这些情况在现实婚姻生活中确实存在。**夫妻双方在沟通的过程中，无论沟通的内容重要与否，一方有可能选择回应对方的沟通邀请，也可能忽视或否定对方的沟通邀请。这种选择是决定未来婚姻美满或破裂的基础。**

我们还发现在沟通的过程中，一方尝试同另一方沟通时，玩闹的作用不可小觑。多年来，我一直不理解为何有些夫妻可以通过玩闹表达爱意，甚至在吵架中亦是如此。我们的研究发现，玩闹作为情感"修复工具"可以使未来婚姻生活更幸福、更牢固。很多夫妻在不经意的打闹中达到心灵交融，一个充满歉意的微笑就可以触碰彼此心灵最柔软的地方。我一直不明白为何很多夫妻不愿意尝试在诙谐幽默中修复婚姻关系中的裂痕。

对如何提出沟通邀请和回应对方的沟通邀请进行研究后，我们发现结论显而易见：在日常沟通的过程中，有些人在尝试与对方沟通时，总能轻松幽默地向对方提出沟通邀请，并能热情地回应对方的沟通邀请。陷入争执后，这种人更容易采用诙谐幽默的方式化解矛盾。也就是说，轻松幽默地回应对方已经成为他们的一种习惯。他们人人拥有一个魔法袋，袋中装满了如何处理人际关系的秘籍。诙谐幽默始终位于袋子的上部，随手可得。

任何形式的社会关系中都有可能出现争执。争执出现时，这些拥有魔法袋的"魔法师们"在平常的交往中早已累积了大量的爱心种子。他们把这些满怀爱意的种子撒向眼前的争执，爱意迅速抚平了受伤的情感，恰当地解决了问题，关系因而更加和谐。

恰当地提出沟通邀请和成功地回应对方的沟通邀请总能带来牢固、健康的社会关系。正确地回应对方的沟通邀请可以消除各种社会关系中出现的不当沟通，保证沟通和谐地进行。

情感需求，沟通邀请的真面目

期望同他人沟通是人的天性。有时，我们与他人的沟通浅尝辄止，如在商店与友善的店员闲聊几句。有时，与他人的沟通深入、持久，如朋友去世，与其他挚友彼此慰藉。

每个人都有情感需求。你珍视的社会关系对于他人来说也许无足轻重，此刻你迫切希望得到满足的情感需求也许几天后就已抛到脑后。无论你最珍视哪种社会关系，在你的心中，对不同情感的需求程度不同。我们可以用数字1～10来描述自己对不同情感的需求程度，10为最高。下面是一位被试的情感需求排序：

1. 外出购物时，我需要得到店员的尊敬。
2. 一起在公交车站等车时，我需要邻居友好地同我聊天。
3. 体育馆内，我需要融入球友的队伍里。
4. 努力工作时，我需要得到领导的肯定。
5. 教堂里，我需要得到教友的接纳。
6. 节假日给姐姐打电话，我需要得到她的感谢。
7. 晚上，照顾孩子们上床，我需要得到他们的爱。
8. 工作不顺心时，我需要好友的安慰。
9. 我需要伴侣满足我的性爱需求。
10. 因发脾气而道歉后，我需要得到伴侣的谅解。

显然，这位被试对关系密切的人情感需求最高，如他的伴侣和好友，而他对邻居和店员的情感需求则最低。在人际交往中，人的沟通需求同样如此。**关系越亲近的人，我们与他们进行情感沟通的需求就越强烈，越频繁。** （本书中，你还会读到如何改进提出和回应沟通邀请的过程，你要把上面的话牢记于心。有些方法你可以用来向爱人和挚友提出情感需求，因为你们关系亲密，彼此信任，但对于新来的同事，这些方法可能不适用。）

人们往往没有意识到，在友谊和婚姻关系中，人们提出要求时也遵循某些层级顺序。他们最初的要求往往只需要对方付出一点时间和精力，不必承担风险。一旦最初的要求得到满足，他们会铤而走险，根据不同的需求，提出更多的要求。下面是非常典型的朋友间的需求梯级：

1. 需要你陪着随意地聊天。
2. 需要你诙谐幽默。
3. 需要同你分享善意的小道消息。
4. 需要你给予友情。

5. 需要你的支持。
6. 需要你帮忙解决问题。
7. 需要同你真诚地深入沟通，包括未来目标、个人忧虑、价值观等。

同他人深入交往前，遵循以上梯级顺序，可高枕无忧。也就是说，在与他人交往的过程中，向别人提出更多要求之前，你需要把握火候，循序渐进。

沟通邀请的伪装：为什么像雾又像风

如果人人都把自己的"沟通邀请"用标准书面邀请函的形式提出，那么所有人心中的期待和情感都会清晰、明确地跃然纸上，我们也无须揣测他人的意图，也不会对以下问题纠结不清：这个人是不是在挑逗我？这个客户还愿意继续同我合作吗？爱人什么时候才能忘掉我俩昨晚的争吵？如果所有答案都能白纸黑字地摆在面前，我们也不必神经兮兮地胡思乱想了。

但是人类的沟通过程远比写"邀请函"错综复杂，人们发出沟通邀请的方式也数不胜数——有时浅显易懂、清晰明了，有时则晦涩难懂、难以言喻；有时通过语言传达，有时则抛弃语言的形式；有时是明显的身体接触，有时则是心灵的片刻碰撞；有时激情澎湃、性感异常，有时则波澜不惊、平淡无奇；有时可能饱含热情，有时则可能冷若冰霜；有时可能搞笑滑稽，有时则可能无聊透顶。诸如想法、感情、观察、观点、邀约类的沟通邀请，可能以问题、陈述或评价的形式出现。

有些沟通邀请并不通过语言传达，例如：

- 身体接触，如拍拍肩膀、握手、轻拍、紧握、亲吻、拥抱或轻抚背部。
- 面部表情，如微笑、飞吻、转动眼珠或吐舌头。
- 玩闹嬉戏，如呵痒、打闹、摔跤、跳舞、轻碰或推搡。
- 共同参与的行为，如开门、让座、递东西，或谈论双方都感兴趣的活动和爱好。
- 声音，如大笑、轻声笑、咕哝声、叹气或传递沟通信号的轻吟声。

如果我们的沟通邀请清晰明了，我们的意图就显而易见：

"嘿，温迪，想跟我去法国骑车旅行吗？"
"罗伯特，我想来你公司工作。"
"哈维，这次该你请我吃饭了。"

不过，在一般情况下，我们的沟通邀请更复杂微妙，对方需要通过一些暗示才能猜测我们的真正意图：

理查德：温迪，你这个长假有什么打算？
温迪：我做梦都想去加勒比海航行。怎么了，为什么这样问？
理查德：哦，我只是想……

戴夫：罗伯特，我看了很多关于你们公司的报道，你们公司真是不错！
罗伯特：是呀，今年效益特别好，我们都快忙不过来了。
戴夫：怪不得你们在招聘各种人才呢！我想……

盖尔：刚才你是不是想要问我什么问题，哈维？

哈维：是呀，可是我好像记不得要问什么了。
盖尔：好吧，再想想，说不定还会想起来。

为什么人们总是迂回地提出问题？答案有很多，其中最重要的是为了避免感情受挫。在职场中、在与爱人的交往中，我们的感情和自尊心有受到伤害的风险，直白的沟通邀请很可能把风险变成现实。**模棱两可或模糊不清的沟通邀请可能减少我们受伤的概率。**幽默和模棱两可的双关是人们经常用到的伎俩。如果对方能对这样的沟通邀请做出积极的回应，如害羞地微笑或用其他双关语应答，那就太棒了。另外，假使对方没有做出任何回应，我们也不至于颜面尽失。

即使在长期稳固的爱情关系中，这种"试探式"的沟通邀请也是很常用的。设想这样一个场景，玛丽和杰夫正分别坐在长沙发的两端看书，玛丽想拥抱杰夫。如果小小的拥抱能发展到甜蜜的性爱，她也不介意。但是杰夫今天有些心烦意乱，玛丽担心如果她主动出击，对他直言："你能不能抱我一会儿？"她极有可能遭到拒绝。因此，她没有明确地表达自己的想法，而是对他说："有点冷，你不觉得吗？"此时她很期待杰夫说"坐到我身边来，暖和一下"，不过她也很清楚，杰夫很有可能仅仅把身后的沙发毯子递给她。玛丽的迂回暗示有着明显的弊端：杰夫可能永远都猜不到玛丽希望获得拥抱或性爱。但此刻，玛丽宁肯杰夫猜不透她的真正想法，也不愿意冒被杰夫直接拒绝的风险。

在一些孩子的成长环境中，若没有人鼓励他们清晰直白地表达自己的观点，他们通常会委婉地推销自己的意愿。如果一个孩子对妈妈说："安妮的妈妈每天早上都给她梳麻花辫。"其实她想对心事重重的妈妈说的是："我希望你每天早上能多关心我一些。"

步入成年后，人们通常会掌握复杂微妙的沟通邀请技巧，在充满各种挑战的社交情境中自如许多。我们总能听到人们说"咱们找个时间聚聚吧"。对于这种沟通邀请，对方可以根据自己的需要巧妙地做出回应，同时，不管对方如何回应，提出沟通邀请的人都可以保住面子。下面我们看一个邀请被接受的例子：

杰伊：我们找个时间一起吃顿午饭吧！
加里：好啊，下周怎么样？
杰伊：周一可以。
加里：那就周一吧！

下面则是邀请被拒绝的例子：

杰伊：我们找个时间一起吃顿午饭吧！
加里：好呀，不过你也知道，我这些天太忙了。
杰伊：我完全理解，等你有空时再给我打电话吧！
加里：好的，我会的。

杰伊原本就没有期望加里会给他一个确切的承诺，因此无论加里怎样回答，杰伊都会觉得很舒服。但这种方式也有一个缺点：杰伊无法获知加里对邀请的真正态度。加里真有那么忙吗？或者他这样回答仅仅是为了找一个拒绝与杰伊吃午饭的借口？加里会给他打电话吗？这些问题杰伊全都无法确定，只有时间能说明一切。不过，杰伊还是喜欢这个结果，因为如果他做出明确的邀请，结局可能会这样：

杰伊：我们找个时间一起吃顿午饭怎么样？下周找个时间？
加里：唉，太抱歉了，杰伊，我下周很忙。

杰伊：太糟糕了，下下周怎么样？
加里：下下周也不行。
杰伊：那你什么时候有时间呢？
加里：我真的很忙，等我不忙的时候再给你打电话怎么样？
杰伊：好吧，记得给我打电话。

能看到杰伊在这个对话回合中如何失去主动权的吗？加里也十分为难。如果杰伊不这么穷追不舍让加里难堪的话，情况也不至于如此糟糕。这并不是说我们不能直白地提出邀请，事实上，有时很有必要坚持要求对方清楚地做出承诺。（"这是我第三次等你了，你既没来，也没打电话。如果你还继续不尊重我，我们之间就要彻底玩完了。""两年前你就承诺给我涨工资，如果这次还不涨的话，我就要跳槽了。"）不过，这种直白语言的风险系数很高。

当然，并不是所有模糊的沟通邀请都是发出者刻意而为，有时只是因为说话人的沟通技巧欠佳。如一位丈夫说"我们必须为假期做好计划"，其实他真正的意思是"我想和你单独相处"。由于他未能明确地表达自己的意图，妻子可能会误以为丈夫打算带全家去度假。再比如，一位办公室女职员对老板说"我想来点新的挑战"。其实她真正的意图是想加入老板的销售团队，但是因为她表述模糊，老板误解了她的意图，结果给她报名参加数据库管理课程班。

有时人们提出沟通邀请的方式比较消极，对方无法做出积极回应。我认识的一位男士是这样表达对妻子的思念之情的：

丈夫：今天过得怎么样？
妻子：跟平时一样紧张忙乱。
丈夫：所以你就想不到给我打电话，是吧？

丈夫的话听起来像在喋喋不休地抱怨，如果他简单地调整用词，效果就大不一样了：

> 丈夫：今天过得怎么样？
> 妻子：跟平时一样紧张忙乱。
> 丈夫：我很想你，要是能在电话里跟你说说话就好了。
> 妻子：想我时就给我打电话啊！
> 丈夫：可我知道你很忙。
> 妻子：不过每天听听你的声音也很不错啊！
> 丈夫：太好了，我会经常给你打电话的。

有时提出沟通邀请的一方也不了解自己的需求，此时尝试往往难以辨别。它们可能会披上愤怒或悲伤的外衣，这在儿童中尤为常见。孩子能够感知到与父母、老师、朋友和家人的关系中出现的问题，但由于年龄尚小，缺乏足够的生活经验，他们无法找出症结所在或者无法修复它。他们变得调皮捣蛋、行为不端，以此回应自己所承受的压力，例如转校、搬家或父母的婚姻问题。在这种情况下，孩子可能变得脾气暴躁、哭哭啼啼、争强好斗，甚至粗暴无礼，其实这些都是他们提出沟通邀请的方式。这些孩子只是想找到一条与他人沟通的情感纽带，因为这些人能给予他们安全感、缓解他们的压力与困惑。通过这些方式，孩子仿佛在说："请听我谈谈我的感受吧！"

愤怒的萨拉

即便是成年人，如果无法识别或忽视自身情感需求，也会用同样的方式释放隐藏于自身的需求。萨拉就是一个这样的例子，最近她与丈夫一起来研究所寻求帮助。

显然，萨拉是个郁郁寡欢的女人。接受治疗时，她说自己非常渴望与丈夫里克能拥有平静、甜蜜的关系，可是里克说萨拉的行为恰恰相反。她孤僻内向，经常面色阴郁。"只要我做了什么不合她意的事，哪怕是一丁点儿，比如拿起高尔夫球杆或打开电视，突然间，她就大发雷霆。在她眼里，我做什么都是错的，我无论怎么做，她都不满意。"

我们发现萨拉根本没有意识到婚姻需要时刻用心经营，这与她的成长经历密切相关。萨拉的家境并不富裕，父亲是个嗜酒如命的酒鬼。同6个兄弟姐妹一起生活的经历让她确信没人关心自己的需求。只有非常严重的事情发生时，才有可能得到别人的关注。

带着这种信念，萨拉与里克步入了婚姻的殿堂。她不知道如何提出正常的沟通邀请，而是彻底封闭了自己对关爱的渴求。里克加完班回到家中，早已疲惫不堪，不愿与她进行交谈。此时，即使心中非常不悦，她也不会说什么。每周五晚上里克与同事外出找乐，再次被冷落的萨拉变得更加愠怒，但她还是努力抑制自己。周末，里克去打高尔夫球、看棒球比赛或在电脑上玩游戏，渴望得到关注的萨拉还能做到压抑自己的情绪。几周过去了，萨拉积攒了足够的痛苦怨言，最终彻底爆发。

"我还要承受多久？"她怒吼着。满腹委屈的萨拉细数着过去几周里里克的种种不是——她如何一次次地被忽视，一次又一次地被遗忘。

面对妻子狂轰滥炸的"突袭"，里克毫无招架之力，只能撤退。有时他选择离开，如果无法脱身，他就躲到另一个房间里，打开电视机或戴上耳机，尽量逃离妻子的暴风骤雨。然而里克的退缩总是进一步激怒萨拉，她觉得自己更委屈了。

在治疗的过程中，所有人都明白了萨拉过激行为的最终目的：想与丈夫更加亲近。不过，由于她不知道如何恰当地提出沟通邀请，她的所作所为却与最终目的背道而驰。

了解了这些情况后，我们制订了两个治疗方案：一方面，帮助萨拉意识到不能将自己的抱怨忍而不发，有什么不满意的就说出来。另一方面，帮助里克意识到隐藏在"暴风骤雨"后面的是妻子希望与其沟通的情感诉求。也许妻子表达的方式并不容易让人接受，也让人难以招架，可是不管怎样，它确实是一种沟通邀请。如果里克理解妻子的"不可理喻"，他才有可能愿意同萨拉共同努力，帮助萨拉学会用更温和、更情意绵绵的方式表达自己的情感诉求。

萨拉的故事告诉我们，人们提出或回应沟通邀请的方式真的是稀奇古怪。如果你能够透过表象，如愤怒、悲伤或恐惧，看到暗藏其中的情感需求，你对人际关系的把握就上升到了一个新高度。同事板着脸，沉默不语，也许他正期待被邀请参与讨论呢！姐姐生气，其实是因为她觉得自己被排除在家庭之外了。3岁的孩子突然大哭大闹，不仅仅是因为你不同意给他买玩具，更重要的是他此时需要你的安慰。

人们提出沟通邀请的方式总是模糊不清，原因很多，可以简单归纳如下：

- 为避免可能存在的情感伤害，故意而为。
- 同他人交际的能力欠佳，如有些人无法使用清晰的语言表达自己。
- 用别人无法理解或接受的消极方式提出沟通邀请。
- 没有意识到自己的真正需求。

难道说为了了解对方的真正意图，我们必须学会读心术吗？当然不是！难道说我们必须无条件地容忍他人的愤怒和歇斯底里吗？也不是！我们的研究表明，了解提出沟通邀请的不同方式可以帮助我们发现人们的真正需求，尽管有时它们隐藏在愤怒、悲伤和恐惧里。一旦我们准确地定位对方的真正需求，我们就可以进行下一步：回应对方的沟通邀请。恰当地回应对方的沟通邀请可以建立和巩固各种人际关系，将人们聚在一起。

人们回应沟通邀请的方式有3种：积极回应、回避和拒绝。接下来我们讨论一下如何辨别不同的回应方式，并研究它们在人际交往中如何发挥作用。

积极回应，最佳的沟通邀请

积极回应的沟通邀请所涵盖的范围很广，包括以下几个方面。

给予肯定：包括给出一两个字的评论或者用身体语言表示赞同。对方可能并没有停下手中正在做的事情，但是你知道他在听你讲话。

简单回应：用简单的语句或问题明确对方提供的信息。

员工甲：他们喜欢我在芝加哥做的报告。
员工乙：太好了。

朋友甲：你周六有什么计划？
朋友乙：本周六？

彬彬有礼式回应：通常包括观点、思想和感情。

姐姐：看！我在促销时买的！
妹妹：真好看！这个颜色太适合你了。

彬彬有礼式回应通常是对说话人的认同，有时很诙谐，有时会涉及有针对性的问题，也可能包括某些行为动作。说话人如果讲了一个笑话，彬彬有礼的回应者通常会开心地笑，即使笑话不好笑，他们也会用微笑回应。他们并不看重说话人的幽默感，只想对说话人的努力表示肯定。

热情回应：专注地倾听和眼神沟通，通常伴随着幽默、玩笑和爱意，有时还带有深深的同情。热情回应通常包括身体语言，如拥抱、礼节式亲吻或热情地握手。如果说话人讲了一个笑话，热情的回应者通常会放声大笑，甚至在说话人刚讲到笑话的开头时，他们就已经跃跃欲试，准备开怀大笑一番了。

在回应沟通邀请的 3 种方式中，积极回应带来的积极结果最多。它告诉提出沟通邀请的人：

- 我听见你说的话了。
- 我对你说的话很感兴趣。
- 我理解你说的话（或者我愿意理解你的话）。
- 我支持你。
- 我乐意帮助你（不管我有没有能力帮到你）。
- 我想与你一起做事（不管我能不能做到）。
- 我接受你说的话（即使我不接受你的所有行为）。

提出沟通邀请后，如果能得到对方积极的回应，沟通邀请的发出者心里自然高兴，对双方的沟通也很满意，随之而来的必然是更顺畅地进一步沟通。

积极回应对方的沟通邀请能促进各种人际关系中双方关系的融洽和深入。习惯对玩伴的沟通邀请做出积极回应的孩子总是最先交到好朋友；一直积极回应对方的沟通邀请的兄弟姐妹一生关系密切；总能积极回应对方的同事往往更容易找到合作伙伴；彼此积极回应的夫妻发生争吵的次数比较少。

玩耍式回应：在婚姻研究实验室中，我们看到了很多夫妻积极回应对方沟通邀请的例子。有时，他们提出沟通邀请的方式更像玩耍。一位丈夫把报纸卷成纸筒，和着爵士乐的旋律，轻轻地敲在妻子身上。妻子卷起自己的报纸回击着丈夫的"挑衅"，两个人围着沙发嬉闹、追打着。他们随性而发，乐享其中。

我们已经讨论过诙谐幽默在维系各种人际关系中扮演的重要角色。可是，如何才能做到诙谐幽默呢？积极回应对方的"傻气"，融入当时的情景，小小地开心一下就够了。你正在烤面包，10岁的儿子去拿放在架子顶上的面粉罐，一不小心打翻了罐子，面粉撒在了孩子身上，飘在空中，落到地上。看着自己浑身撒满面粉，像个小雪人，儿子咯咯地笑起来。此时，面对一片狼藉，你有两个选择：第一，你可以选择怒斥孩子；第二，你可以选择积极地回应他的"傻气"，同儿子一起哈哈大笑。

如果你能毫不犹豫地选择第二项，也就是说，在任何情况下，积极回应对方的幽默或"傻气"，你会发现，你不但能收获更稳固的人际关系，生活也因此充满乐趣。

参加研究的被试中有一位工程师，沉稳又严谨，感觉是一个没有幽默细胞的人。他很爱妻子，决定好好设计一番，让妻子爆笑一顿。他事先训练家里的宠物小猎犬，让它像《花生漫画》（Peanuts）中的狗狗史努比一样，像人一样坐着，头稍低，站在狗屋上面就像一只秃鹰。一天早上，趁妻子还没下楼吃早饭，他把小猎犬放在冰箱上，摆出训练好的造型，然后，只穿着内裤的他也爬到冰箱上，摆出同样的姿势。妻子走进厨房，看到爱人和爱犬贴着天花板，像一大一小两只秃鹰，笑得瘫坐在地板上。这简直是搞笑的终极之作。

当然，并不是所有的沟通邀请都是善意又幽默的。我们也提到过，有些沟通邀请总是披着愤怒、恐惧或悲伤的外衣。此类沟通邀请并不邀请你一起玩耍，更像是抱怨、讽刺或悲痛。这种沟通邀请我们很难辨认，也很难给予积极的回应。即使我们有能力将它们辨认出来，也必须有足够的耐心、创造力和信任才能给予对方积极的回应。

如果希望与你关心的人保持长久、稳固的关系，一定要在任何情况下都能积极回应对方的沟通邀请。记得在婚姻誓约中我们总是说"无论情况是好是坏"吗？记得人们总是远离"酒肉朋友"吗？记得当你气愤、恐惧、忧郁或疲惫不堪时，总希望身边有人陪伴吗？我们的研究表明，积极回应对方次数越少的人，他们的人际交往能力就越差。

人的时间和精力是有限的。有一对参加研究的夫妻，他们婚姻美满，但是当第二个孩子出生后，他们也遇到了很大的压力。

"一天，躺在床上，"丈夫艾伦说，"我忽然意识到在我和妻子贝卡之间躺着两个人，我们两岁的孩子和刚刚出生的婴儿。当时，我觉得特别沮丧，我想念那些和妻子单独在一起的时光，我和妻子在一起总也待不够。"

几天后，艾伦、贝卡和孩子们一起坐在沙发上。贝卡问艾伦："你怎么了？""我很难过，"艾伦说，"我觉得咱们两个再也不能单独在一起了，只有我们两个人的时光，再也没有了。你总是忙着照顾孩子，根本不关心我。"

贝卡怎么回答的呢？"我当时快气炸了！"她回忆说，"我正喂刚出生的孩子喝牛奶，我们的第一个孩子还在我身上爬来爬去。两个孩子已经让我手忙脚乱了！我的丈夫却像另一个没断奶的孩子，对我说我不关心他！我当时确实十分生气，就对他说：'我也不知道该怎么办，你自己想办法吧！'"

艾伦是怎么做的呢？"艾伦真的是个好丈夫，"贝卡说，"他从沙发上站起来，带着两岁的孩子去了公园。在接下来的一个月里，他每天都这么做。他们一起去动物园、水族馆、麦当劳等很多不同的地方。我终于不必同时照顾两个孩子了。自从第二个孩子出生后，我终于能放松放松了。"

艾伦的要求怎么办呢？贝卡说："几个星期后，我对他说：'咱们一起讨论一下，我该怎么做才能让你觉得没有被忽视呢？'"

"等等也没什么坏处，"艾伦说，"重要的是，贝卡最终理解了我的感受，她一直都很理解我。"

艾伦希望获得妻子关心的要求无可厚非，他提出要求的方式也没什么不妥，但是当时的贝卡根本做不到积极回应丈夫的沟通邀请。不但如此，她铤而走险，反而要求丈夫自己解决问题。由于艾伦和贝卡平时总能积极回应对方，因此，即使出现问题，他们也能顺利解决，因为他们坚信问题总是能够解决的。

如果希望同某个人建立稳固、长久的关系，请尽可能做到积极回应对方。当然，每个人的独立程度不同，我们同他人的亲密程度也不同，这也决定了我们积极回应对方的频率和机会不同。与同事相比，我们有更多的机会同自己的子女相处，可以积极回应孩子的机会自然就比较多。同兄弟姐妹相比，我们可以积极回应伴侣的机会更多。如果可能，即使在你愤怒、疲惫、悲伤或牢骚满腹时，也请积极回应你生活中的每一个人。平日里对他人的积极回应会不断地累积，即使某天当你无法积极回应对方时，平时累积的好感也可以帮你渡过难关。

在父母与子女的关系中，由于孩子的情绪发展还不成熟，他们往往做不到总是积极地回应父母。父母和老师可能深有体会，他们总是积极回应孩子的所有沟通邀请，但是相比之下，孩子积极回应他们的情形却少了很多。作为父母和老师一定要有耐心，一如既往地积极回应孩子的沟通邀请，随着时间的流逝，付出自然会得到回报。你们的坚持向孩子表明你们是可以信任的，也教会孩子如何同他人建立长久、稳固的关系。

总之，充满爱意、诙谐幽默地积极回应对方在人际交往中至关重要。研究表明，这种热情、充满肯定的回应可以影响人们诙谐幽默地解决争端的能力。如果你总是能从对方那里获得热情的支持和充满爱意的肯定，你很可能会选择用一个会心的玩笑化解争端。在人际交往的过程中，诙谐幽默是打开人们心理防线、找寻共同兴趣、获得对方支持、俘获对方柔情的重要法宝。

回避，无意伤害的沟通邀请

回避对方的沟通邀请意味着一方无视另一方的沟通邀请，通常会出现下面3个情景：

- 专注于自己正在做的事情：沟通邀请被提出时，另一方往往正在专注于另一件事情，如看电视或读书等。
- 冷漠的回应：沟通邀请完全被忽视或被邀请方只关注沟通过程中无足轻重的细节。
- 打断式回应：被邀请方的回应同所沟通内容无关，彻底打断正在进行的沟通内容。

回避沟通邀请意味着什么？他们是真的冷漠还是只是心不在焉？研究表明，回避他人沟通邀请的人，并不是恶意而为，他们只是心不在焉。他们习惯使用"自动驾驶"，丝毫没有意识到自己的行为给身边的人带来的危害。每天早上，一向爱迟到的经理急匆匆地奔进会议室，没有跟员工打招呼。每天如此，几个月后，员工们觉得经理根本没把他们放在眼里。你的孩子每天忙着同朋友们一起玩，还要完成学校布置的各种任务，除要零花钱外，他们没有时间和父母沟通。此时，聪明的父母一定要让孩子停下匆忙的脚步，和父母好好聊聊，否则，你会发现不知不觉中孩子同你们越来越疏远了。

有时，人们选择回避对方的沟通邀请，确实事出有因：他们希望获得更多属于自己的空间。在任何人际关系中，包括朋友、家人、爱人和同事，个体自由和彼此依赖之间的平衡至关重要。选择回避对方要求，在某种程度上可以调整这种平衡关系。如果双方既能享受个体自由，又能享受被人依赖的心理满足，这是人际关系的最高境界。可是，找到维持平衡的奇妙支点需要时间。随着时间的推移和年龄的增长，平衡的支点可能会改变位置。

如果你所处的关系中，双方都习惯选择回避对方的要求，你需要仔细审视自己的真实想法。如果你和对方都希望建立长久、稳固的关系，你需要采取措施，让自己更专注于对方的需求，慢慢学会积极回应对方的需求。如果你们彼此回避是为了获得更多的自由空间，则需要谈谈彼此对自由的需求度。如果不沟通，轻则损害双方感情，重则双方分道扬镳。因为不管人们回避对方的原因是什么，有意也好，无意也罢，回避对方所带来的结果都是类似的：

- 我不关心你的需求。
- 我想忽视你的需求。
- 我不关心你的事情。
- 我有更重要的事情需要做。
- 我太忙了，无暇顾及你的需求。
- 你的需求不值得我花时间关注。
- 我想多点个人空间，你给我的远远不够。

我们的研究发现了一个非常普遍的现象：所有被忽视的人都觉得受到了伤害，他们觉得孤独、被孤立、被排斥。也许你觉得他们太小题大做了，可是，想想如果有人对一个孩子说"你不能跟我们一起玩，我们不需要你，你技术太烂了"。如果我们的沟通邀请被忽视，我们会像孩子一样，脆弱的心灵同样会受到伤害。

事实上，总是被忽视的人往往情绪低落，有时他们会对他人的行为过度敏感。俄勒冈大学的心理学家罗伯特·韦斯（Robert Weiss）把这种情况称为"消极诠释"（negative sentiment override）。受这种情绪折磨的人异常消极，

> **人际关系关键词**
>
> **消极诠释**
>
> 总是被忽视的人往往情绪低落，对他人的行为过度敏感。

无法客观地评价对方对其沟通邀请的反应。（"索尔真的想赶我走，还是我太敏感了？"）为了证实不是自己太敏感，他开始有意识地寻找人们对其不公

的事例。消极情绪早已完全控制了他的思想，对他来说找到相关的事例，简直轻而易举。（"绝对不是我敏感，索尔今天下午开了关于这个议案的临时会议，根本没通知我，这肯定有问题。"）

拒绝对方的沟通邀请是向对方发起直接攻击，对方的愤怒可能使沟通恶化。回避沟通邀请则会打击对方的信心和自尊。研究中我们发现，得不到回应的一方并没有生气，也没有愤怒，只是像泄了气的皮球，兴致全无。录像中，得不到回应的人耸着肩，仿佛打了败仗的士兵，精神萎靡，全无斗志。

总是回避孩子沟通邀请的父母尤其要注意，孩子总是期待从父母那里获得情感抚慰，他们需要父母的指引。如果父母不能指引孩子在情感道路上健康成长，孤独成长的孩子会怀疑自己，封闭自己，并对自己困惑不已："我怎么了？为什么会有这种感觉？"

一旦沟通邀请被回避或被拒绝，情绪低落的"受害人"很少再次提出沟通邀请。即使在幸福的婚姻关系中，得不到回应的一方也很少再次尝试沟通，仿佛在心里说："不用了，反正也没用。"一旦这种消极的情绪占据主导地位，沟通邀请越来越少，沟通的机会也必然随之减少。

我们的研究表明，习惯于回避对方沟通邀请的人往往无法处理好自己的人际关系。被回避的一方虽然当时并没有任何异常表现，但隐形的伤害已经形成。经过长期研究大量人际关系的具体事例后，我和同事们发现，提出沟通邀请后得不到回应的一方往往情绪低落，慢慢地开始抱怨、批评对方，对方必定为自己辩解，这样就开始了攻击和辩解的恶性循环，最终导致双方关系的破裂。我们从安娜和弗兰克的故事中可见一斑。他们的故事是我参与《奥普拉脱口秀》（*Oprah Winfrey Show*）时用到的素材之一。

安娜和弗兰克有一对双胞胎孩子，在孩子很小时，他们的婚姻危机重重。安娜整天在家照顾孩子，弗兰克在一家自己并不喜欢的商业美术公司上班。劳累一天后，弗兰克总爱坐在电脑前做一点自己喜欢的艺术创作。问题是，那时往往是安娜最需要弗兰克帮忙照顾双胞胎的时候。有时，弗兰克非常专注于自己的创作，故意选择忽视安娜的要求。弗兰克承认他听见了安娜的要求，他也知道，只要自己帮安娜解决问题后，安娜就不会再找他干别的活。

一天晚上，完成自己的工作后，弗兰克走到厨房，为自己做了一个三明治，然后开始陪孩子们玩。

过了一会儿，安娜走进厨房，看到了让她勃然大怒的东西——一把沾满蛋黄酱的刀正躺在操作台上。弗兰克做完三明治后，没有把刀洗干净收好。安娜拿起刀，开始数落弗兰克的邋遢，并生气地把刀扔到地板上。

"后来，我一直在想：'我到底怎么了？我为什么那样做？'"安娜回忆说，"我怎么变成了一个泼妇？只是一点蛋黄酱而已，我完全可以自己把刀洗干净。"

"是的，"我对他们说，"你可以自己把刀洗干净，但是，这绝对不是一件小事。"在"蛋黄酱事件"发生之前，弗兰克曾经不止一次地回避安娜。那一刻，那把沾满蛋黄酱的刀划开了安娜密封的怨气与不满，并将它们彻底释放出来。表面看起来，安娜的盛怒不可理喻，究其根源，这与她的孤独感和缺少沟通密切相关。安娜终日在家照顾两个孩子，非常疲惫，她需要弗兰克，但是弗兰克并没有接收到这个信号，反而不时地回避她的需求。

这种情况在孩子中间也不少见，尤其是在父母忙于工作或出现婚姻危机的家庭中。父母并没有刻意回避或伤害孩子，但是工作和家庭琐事占据了他们太多的精力，每次同孩子沟通后，孩子总觉得父母希望他们走开或保持安静。孩子内心渴望获得父母的注意，为了让父母关心自己，有时他们选择叛逆或极具攻击性的行为，由此给家庭带来新的危机。埃米的故事就是最好的例证。

离婚后，埃米带着两个不满10岁的儿子独立生活，不久她考取了法律学校。埃米回忆说，刚入学的第一年，她根本没有时间和儿子在一起。"有时，他们因为家庭作业来找我帮忙，或者两个人争吵后来找我评理，我正被学校的事情弄得焦头烂额，就对他们说'过会儿再说'或'你们自己解决'。这样过了一段时间，他们就不来找我了。"

一天早上，埃米收到儿子学校的电话。她的大儿子乔希和别人打架了。"我去学校接他时，老师告诉我他最近变化很大，成绩下滑，整天阴沉着脸，"埃米说，"我当时非常吃惊。"

在回家的路上，埃米连珠炮似的问了乔希很多问题，乔希一直沉默不语。"忽然，他喊叫着说：'这跟你有什么关系？你只关心自己的学习，根本就不关心我们！'"

"我当时都要崩溃了，我当然关心他们，我努力学习就是为了他们啊！"当天晚上，埃米意识到她和儿子已经很长时间没有情感沟通了。"我们之间的沟通只限于作业和家庭琐事。我觉得特别难过，因为我们以前关系很好。"

为了重新修复同孩子的关系，埃米向家庭问题治疗师寻求帮助。治疗师鼓励埃米，告诉她从关注孩子的生活细节开始：孩子们做对的事情要及时给予表扬；关心他们的日常生活，不要唠叨，要让孩子们感到妈妈在真诚地关心他们。埃米在法律学校的课业很重，这对她来说是个不小的挑战。不过，她发现哪怕她只为孩子们做很小的事情，如开车带小儿子去参加足球训练或陪大儿子玩会儿游戏，孩子们也特别开心，而且自己和他们的关系正慢慢缓和。

"对我来说,最大的改变是我不再觉得陪孩子是我的负担,"她说,"和孩子们一起,暂时不用想学业,对我来说是难得的放松。"

以上事例和我们的研究结果表明,平时,回避对方沟通邀请的次数越多,日后双方发生冲突的次数也会越多。同样,积极回应对方沟通邀请的次数越多,双方发生冲突的次数就越少。

当然,这并不是说一次得不到回应的沟通邀请会带来灾难,每个人都不免疏忽大意。在稳固的人际关系中,积极沟通是交往的主流,偶尔一次沟通失误不会影响交往的大局。但是,如果总是回避对方的沟通邀请,双方关系自然会土崩瓦解。

我和同事们还发现另外两个值得注意的地方。第一,在回避对方沟通邀请的3种方式中,打断式回应比其他两种方式(专注于自己正在做的事情和冷漠的回应)的伤害要小。心理学家们曾经认为打断是双方争夺话语权的表现,会损害双方关系。不过,我认为打断有时是双方急于热切沟通的表现。沟通双方需要分享的信息很多,他们等不及对方说完就急切地开始表述自己。在这种情况下,打断并不会惹怒双方中的任何一方,也不会损害双方关系。

另一个有趣的现象是:丈夫还是妻子选择专注于自己正在做的事情,回避对方的沟通邀请,对婚姻关系的影响不同。目前,我们无法找到这种不同的确切原因,不过,也许可以从丈夫和妻子做出这一选择时的原因找到答案。女性认为回避是一种抗议,她们选择专注于自己正在做的事情,回避丈夫的沟通邀请,因为她们对丈夫早已心生怨意。而男性专注于自己正在做的事情时,根本没有意识到自己回避了妻子的沟通邀请,他们的"回避"绝对不是刻意而为。也就是说,妻子选择继续看电视回避丈夫的沟通邀请,其实她想表达的信息是"我生气了"。而如果丈夫这么做,他根本无意传达任何信息,他甚至不知道自己的"回避"可能影响自己的婚姻。

拒绝,糟糕的沟通邀请

在我们的研究中,我们发现了多种拒绝沟通邀请的方式。

轻蔑式回复:一方直接用伤人和不尊重的语言回应另一方的沟通邀请。说话人带有明显的优越感,仿佛自己凌驾于另一方之上,恶意地伤害对方。

丈夫:想吃点午餐吗?
妻子:除了吃,你还会做什么?

挑衅式回复:说话人的回复旨在挑起争端。无论对方说什么,说话人都会同其争论。这种回复有时夹杂着戏弄和欺负。

丈夫:今晚你想看电视吗?
妻子:你觉得我就会看电视,是吗?就会整天坐在电视机前看肥皂剧,是吗?
丈夫:当然不是!那你想做点什么?要不去看戏?
妻子:看戏?你以为看戏就能让我高兴吗?(嘲弄地重复丈夫的话)"要不去看戏?"

争辩式回复:说话人的回复旨在引起辩论或争吵。争辩式回复比挑衅式回复表面看来要平和,不过同样阻碍沟通的正常进行。

同事 A：周五前请做出评估报告。
同事 B：为什么非得周五？下周一不行吗？

专制式回复：说话人的回复旨在控制对方，使对方认输或投降。在这种对话中，我们往往能感到专制家长的气息，不管对方是不是家长。

批判式回复：同针对某一具体事件的抱怨不同，这种回复更全面地攻击对方。说话人往往用"你总是……"或"你从不……"这样的字眼责备或否定对方。

自卫式回复：说话人急于摆脱自己的责任，从而使双方日益疏离。如果对方不开心，说话人会表现得像个委屈的受害者。

不管拒绝对方沟通邀请的具体原因是什么，总会影响双方关系的正常发展。这种拒绝往往意味着：

- 你需要关注，这让我很生气。
- 我对你充满敌意。
- 我不尊重你。
- 我不在意你，也不在乎我们之间的关系。
- 我想伤害你。
- 我想让你主动离开。

拒绝对方的沟通邀请往往给对方带来心灵的伤害。 如果拒绝者的社会地位比提出沟通邀请人的高，如老板、老师、父母或占主导地位的配偶，那么提出沟通邀请的人往往会焦虑、害怕，甚至会为了避免冲突而压抑自己的情绪。

为维持关系而压抑自己的事例屡见不鲜，这种关系往往能持续很长一段时间：子女无法离开自己的父母；尽管婚姻不幸，夫妻还是共同生活在一起；不满的员工在岗位上继续工作。但是，在这些压抑的关系中，总有一个雷达时刻搜索着即将到来的机会，一旦机会出现，结果显而易见。饱受压迫的一方说："何必呢？我所得到的只有伤害！"于是沟通不再，关系破裂。即使关系继续维持，很多人宁愿选择封闭自己，根本不会再与对方沟通。

实践场　创建情感日志

情感日志可以帮助你记录在情感沟通方面的进步，包括在提出沟通邀请和回应沟通邀请方面取得的进步。情感日志就像探险者在伟大的历险过程中所写的日志。作为一名探险家，你会发现很多新事物，记录各种新奇的事情，不论这些事情事后是否有用。只要把这些事情记录在纸上，你就会发现其中有趣的规律。

选择一个你喜欢的记事本。有人喜欢用高档的日记本；有人喜欢随手写在普通的活页本上；富有艺术气息的人可以在图画簿上画下丰富的表情变化；还有人喜欢随意地写在餐巾纸或收据上，然后把它们塞进夹子里。

无论你属于哪种类型，都需要分门别类地记录每天观察到的沟通现象。下面的问题可以帮你记录：

- 今天，你向关系密切的人提出沟通邀请时，你注意到了什么？
- 你提出的沟通邀请，对方如何回应？你认为这种回应方式怎么样？
- 你注意到有人积极回应、回避或拒绝沟通邀请吗？具体情况如何？
- 你提出沟通邀请的方式会影响对方的回应方式吗？下次你有需要改进的地方吗？
- 今天，你如何回应他人的沟通邀请？
- 你是否积极回应、回避或拒绝他人的沟通邀请？具体情况如何？

- 他人提出沟通邀请的方式是否影响你的回应方式？你觉得他们需要何种改进？你认为他人提出沟通邀请的方式如何影响进一步的沟通？

男女有别

影响人们提出沟通邀请和回应对方沟通邀请的因素有很多，性别无疑是其中一个很重要的因素。我们对夫妻关系的研究中，有一些值得特别关注的地方。

首先，我们发现，在幸福的婚姻中，丈夫积极回应妻子沟通邀请的频率要远远高于不幸婚姻中的丈夫。而幸福婚姻与不幸婚姻中的妻子积极回应丈夫沟通邀请的频率则相同。

由此，我们认为，**男性在决定婚姻质量方面发挥的作用不可低估**。妻子对丈夫需求的关注同样重要，但是，丈夫的关注仿佛美味的调味剂，将夫妻关系升华到新的高度，由此带来稳固、长久、幸福的婚姻。

当然，这并不是说妻子的作用不重要。研究表明，妻子的幽默、兴趣和情感在很大程度上影响丈夫在争吵中保持冷静的能力——人们认为这种能力是决定婚姻稳固的终极力量。从这个角度来说，我们认为妻子的积极影响大于丈夫。可是，处于争论中的妻子如何保持这些美德呢？研究表明，这来自日常沟通中夫妻双方对彼此沟通邀请的积极回应。

研究还发现，总是回避对方沟通邀请的夫妻在争吵中同样容易变得充满敌意。总是拒绝对方沟通邀请的丈夫要么选择压抑自己，要么变得充满攻击性，而妻子往往只有一个选择：压抑自己。

对于这种现象，我们很难找到确切的原因，也许是由于夫妻关系中的权力关系。总是被拒绝的女性可能害怕丈夫在争吵中表现出的暴怒，所以她们选择封闭自己，尽力避免或压抑自己的消极情绪。

还有一种观点认为，面对压力，男性往往比女性更易怒、更挑剔。事实上，最近一份针对男女面对压力时的表现的调查表明，面对压力，男性倾向于选择"战斗或逃跑"，女性则倾向于选择"自助或求助"，比如向他人寻求帮助或慰藉。虽然压抑自己并不能寻求到帮助，但至少这种可能含有敌意的反应中，不带有对抗的性质。

人际关系要点

- 人们回应沟通邀请的方式不一样。
- 如果希望同某个人建立稳固、长久的关系，请尽可能做到积极回应对方。
- 回避他人沟通邀请的人，并不是恶意而为，他们只是心不在焉。
- 回避对方所带来的结果通常是，被忽视的人觉得受到了伤害。
- 平时，回避对方沟通邀请的次数越多，日后双方发生冲突的次数也会越多。
- 拒绝对方的沟通邀请往往给对方带来心灵的伤害。
- 面对压力时，男性倾向于选择"战斗或逃跑"，女性则倾向于选择"自助或求助"。

03

沟通中的 6 只黑手
阻碍人际关系发展的症结

经过多年研究，我发现很多因素无形中决定着情感沟通的成败。本章将揭示人们在沟通的过程中常常忽视的6个方面，我把它们称为阻碍沟通正常进行的"6只黑手"。你也可以审视自己的人际交往能力，看自己是否受无形"黑手"的左右。即使发现自己受困，也无须担心，你可以用本章推荐的实用"杀手锏"斩除"黑手"。

第一只黑手，心不在焉

人们带着美好的愿望结婚生子、结交朋友、工作应酬，没人希望搞砸自己同他人的关系。可是，生活中关系恶化或破裂的事例却屡见不鲜。造成事与愿违的原因有时很简单，也许仅仅因为你"心不在焉"，忽视了对方的情感需求。"心不在焉"并不是蓄意而为，有时只是因为人们当时太专注其他事情，忽略了身边的人。

"心不在焉"往往导致沟通失败，沟通失败会触发争吵、互相指责和日益疏离，而日益疏离的背后往往暗藏着关系破裂的危机。

摆脱"心不在焉"，倾心关注身边人的情感需求，积极回应对方的沟通邀请会带来双方关系的稳固、持久。有时，你需要将注意力从自己转移到他人身上，关注对方的情感与情绪，才能做到感同身受。在这个过程中，你们共同经历，共同体验，增进了彼此的了解，仿佛一起参与了一场神奇的发现之旅。只要倾心关注身边的人，你随时有机会踏上这神奇的发现之旅。

究竟是什么阻碍我们踏上发现之旅的脚步？为什么我们不能做到倾心关注身边的人？我认为这是由于每个人的关注点不同，做出的选择也不同。有些夫妻在照顾孩子、料理家务上倾注了太多的注意力，尽管同伴侣之间也有沟通，但沟通内容大多与孩子和家庭事务有关，如孩子的足球课、翻修地下室、买一辆价格实惠的汽车等。孩子和家庭事务占据他们太多的精力，留给夫妻二人世界的时间几乎为零。他们的"心"不在"经营夫妻关系"上，他们忘记了夫妻关系才是他们人生中最首要的关系。

什么才是化解"心不在焉"的解药呢？很简单，设定目标。问问自己下面这些问题：在这段关系中，我认为最重要的是什么？是我一定要达成某个目标吗？是需要证明我总是对的吗？还是我们之间的亲密无间和相互理解（也就是双方的感情）更重要？如果在这段关系中，你最看重的是你们之间的感情，那么本书中提到的所有沟通技巧都可以帮到你。在具体沟通的过程中，你要问自己："此时，我需要得到的是什么？眼前有3种选择：积极回应对方、回避对方和拒绝对方，哪种选择可以帮助我实现目标？"

此外，收集"美好瞬间"可以帮我们摆脱"心不在焉"的恶习。我的朋友罗斯·帕克（Ross Parke）是一位心理学家，著有多本关于儿童教育的专著。一天，我们共进晚餐后，罗斯告诉我，人生就像一条珍珠项链，每一个美好瞬间都是一颗珍珠，我们应该有意识地收集这些美丽的珍珠。自从他成为一个忠实的"收集者"，他慢慢地学会了倾心关注身边的人，同他们的关系也日益稳固。

我相信每个人都能成为美好瞬间的"收集者"，找寻并感恩同心爱的人一起度过的美好瞬间。我们的收集可以从关注他人的情感沟通邀请开始，如果你听到他的话，注意到他的情绪变化，请告诉他，请让他知道你在关注他。你的关注是通向情感沟通的桥梁，并为将来持久的感情铺平了道路。拥有完美的人际关系，往往就是这么简单。

留意身边的人和事，做一名美好瞬间的"收集者"，可以让你在稳固、持久的人际关系中占据主动地位。下面的每日练习，可以巩固你学到的收藏技能。

实践场　做一名美好瞬间的"收集者"

几乎每个人都带着某些目标开始一天的生活，如健康饮食、努力工作等。从今天开始，请给自己添加一项新目标：收集至少3个美好瞬间。结束一天的工作和学习后，看看你的战果如何，然后把成果记录在你的情感日志中。记录这些美好瞬间时，请注意以下问题：

- 这些美好瞬间中，有沟通邀请发生吗？如果有，沟通邀请的目的是什么？
- 最初你是如何发现对方的情绪变化的？对方用何种方式表达自己的情绪？用语言、表情、手势还是其他方式？
- 你发现对方当时处于什么状态：高兴？悲伤？生气？害怕？鄙视？厌恶？还是其他情绪？
- 对方需要你怎么做？如需要你陪在身边、需要你倾听、需要你的情感支持、需要你的理解、需要与你聊天等。

- 了解对方的情感需求后，你们用什么方式沟通？如果用语言，你说了什么？
- 你关注到对方的情绪变化后，对方如何回应？
- 你们的沟通给对方带来什么影响？对你们之间的关系产生什么影响呢？
- 你们的沟通给你带来什么影响？对你的自我认知带来什么影响？

第二只黑手，口"剑"腹"蜜"

你是否曾经有过这样的经历，恨不得能像录音机一样，按下倒退键，将自己曾经说过的话彻底收回？最近，我就遇到了这种情况。

一天晚饭后，我的妻子朱莉要去楼下的办公室处理邮件。我和女儿都觉得有点失望，我们一直盼着她能多陪我们一会儿。

我对楼下的朱莉喊道："朱莉！别工作了，现在你该陪家人！"

我咄咄逼人的语气惹怒了朱莉，她生气地回答说："不行，我必须回复这些邮件。"

结果呢？朱莉认为我不理解她、在批评她，我也觉得我们的关系疏远了一些。

如果我同朱莉在对话开始时选择不同的方式，结果会怎样呢？如果我对她说："朱莉，我和女儿都想你，你能快点上楼来吗？"结果也许会截然不同。

我和朱莉之间的对话是口"剑"腹"蜜"的典型代表：你希望同对方沟通，于是你发出沟通邀请，可是你选择开始对话的方式却充满了责备和批评，结果自然事与愿违。

事实上，对于夫妻关系的研究表明，在 96% 的情况下，通过前 3 分钟的对话内容可以成功地预测夫妻间长达 15 分钟对话的结果。如果对话前 3 分钟充满了否定、责备和批评，对话结果往往不尽如人意。

如何解决这个问题呢？**心平气和地开始对话才是解决之道**。请看表 3-1，我们列举了一些以不同的方式开始对话的实例，希望对你有些帮助。

表 3-1　如何开启对话

恰当开启对话的窍门	不要这么说	要这么说
积极的态度	"我们在一起一点意思都没有。我们做点有意思的事吧？"	"看，这篇文章里说一对夫妻在太平洋屋脊步道远足！我还记得我们一起冒险时多惊险呢！咱们做做计划，再一起去旅行吧！"
表达欣赏和谢意	"为什么非得我要求，他们才给我看报告？他们应该主动把报告复印一份给我看。"	"谢谢你让我看这份报告，这里面的信息对我很有帮助。下次如果想看报告，我需要联系谁才能得到报告的复印件？"
用"我"不用"你"	"你该给我打个电话，你让我一夜没睡，为你担心。"	"我特别担心你，我一夜没睡，一直在等你。"
不累积抱怨	"你多长时间没陪你弟弟玩了？从 10 月开始，你的成绩就一直下降！6 个星期了，你没帮我干一点儿家务活！"	"我很担心你的学习，你每门课的成绩都下滑了。"（其他事情在发生时就要说出来。）

如果"恶果"已经造成，另一个解决之道是事后再同对方沟通。你可以这样说："很抱歉，昨天是我不好，我很想处理好我们之间的关系。"当然，需要根据具体情况调整你的具体措辞。不过，我相信大部分人都会对你的努力做出回应的。

事实上，如果父母敢于承认自己犯了错，对孩子的成长尤其有利，这样孩子就不会因为犯错而对自己感到失望。

如果你与同事之间已经建立了很好的信任关系,"沟通失误"发生后,及时地"修补"也很必要。但是,如果你与同事的关系并不是很密切,请小心,因为也许他会认为你"亡羊补牢"的做法并不恰当。

第三只黑手,口无遮拦

在人际交往中,各种摩擦不可避免。在矛盾冲突中如何表达自己的观点,直接决定你的人际交往能力。

人际交往中最根本的原则是:必要时可以抱怨,但绝对不要批判。抱怨与批判有什么区别呢?抱怨只针对具体的事件评价一个人的行为,不涉及评论个人的性格缺点,而批判往往等同于责备,通常会用到"你总是……"或"你从不……"这样的用语攻击他人的性格特点,从整体上否定他人,给他贴上反面的标签。

"你说过会把包裹送来,可是你没送"是抱怨,而"你忘了送包裹,太没责任心了"则是批判。更多例子请见表 3-2。

表 3-2 欢迎抱怨,不要批判

如何恰当地抱怨	批判	抱怨
不攻击,不责备,直接表明观点	"你从不给我打电话!从来想不到送我礼物!你太自私了!"	"真希望你能多给我打打电话!听不到你的消息,我觉得你好像不太关心我了。"
表达你的感受,不要援引所谓的"绝对事实"	"不回电子邮件的人就不懂得如何同他人合作。"	"如果你不回复邮件,我会觉得你好像不关心我们的项目。"
就事论事,不要全盘否定	"你总是对我这么冷淡。"	"我偎在你身边,可是你却表现得有些冷淡。"

抱怨有时听起来让人心烦，也有些人不会抱怨，但是，抱怨有时很有必要，因为它可以促进双方的相互了解，有时还可以促进问题的解决。批判则恰恰相反，它会使双方互相怨恨，伤害彼此的感情，往往会导致矛盾升级。

面对他人的批判，大多数人会选择自我防卫。处于防卫状态的人往往封闭自己，不愿意接受新信息，这将直接影响情感沟通的正常进行。

第四只黑手，宣泄不当

当双方关系出现问题时，激烈的争论可能让你处于崩溃的边缘。也许你会神情恍惚，全身无力，此时的你无法清晰地思考，更无法继续同对方沟通。

处于崩溃状态的你心跳加快，手心出汗，呼吸不均。你根本无法正常思考对方所说的话，满脑子只有一个念头"我受不了了，我受够了"。也许你会觉得自己像个无辜的受害者，只想快点逃，逃到一个看不到眼前这个让你抓狂的人的地方。这时的你根本听不进去任何话，即使对方想道歉或安慰你也无济于事。在情绪极度激动的情况下，任何人都有可能崩溃，不过，研究表明，男人崩溃的概率大于女人。

处于崩溃状态的你，该怎么做呢？建议**暂时不要考虑眼前的矛盾，去做点能让你平静的事情，至少 20 分钟**。研究表明，人体需要 20 分钟才能从激烈的情绪变化中平复。你可以读杂志、看电视或跑步。无论你做什么，不要再愤愤不平，也不要总觉得自己十分委屈，请将刚刚的矛盾彻底忘掉。很多人反映：思考或做些放松的活动（请参考下面的活动）能帮助平复心情。20分钟后，如果你觉得放松了，你可以继续同对方解决问题，或者找其他时间再解决也可以。

实践场　终极放松术

按照下面的步骤，可以帮你恢复平静。

1. 选个舒服的姿势坐着或躺着。

2. 闭上双眼，关注你的呼吸。缓慢地深呼吸，找到让你舒服的节奏。一般来说，可以做10个深呼吸。

3. 保持深沉而平稳的呼吸，放松你紧张的肌肉。通常，人的面部、下巴、脖子、肩膀和后背的肌肉在情绪激动时会紧张。找到肌肉紧张的部位后，有意识地收紧这里的肌肉，保持几秒钟后再放松。重复一遍，收紧、保持、放松。这样可以帮助你放松紧张的肌肉。

4. 接下来，放松你的每块肌肉，想象地球引力将你的每块肌肉向下拉，压力随着肌肉的放松而慢慢消失。

5. 想象每一块放松的肌肉都充满着温暖的力量，你正沐浴在和煦的阳光里，你正坐在温暖的火炉旁。随着你的身体越来越温暖，仅存的压力也在慢慢飘走。

6. 想象一个可以给你带来温暖和安全的地方，温暖的沙滩、静谧的山顶或与世隔绝的树林。在这个美丽的地方停留几分钟，关注周围环境的每个细节，享受这里的安静和祥和。经常锻炼这种想象，你会很容易进入状态。很快，只要想到这个地方你就可以平静下来。

第五只黑手，执拗暴躁

每个人都有发脾气的时候，但是如果你总是动不动就发脾气，那就是执拗暴躁了。在这个"不完美"的世界中你总能找到让你生气的事情。（"讨厌！又没把牛奶放在冰箱里！""看看他们的院子，难道他们就不能把草坪修剪一下吗？""这些讨厌的政客，就会含糊其词！"）

执拗暴躁的人往往只关注他人的错误，并试图改正他人。长期处于这种状态中的人对他人的沟通邀请无法做出恰当的回应，从而影响自己的人际交往。

如何改变这种状态呢？我认为一些极度执拗暴躁的人可以向心理医生寻求帮助。当然，绝大多数人只要改变自己对周围世界的态度，就可以摆脱执拗暴躁的控制。抛弃以往批判的眼光，用欣赏的眼光看待周围的世界，不再纠结于他人的失误或错误，你的世界将充满赞誉和感恩，你将发现身边有那么多让你感动的人和事。

我曾惊喜地发现，很多前来找我咨询的夫妻发生了彻底的转变，包括我自己也曾有这样的经历。几年前，我新加入了一个犹太教堂。我第一次去那个教堂时，一个男人带着我们一起祷告，一起歌唱。他的声音很美妙，可是我的第一反应并不是赞美，而是在心里想"真爱炫耀"。

回到家，我忽然意识到自己的行为和我去教堂的初衷完全背道而驰。在安息日我本该感恩并理解他人，可是我却无故批评一个我根本不认识的人。由此我想到在生活的其他方面，我经常挑剔妻子、同事和朋友，对他们很没耐心。像一个到处寻找烂树枝筑巢的乌鸦，我到处寻找他人的缺点，以此构建我用来攻击他们的堡垒。我自己执拗暴躁，可是我却用他人的缺点或失误为自己辩护。

从那天起，我决定改变自己。我开始忽视别人的缺点，关注他们的优点，一有机会，就赞扬他们。当别人把教堂的那位领唱者介绍给我时，我告诉他"你的歌声真优美"。这是事实，由此也开启了一份珍贵的友谊。

几个简单的赞美之词可能并没什么重大的意义，可是如果能养成赞美他人的习惯，将对你的人际交往产生重大的影响。我们的研究表明，不吝啬赞美之词的夫妻婚姻关系更稳固、更幸福。在实验研究中，我们还发现父母的赞扬或批评给孩子带来的影响截然不同。在一项研究中，我们让父母教孩子完成一项新任务。有些父母总关注孩子的错误，不时地批评孩子，而有的父母却只关注孩子取得的进步，总是适时地赞扬孩子。结果，得到父母表扬的孩子表现要远远好于总是受父母批评的孩子。

为了胜任"智者"的角色，有的父母总爱批评孩子，结果却事与愿违。研究发现，平时总受批评的孩子，遇到问题时，往往向父母隐瞒，而平时总得到表扬的孩子遇到困难时，更愿意向父母寻求帮助。

"不批评，多赞美"的原则适用于任何人际关系。适时的赞美和表扬可以改变你的世界，包括家庭氛围和工作环境等各种环境。我们信赖能和我们同甘共苦的人。

下面的练习可以帮助你改变执拗暴躁的性格，使你成为一个懂感恩、爱赞美别人的人。

实践场　每天都是感恩节

学会感恩，是治愈执拗暴躁的良方。请按照下面说的做。

1. 记录一天当中你想批评别人的次数，如你的伴侣、亲戚、朋友或同事。每天，在你的情感日志中至少写下5件他们"惹怒"你的"错事"，连续记录一个星期。

2. 完成第一步的记录后，寻找你想批评的人的优点，用他们的优点"摧毁"你的批评。你可能觉得这么做有点难度，尤其当你觉得自己"有理由"批评他们时。你需要努力忽视自己的"理由"，暂时将他们的"错误"放置一边，找寻他们身上值得你赞美和表扬的优点。

3. 每天坚持将自己发现的优点同优点的主人分享，也就是说，请赞美你身边的人。

4. 留意赞美对你的人际交往带来的影响，并把这些影响记录在你的情感日志中。

请参照下面的例子：

- 批评：你让女儿把洗过的衣服叠好，可是她忘记了。你心里想"她太自我了，只想着自己的事"。可是，你并没有说什么，开始寻找她的优点。
- 优点：你找到了女儿忘记叠好衣服的原因：她需要做的作业太多了。至少，她学习很勤奋，学习成绩很好。你决定表扬女儿学习努力，做作业很专心。
- 赞扬后的影响：女儿很高兴地继续学习。你觉得女儿让自己很自豪。

第六只黑手，避而不谈

当双方关系出现问题时，经常有人会自我反省："我说错什么了吗？"有可能，但更可能的是因为你没说什么。心理学家丹尼尔·怀尔（Daniel Wile）的研究表明，**很多时候，我们该说却避而不说的话是影响双方关系的罪魁祸首**。累积的不满和互相不理解终将爆发，最终导致双方充满敌意、各自维护或漠然冷淡。

> **人际关系关键词**
>
> **6 只沟通黑手**
>
> 心不在焉、口"剑"腹"蜜"、口无遮拦、宣泄不当、执拗暴躁、避而不谈。

如果你同他人的关系中冲突不断，也许你该审视一下你们之间那些从没有被聊过的话题。也许对方一直在尝试同你讨论某件事，可是你却无意中选择了回避或拒绝。我们知道，总是得不到积极回应的沟通邀请最终会导致双方产生敌意。也许你们都在刻意回避一件事，因为你们知道谈论这件事可能会导致更多的问题。但是，即使避而不谈这件事，你们现在仍然受到它的困扰，你们的关系仍然受到它的影响。如果你们试着谈论它，也许能摧毁阻碍双方关系发展的障碍。

正如怀尔所说，面对人际交往中的冲突，我们往往有3个选择：

- **进攻和防守**。对方犯错，我们认定他们"罪有应得"，对他们发起暴风雨般的攻击，直至他们与我们日渐疏远。如果你是被攻击的一方，你往往会奋起反击，结果同样会造成双方的疏远。
- **回避或否认**。面对矛盾冲突，你试图逃避或弱化你的消极情绪，你告诉自己"傻瓜才这么想呢"或者"我不去想它，很快就好了"。随着矛盾的加剧，你会发现逃避或否认变得越来越困难。
- **自我剖析和沟通**。你可以将自己的感想同对方沟通，达成共识。即使你们无法完美地解决问题，至少你们在情感上变得更亲密了。

如果你厌倦了进攻和防守，回避又无法解决问题，你只能选择自我剖析，并和对方沟通。自我剖析听起来简单，真正做起来实则不易。如果我们能易如反掌地自我剖析，也许就不会有矛盾了。研究表明，可以从关注我们"当下的心理状态"开始自我剖析。不过，要注意，你要做到只"说"不"做"。你可以说：

- "气死我了，我真想对你大吼大叫。"不过你不会真的大吼大叫。你只是让对方知道你现在很生气，很想狂吼。
- "你说得不对，我真想猛烈地反击，无情地抨击你。"不过，你不会真的反击。你只是让对方知道你现在很想为自己辩护。
- "我太伤心了，我想离开！"不过你不会真的离开。你要留下来，让对方知道你现在想离开，因为你很伤心。
- "我特别害怕，我想忽视这个问题，假装问题已经解决了。"不过你不会真的回避这个问题。你只是让对方知道这个问题让你很害怕。

同对方沟通自己"当下的心理状态"既不会让矛盾无故消失，也不会彻底解决问题，但这是同对方进行情感沟通的绝好时机。你不攻击也不回避，通过展示自己真实的"心理状态"获得对方的理解。如果对方理解你的感受，在解决问题的过程中，你们可以彼此扶持，你再也不会觉得孤单。

关注"当下的心理状态"，可以帮助我们避免任何情况下的"当谈不谈"。我们看一个事例：忙碌一天后，一位单身妈妈回到家中。她的两个孩子不停地打闹，希望获得妈妈的关注。她又累又乏，根本不想做饭，也不想给他们辅导功课。她可以对孩子们发脾气，让孩子们安静点；也可以什么都不说，把自己关在卫生间；或者告诉孩子们她很累，需要孩子们的支持，她可以告诉他们："孩子们，我今天特别累，给我 20 分钟，我需要泡个澡，洗完澡后，我再陪你们。"理解了妈妈今天心情不好的真正原因，孩子们就不会误以为是因为自己做错事而自我责备。妈妈的回答也许不是孩子们盼望得到的答复，但是他们明白了妈妈心情不快的真正原因。

这种自我剖析的方法需要对话双方互相信任，共同努力。如果双方无意于解决矛盾，那么这种方法就毫无价值。如果只有一方愿意剖析自己内心的真实想法，袒露自己的心声，结果也很可能不尽如人意。自我剖析也许不能从根本上解决问题，不过将压抑的恐惧、迟疑或焦虑表达出来，本身就是愿意解决问题和信任对方的表现。这看似小小的一步却能将双方关系引领到光明的前方。

人际关系要点

- 留意身边的人和事，做"美好瞬间的收集者"。

- 96% 的情况下，通过前 3 分钟的对话内容可以成功预测夫妻间长达 15 分钟对话的结果。

- 人际交往中最根本的原则是：必要时可以抱怨，但绝对不要批判。

- 适用于任何人际关系的原则：不批评，多赞美。

- 很多时候，我们该说却避而不说的话是影响双方关系的罪魁祸首。

第二部分

人际关系背后的
七张面孔

THE
RELATIONSHIP
CURE

对他人感兴趣，
而不是让他人对你感兴趣。

The
Relationship Cure

04

7 张情绪面孔
人际关系背后的心理秘密

　　七位老朋友相约到野外旅行。为了这次聚会，他们筹划了几个星期。大家心中都设定了自己的计划，期待度过一个完美的假期。现在，他们到达目的地已经 1 小时了，让我们看看他们各自的表现。

　　克里斯托弗是总司令。他负责组织具体活动，并为大家选择了这个地方。他认为自己的选择十分恰当，这里远离都市的喧嚣，非常安静，他和朋友们可以彻底放松，享受自然。克里斯托弗还为此次旅行安排了远足、河上泛舟和攀岩的活动，虽然他早已想到有人可能会对攀岩的计划提出异议。到达目的地后，克里斯托弗做的第一件事是什么呢？他把所有的装备全部卸下来，规整好。

　　梅里尔是位探险者。到达目的地后，她扔下背包，拿起地图和指南针就出发了。面对眼前这个陌生的世界，她一无所知，但非常兴奋。内心那股神秘的力量促使她去探索每一条小路、每一条河流和每一座山峰。"有人想去远足吗？"她问道。虽然无人响应，她还是出发了。

卡洛斯是名哨兵。在来这里的路上，经过商店时，他看到了"此处有灰熊出没"的提示语。他为每个朋友准备了一个铃铛，并把铃铛系在他们的背包上。卡洛斯认为铃声可以起到预警的作用，听到铃声，灰熊会自动避开人。分发铃铛时，发现梅里尔已经离开了，他非常焦虑地说："我们最好去找找她。"

凯蒂是位能源总管。她帮大家检查行程安排、食物和各种供给。"如果明天我们远足 20 千米，后天攀岩，我们需要有足够的食物，还要有充足的休息。对了，我们带的水杯够用吗？"

达林特别重视感官享受，大家都叫他"好色之徒"。到达目的地后，他的第一个念头是同梅里尔重修旧好。大四那年，他们一起度过的短暂却美好的时光虽然已经过去很多年了，可他还是念念不忘。看到梅里尔还梳着当时的发型，他的内心激起一层层涟漪，还有梅里尔走路的样子……当然，他认为凯蒂也是风韵犹存的漂亮女人。

彼得是个开心果。到达目的地后，他马上拴好秋千并在附近架起了游戏桌。他根本不关心行程、食物，也不在意周围可能会出没的灰熊。对他来说，最重要的事情是放松、游戏，大家在一起乐一乐，尽情地享受周围的环境。

谢尔比像只筑巢的小鸟，总是忙个不停。作为这个小组的黏合剂，她关注团队里的每一个人。帮克里斯托弗卸下装备后，她帮凯蒂搭起帐篷，然后陪彼得坐在秋千上分享了几个笑话。看到放在窗边的煤油灯，她说："太好了，晚饭后，大家聚在灯下，肯定很温馨。真不敢相信，我们每个人都在这里。"

你是否觉得这是个很有意思的组合？你能在他们身上找到自己的影子吗？你能找到你的配偶、朋友或同事的影子吗？答案很可能是肯定的。这一点也不奇怪，我们根据人的7种"情绪指令系统"（emotional command system）特意设计了这7位人物。研究表明，这7种情绪指令系统完全不同，共存于每个人的大脑之中。

博林格林州立大学（Bowling Green State University）的神经科学家雅克·潘克塞普（Jaak Panksepp）最早提出了"情绪指令系统"的概念。为了帮助大家理解，我们用更形象的"司令""探险者""哨兵""能源总管""好色之徒""开心果""筑巢鸟"来命名7种不同的情绪指令系统，它们各有分工，控制着我们的行为活动和情绪状态。

情绪指令系统理论认为，人与人之间的差异是由这些情绪指令系统的活跃度不同决定的。恰当地调整情绪指令系统的活跃度对拥有健康的情绪至关重要。首先，我们了解了各个情绪指令系统的活跃度后，可以准确地为自

> **人际关系关键词**
>
> **情绪指令系统**
>
> 人类大脑中调节电化学信号的神经回路。人脑中有7种完全独立的情绪指令系统。

己定位适合自己的人生，从而拥有更成功的人生。其次，可以了解你的情绪指令系统同他人的情绪指令系统在活跃度上的差异，这在人际交往过程中至关重要。假如你同梅里尔一样是天生的"探险者"，那么你同生性谨慎的"哨兵"卡洛斯可能更容易发生冲突。双方在情绪指令系统活跃度方面的差异在具体的沟通过程中发挥着决定性的作用。

这7种情绪指令系统到底是何方神圣？假如我们把人的神经系统看成铁路，人的各种情绪就是行驶在铁道上的火车，而情绪指令系统则是决定火车

行驶路线的车轨。根据我们所进行的活动的不同,如探索陌生的环境、交友或者寻求爱情等,情绪指令系统控制我们的不同情感。

其实,情绪指令系统是人脑中调节电化学信号的神经回路。多种研究结果已经证明,人类大脑中有7种完全独立的情绪指令系统,信息通过情绪指令系统从一个神经元传递到另一个神经元,直至人体所有相关部分,然后人就开始做出相应的行为。

情绪指令系统对人类的繁衍生存至关重要。还记得我们称为"好色之徒"情绪指令系统吗?"好色之徒"控制人体对性爱的反应。当这个情绪指令系统活跃时,人看到心仪的对象会心潮澎湃,想亲吻或拥抱对方。如果一切按照自然法则发展,情绪指令系统继续活跃,两个人情愫暗生,彼此吸引,最终会共享性爱之美。最新研究表明,这种"好色"的神经回路控制着复杂的机体功能,保证物种的繁衍生息。其他情绪指令系统则担负着其他重要的职责,如睡眠(能源总管)和人际交往(筑巢鸟)等。

每个人对每种情绪指令系统活跃度的接受程度不同,这在一定程度上决定了一个人的性格特点。人体内的某一情绪指令系统过于活跃或过于低迷的情况时有发生。如果某一系统过度活跃,超出我们的接受程度,我们就会觉得悲伤、疲惫、焦虑或愤怒。如果系统活跃度对我们来说恰到好处,我们就会觉得舒服、幸福或精力充沛。所以说,了解自己的情绪指令系统的过程其实是进一步了解自我的过程。

我们还需要了解我们和他人在情绪指令系统方面的异同。下面我们看一个事例,了解一下控制人的情感和交往的"筑巢鸟"系统是如何发挥作用的。

  两位职员应邀参加周末举办的培训会。第一位职员非常擅长社交,"筑巢鸟"情绪指令系统高度活跃,她情绪高涨,度过了一个愉快的周末。第二位职员则喜欢一个人独处,当"筑巢鸟"情绪指令系统处于休眠状态时,她觉得十分自在。和同事们一起度过整个周末,她觉得有些疲惫,也有些压抑。3个星期后,两位职员都已经回到安静、独立的办公室里工作,事情也发生了彻底的改变。在办公室工作3个星期后,第一位职员总觉得压力重重,精疲力竭,而第二位职员则乐享其中。

调节情绪指令系统的活跃度,可以影响我们生活的方方面面,甚至我们的人生。 如果我们目前的生活方式和周围环境格格不入,短期看来,会影响我们的心情;长远看来,会影响到我们的性格特点。情绪指令系统长期过度活跃或过于低迷,会给人的身心带来不利影响,轻则导致消极、易怒、恐惧等不良情绪,重则让我们变成充满攻击性的人,甚至还会患上抑郁症。

这些消极后果直接影响我们如何提出沟通邀请以及如何回应他人的沟通邀请,由此进一步加剧消极情绪的负面影响。一个长期独处的人,"筑巢鸟"情绪指令系统长期处于过度低迷状态,他也许很不愿意同他人交往,不愿意结交朋友。即使同他人交往,他也没有信心主动提出沟通邀请,结果自然没人愿意同他交往。还会发生另外一种情况,"筑巢鸟"情绪指令系统长期处于过度低迷状态的人有时会特别急于同他人交往,可是他提出沟通邀请的方式过于热情,周围的人很有可能被他的过度热情吓跑。

再设想一下,一个"司令"情绪指令系统长期处于过度低迷状态的人,天生不是一个领导者,他却被委以经理的重任。每天,他必须同团队成员沟通,领导大家共同完成任务。领导别人并没有让他觉得很自在,长期的压力反而让他心情压抑又易怒。同团队成员沟通时,他总是言语犀利,态度蛮横。职员们自然选择回避或拒绝他提出的沟通尝试。职员的回应让他更愤怒，承受的压力与日俱增，他也变得更加焦虑。

上面的事例表明，人际交往中出现的问题也许是我们的某一个或某些情绪指令系统没有调节到位的结果。这种不到位很有可能影响到我们提出沟通邀请以及回应对方沟通邀请的方式。沟通过程中出现的问题往往由误解产生，而沟通双方由于各自情绪指令系统的活跃度不匹配而发生误解的现象举不胜举。我们完全可以通过更深入地了解自身及他人的情绪指令系统来避免误解。

7种情绪指令系统

虽然最早提出"情绪指令系统"概念的潘克塞普认为，人的大脑中存在的情绪指令系统不仅局限于上面提到的7种，但解剖学和生理学研究已经证明，这7种情绪指令系统存在于所有哺乳动物的大脑中，是我们与生俱来的能力，保证了人类的生存和繁衍。

下面让我们简单认识每种情绪指令系统，包括它们各自的功能以及每种情绪指令系统在过于活跃或过于低迷时的具体表现。

1. "司令"情绪指令系统。这种系统存在于人的大脑中，掌管一切与统治和权力相关的事务。一个人努力冲破种种限制时，或一个人发挥领导能力时，这一系统处于高度活跃的状态。我们的身体感受到威胁，或我们受到不公正待遇，或我们在努力实现某一目标的过程中受到阻挠，都会刺激"司令"情绪指令系统。在紧张的足球比赛或竞争激烈的销售竞赛中，"司令"情绪指令系统尤其发挥着重要作用。

"司令"情绪指令系统刺激总待在育儿袋中的婴儿，让他烦躁、挣扎和哭泣，其实他在向大人发出想从育儿袋中出来的信号。

当残暴的独裁者权威受到挑战时，"司令"情绪指令系统就会发挥作用，促使他发怒并无情地镇压反对他的臣民。

走在街上，忽然有人过来抢你的背包，"司令"情绪指令系统就会发挥作用，让你死死地抓住包，拼命抵抗。

当"司令"情绪指令系统处于正常的活跃状态时，一个人面对挑战，毫不退缩，积极应对。如果"司令"情绪指令系统过度活跃，为了实现目标，一个人会生气、暴怒、攻击别人，甚至不惜使用暴力。如果"司令"情绪指令系统过度低迷，一个人面对阻碍、不公对待或攻击时，则表现得冷淡漠然，非常消极。

2. "探险者"情绪指令系统。这一系统掌管与学习、探求和满足好奇心相关的所有事务。它帮助我们的先祖在远古时代找到食物、水源和干燥的洞穴。在当今社会，它帮助我们在购物血拼时找到物美价廉的商品，在互联网上找到需要的资料。

寻找写论文的资料、找寻制作特色酱的材料或为周末找个约会对象，所有这一切，都是"探险者"情绪指令系统帮助我们完成的。它还促使我们完成提问、打猎、加工、计划、学习以及设定目标等各种活动。

"探险者"情绪指令系统正常发挥作用时，一个人兴致勃勃、满心期待，兴奋地一步一步向预定目标前进。如果"探险者"情绪指令系统过度活跃，虽然已经精疲力竭，但我们还是被迫继续探求、继续寻找。在某些极端情况下，情绪指令系统过度活跃的"探险者"可能被诊断为躁狂症或精神分裂症患者。如果"探险者"情绪指令系统过于低迷，我们会觉得十分无聊，坐立不安，甚至变得易怒、焦虑和抑郁。

3."好色之徒"情绪指令系统。这一系统协调我们的性欲需求和繁衍生息。人们普遍认为性欲需求是人的本能反应，坠入爱河同理智的思考毫无关联。我们用"触电"描述情人间不可思议的亲密关系，相信是激素驱使年轻人春心泛滥。

"好色之徒"情绪指令系统掌管同性爱相关的方方面面，包括做春梦、性幻想、女性阴道湿滑、男性阴茎勃起以及调情和亲吻等。

当"好色之徒"情绪指令系统处于适当的活跃度时，人的性欲需求得到满足，人也变得神清气爽。当这一系统过度活跃时，一个人的性欲会变得过强，由此可能会导致一些不良后果，如强迫与伴侣发生性行为、与陌生人发生无防护的性关系或同他人保持不正当关系，由此破坏正常的婚姻关系。如果"好色之徒"情绪指令系统处于过度低迷的状态，一个人会非常讨厌性爱，由此影响夫妻关系，也会因为毫无"性"趣而变得悲伤抑郁。

4."能源总管"情绪指令系统。这一系统保护人的身体健康，确保人体获得足够的能量和休息。连续工作时间过长后，"能源总管"情绪指令系统向我们的身体发出信号，提示我们需要休息，一般的信号包括疲劳和厌倦。如果我们忽视这些信号，短时间内，我们会觉得头昏脑胀，非常急躁。长期忽视这些信号将导致严重后果，我们的免疫系统会受到损害，还可能患上慢性病。

"能源总管"情绪指令系统在我们身体觉得不适时，如当我们觉得饥饿、口渴、闷热、寒冷、疲惫时，向我们发出信号。如果我们忽视这些信号，"能源总管"情绪指令系统就会发挥作用，尽量让我们的大脑和身体处于比较舒服的状态。

当我们计划休闲假期、选择娱乐方式或准备睡个好觉时，"能源总管"情绪指令系统正在行使自己的职责。它指挥我们在浴缸里舒服地泡个澡，享受一次按摩服务；它让我们享受完成一项艰难任务后的轻松惬意；经过一天的劳累工作后，它发出指令，让我们尽情地享受舒服地躺在床上的幸福。

当"能源总管"情绪指令系统正常发挥作用时，我们身心愉悦，不会感到丝毫压力。如果这一系统处于过度活跃的状态，我们会极易感到疲惫、有压力。如果事情进一步恶化，有的人还会遭受失眠或饮食不调的折磨。

如果这一系统处于过度低迷的状态，我们就会忽视休息，不注意缓解压力，不关爱自己的身体健康。我们不理会身体发出的疲惫信号，继续透支体力，并对身体需要营养和锻炼的要求置之不理。长期忽视这些信号将导致一系列的健康问题，如压力过大、营养不良、身材走形、免疫力下降等。

5. "开心果"情绪指令系统。这一系统掌管很多广受欢迎却常被忽视的事务：玩耍、娱乐和消遣。玩游戏、讲笑话、找乐子或者闲逛都受"开心果"情绪指令系统的掌控。

如果和你一起共进午餐的同伴让你开怀大笑，午饭过后的你一定精力充沛，准备迎接更多的挑战。讨论会上，所有人畅所欲言，各种稀奇古怪的点子层出不穷，这也是"开心果"情绪指令系统在发挥作用的结果。休闲娱乐可以缓解压力，对我们的健康大有裨益。

"开心果"情绪指令系统在我们的童年时代发挥着至关重要的作用。孩子在玩耍的过程中受益匪浅，他们在玩耍中学会如何处理复杂的社会关系，并学会如何管理自己的情绪。成年后，处理社会关系和控制情绪变得尤为重要，所以成年人更应该在休闲娱乐中学习。

当"开心果"情绪指令系统正常发挥作用时，我们会感觉快乐、安全又放松。如果孩子的"开心果"情绪指令系统过度活跃，玩耍通常以打闹结束。同"探险者"情绪指令系统过度活跃的人一样，"开心果"情绪指令系统过度活跃的人往往被认为是躁狂症患者。如果"开心果"情绪指令系统过度低迷，人就会变得拘谨、无精打采或无比乏味，甚至长期抑郁。

6. "哨兵"情绪指令系统。显然，这一系统是保证人类生存至今的重要因素之一。它掌管我们的忧虑、恐惧、警惕和防卫，让我们在黑夜中时刻保持警醒，让我们记得定期更换烟雾报警器的电池，让我们在黑暗的停车场听到脚步声时顿时警觉，让我们拉回在车水马龙的路上玩耍的孩子，让我们看见狮子后拼命逃跑。

"哨兵"情绪指令系统正常发挥作用，可以帮助我们远离危险。一般情况下，"哨兵"情绪指令系统让我们对可能发生的危险做到提前预警，如骑自行车要戴头盔、晚上要锁门、绝不卷入发生在酒吧的是非等。在危急时刻，如遭遇车祸、抢劫或遇见响尾蛇时，"哨兵"情绪指令系统调动我们的神经系统，确保我们保持高度警惕并迅速做出反应。战斗还是逃跑？"哨兵"促使我们选择任何能保护自己的方式！"哨兵"情绪指令系统还会与"司令"情绪指令系统一起协作，处于危急时刻的我们，为了保护自己或他人，义愤填膺，时刻准备投入战斗。

尽管处于危急时刻的"哨兵"情绪指令系统高度活跃，但是我们并不认为它过度活跃，因为此时高度活跃的"哨兵"确保我们面对危险状况时迅速做出恰当的反应。只有当一个人表现出不必要的恐惧，影响正常的生活时，我们才认为"哨兵"情绪指令系统处于过度活跃的状态，如尽管通过各种检查，一个人还总是担心自己有可能患上癌症，这就是标准的杞人忧天。还有的父母即使在非常安全的环境里，也绝对不允许孩子离开自己的视线，这也是"哨兵"情绪指令系统过度活跃的表现。

"哨兵"情绪指令系统过度活跃可能导致出现妄想症、强迫性精神障碍或创伤后精神失调。"哨兵"情绪指令系统处于过于低迷状态的人，对可能发生的危险没有足够的警惕心，如那些不顾自己生命危险、寻找惊险刺激的人。

7."筑巢鸟"情绪指令系统。这一系统掌管一切同教育、培养、人际交往相关的事务。它在父母子女关系、婚姻关系、朋友关系和同事关系中发挥着重要的作用，它促使我们帮助他人，满足他人需求，让我们对彼此表达情感。"筑巢鸟"情绪指令系统发挥作用，可以促使我们结交新朋友、加入新的俱乐部和教堂、在亲人生日当天给他打电话。它给刚刚学会走路的孩子发出妈妈不在身边的信号，于是孩子开始号啕大哭。

当"筑巢鸟"情绪指令系统正常发挥作用时，我们感到备受宠爱、被人需要，也为我们带来各种必需的社会关系。它还让我们在亲人死亡、离婚或友情破裂时悲痛万分。

"筑巢鸟"情绪指令系统过度活跃的人过度依赖他人，不能独立思考，一切都需要获得他人的允许才能心安，这样的人无法同他人建立健康的人际关系。"筑巢鸟"情绪指令系统过度活跃的人一想到同他人的分离，就变得十分恐慌。长期的孤独和独处会让"筑巢鸟"情绪指令系统处于过度低迷的状态，我们会变得很悲伤和焦虑，甚至长期抑郁和绝望。

尽管我们分别描述了7种不同的情绪指令系统，但是这7种情绪指令系统往往同时发挥功能，如母亲面对威胁自己孩子的坏蛋时，她的"司令"情绪指令系统和"筑巢鸟"情绪指令系统同时发挥作用。"筑巢鸟"情绪指令系统确保她决定对孩子实施保护，"司令"情绪指令系统则给她反击的力量。"好色之徒"和"开心果"情绪指令系统共同发挥作用，可以让一对恋人收获了一个浪漫的约会。如果"筑巢鸟"情绪指令系统恰当行使自己的功能，他们很可能会幸福地度过余生。"探索者"常常帮助其他系统寻找必要的资源完成相关功能，如帮助"好色之徒"找到伴侣，帮助"能源总管"找到食物等。

> **人际关系关键词**
>
> **7种情绪指令系统**
>
> 司令、探险者、好色之徒、能源总管、开心果、哨兵、筑巢鸟。

影响情绪指令系统的因素

影响一个人情绪指令系统的因素既有先天因素也有后天因素。人的性情特点由先天因素决定，如果妈妈热衷于探险，孩子的"探险者"情绪指令系统也很可能会很活跃。反之，如果孩子遗传了爸爸老实保守的特点，他的"探险者"情绪指令系统很可能相对会比较沉寂。

性别是影响情绪指令系统的重要因素之一。人类学家理查德·利基（Richard Leakey）认为尽管男性和女性在"好色之徒""探险者"和"能源总管"情绪指令系统中没有显著差别，但男性更享受统治他人的感觉，其"司令"情绪指令系统比女性更活跃；男性的保护欲和警惕性普遍高于女性，其"哨兵"情绪指令系统比女性活跃；男性的"开心果"情绪指令系统的活跃度也高于女性，他们更喜欢消遣玩乐。女性的情感更细腻，更擅长处理人际关系，她们的"筑巢鸟"情绪指令系统的活跃度明显高于男性。

除了由先天因素决定的性情和性别，**后天的个人经历也在很大程度上影响一个人情绪指令系统的发展**。幼年时总是担惊受怕的孩子比起生活在安定环境中的孩子，长大后更可能会成为一个警惕性很高的人。身边总是洋溢着欢声笑语的孩子成年后很可能会成为一个笑声不断的人。更让人吃惊的是，人的生活环境会影响大脑神经回路的构造。也就是说，人的神经回路在形成过程中具有可塑性，可是，这些回路一旦形成则终生不变。研究人脑的专家认为婴儿得到的关爱多少可以影响其"筑巢鸟"情绪指令系统中神经细胞的分布，也就是说，孩提时代得到关爱较多的人成年后会期待得到更多的关爱。同样，孩提时代的打闹、玩乐会影响到一个人"开心果"情绪指令系统的形成。一个人的经历同样会影响其他情绪指令系统的形成。

人的某一经历可能会改变人的情绪指令系统，不过这种情况并不多见。遭受创伤后精神失调折磨的人经历过生死攸关或极其恐怖的事情后，他的"哨兵"情绪指令系统释放的电子信号和化学信号急速撞击，表现出极大的恐惧，导致流汗、心跳加快等一系列反应。在危机发生时，这种反应很正常。不过，即使危机结束后，这种反应还会继续改变他的"哨兵"情绪指令系统，如面对类似刺激，尽管这种刺激并没有任何危险，但他还会表现出同样的恐惧。参加过战争的老兵听到烟花爆竹的声音会惊恐不已；童年时代遭受性虐待的儿童长大后，任何与施虐者相关的场景、声音和气息都会让他焦虑万分。

了解影响情绪指令系统的因素后，我们知道人的情绪是人类进化过程的一部分，人的感情是人体神经系统的一部分。与其说我们制造出情绪取悦、折磨自己或者操控他人，不如说情绪是人类为了生存而发展的自然属性。我们可以有意识地控制自己表达情感的方式。不过，也有些情绪变化是人体神经系统电化学过程的结果，是我们无法控制的。不管人的情绪指令系统是由先天因素决定还是由后天因素控制，研究表明，我们的情绪是由大脑和神经系统的构造共同决定的。

所以，有时人们能够控制自己的情绪指令系统的活跃度，但有时，我们又无能为力。如果你天生就是一个"哨兵"情绪指令系统活跃度高的人，无论你自己或他人如何努力改变你，可能都无济于事。

深入了解我们的情绪指令系统以及影响它们的因素后，我们可以积极地改变我们的生活方式以及我们的人际关系。我们能轻松地意识到眼前争端的根源是由于双方情绪指令系统的不同造成的，找到这些不同，我们就能更好地接受他人，提高我们的人际交往能力。

了解自己的情绪指令系统

下面的所有自测练习都可以帮助我们了解自己的情绪指令系统。完成后面的问卷，可以帮助我们了解目前我们的每种情绪指令系统的活跃状态。

这些练习可以在以下三方面帮助我们：

- 关注自己的情感需求。为什么我们会对某些人着迷？为什么我们会沉迷于某一活动？为什么有时我们无法控制自己的情感和行为？做完这些练习，我们就能找到答案。了解自己真正的情感需求后，我们可以自如地选择娱乐活动、规划职业生涯、结交朋友以及寻找终身伴侣。

- 提高我们的沟通能力。我们再也不必为"表达不当"或"词不达意"而苦恼,我们可以自豪地告诉自己:"我非常清楚自己想要什么,也很清楚自己需要它们的原因。"
- 帮助我们更好地了解我们关心的人。这些练习可以帮助我们了解他人的情绪指令系统,由此促进我们和他人的交往。

你可以独自完成这些练习,也可以邀请某位亲朋好友一起完成。请注意,这些练习设计得非常具体,需要非常真实的信息,所以请与可以信任的人一起完成。你们可以把练习的过程看成一次有趣的小探险,加深彼此的了解。如果你独自一人完成练习,请想象你期望了解的人会给出何种答案。不论是同他人一起完成,还是独自完成,请安排至少一小时的时间,安心做题。此外,题目答案的对与错,并没有规范可以遵守。其实,同一个人在生命的不同阶段做这些练习,答案可能会很不同。结婚、生子、离婚和衰老等因素会直接影响不同情绪指令系统在不同时期发挥不同的功能。想象自己面前有一张地图,你要做的是找到自己的确切位置。锁定自己的位置后,请为自己设定你所中意的人生目标,并向着这一目标努力奋进!本章结尾,我们将一起探讨如何把获得的信息应用到我们的人际交往活动中。

> **测试**
>
> 你的"司令"情绪指令系统的活跃度如何?
>
> 下面的测试可以帮你检测你理想中的"司令"情绪指令系统的活跃度。请选出最符合自己情况的选项。
>
> | 描述 | 完全同意 | 同意 | 中立 | 不同意 | 完全不同意 |
> | --- | --- | --- | --- | --- | --- |
>
> 1. 我有时很享受挑战。

2. 我绝对不允许别人拿走属于我的东西。

3. 我总喜欢伸张正义。

4. 我会不择手段地实现自己的目标。

5. 如果有人阻碍我实现目标，我会生气。

6. 面对挫折，我知道如何应对并继续为实现目标而努力。

7. 我很欣赏自己的坚定和自信。

8. 我很容易动怒。

9. 我很享受发号施令的感觉。

10. 面对阻碍，我经常怒气冲天。

11. 开车时，我很容易动怒。

12. 我有时很享受生气的感觉。

13. 我很讨厌等待，很容易失去耐心。

14. 集体活动时，我享受有权力的感觉。

15. 集体活动时，我能很好地控制自我。

16. 必要时，我会要求自己应享受的权利。

17. 面对阻挠，我不会轻易退缩。

18. 我会铲除威胁到我的威严的人。

19. 我喜欢参与有意义的辩论。

20. 竞争中，赢就是我的目标。

21. 我不参加没把握赢的竞争活动。

22. 我很喜欢竞争。

23. 如果有人同台竞争，我的斗志会更强烈。

24. 我认为把工作做好是一个征服的过程。

25. 我喜欢当指挥者。

26. 我讨厌有人对我说的话提出不同意见。

27. 我有时很专制。

28. 为得到自己想要的东西，我会努力抗争。

分数计算：完全同意计 2 分，同意计 1 分，中立计 0 分，不同意计 -1 分，完全不同意计 -2 分，最后合计总分。

若总分在 25 分及以上："司令"情绪指令系统的活跃度高；12～24 分："司令"情绪指令系统的活跃度为中等；11 分及以下："司令"情绪指令系统的活跃度低。

若总分在 12 分或以上：你是一个很强势的人，既坚定又自信，喜欢享受"怒气冲天"的感觉。当你的"司令"情绪指令系统高度活跃时，你乐享其中。

若总分在 11 分或以下：你喜欢被别人领导，不喜欢竞争，不爱动怒。当你的"司令"情绪指令系统的活跃度不高时，你平和又从容。

"现在的你"是"真正的你"吗？

在目前的生活中，你的"司令"情绪指令系统的活跃度如何？请选出最适合你的选项。

第一部分

描述	完全同意	同意	中立	不同意	完全不同意

1. 在目前的生活中，我没有机会发挥自己的领导才能。

2. 我彻底处于他人的控制中。

3. 在目前的生活中,别人不认同我的领导能力。

4. 在目前的生活中,我没有机会表现自己的坚定和自信。

5. 我渴望有机会参加有意义的争论或辩论。

6. 最近,我一直在压抑自己的怒火。

7. 最近,我的领导才能受到压制。

8. 我希望能从事拥有更多权力、承担更多责任的工作。

9. 我希望有机会向他人证明自己的领导才能。

10. 在目前的生活中,我缺少表现自我的效率和能力的机会。

分数计算:完全同意计 2 分,同意计 1 分,中立计 0 分,不同意计 -1 分,完全不同意计 -2 分,最后合计总分。

第二部分

描述	完全同意	同意	中立	不同意	完全不同意

11. 我不喜欢被人控制。

12. 我不喜欢领导别人。

13. 真希望自己不要总是这样居高临下。

14. 我希望他人能多承担各自的领导责任。

15. 我讨厌自己总是那个计划一切的人。

16. 我厌倦了总是指挥别人。

17. 在目前的生活中,我肩负的责任过多。

合计第二部分总分。

在第一部分中，若得分 6 分或以上，说明你认为你目前的生活阻碍了你的"司令"情绪指令系统正常发挥作用。你需要改变现状，抓住更多的机会表现你的领导才能。

在第二部分中，若得分 4 分或以上，说明你目前的生活迫使你的"司令"情绪指令系统过度活跃，可是你并不喜欢这样的生活。

若第一部分得分低于 6 分，同时第二部分得分低于 4 分，说明你目前的生活同你理想的"司令"情绪指令系统的活跃度相符。

测试

你的"探险者"情绪指令系统的活跃度如何？

下面的测试可以帮你检测你理想中的"探险者"情绪指令系统的活跃度。请选出最符合自己情况的选项。

描述	完全同意	同意	中立	不同意	完全不同意

1. 想到即将要学到新东西，我很兴奋。

2. 我喜欢改变，不喜欢一成不变的生活。

3. 我喜欢为了改变而改变。

4. 我很容易对事情失去兴趣。

5. 只要能有机会探险或冒险，我总是很激动。

6. 我不喜欢生活中所有的事情都预先被安排好。

7. 对我来说，生活就是一场大冒险。

8. 对于生命中将要发生的事情，我总是很好奇。

9. 我喜欢寻找新的挑战。

10. 掌握新知识让我很兴奋。

11. 如果总是持续做同一件事情,我会很焦虑。

12. 我总想去新的地方旅行,品尝没吃过的美食。

13. 掌握了某件事情后,我讨厌总是一成不变,盼望了解新事物。

14. 有时,我希望有不同的经历。

15. 我喜欢惊喜。

16. 我爱旅游。

17. 对于未知的事情,我充满好奇。

18. 旅行时,我心情愉悦,旅行对我来说是美好的经历。

分数计算:完全同意计 2 分,同意计 1 分,中立计 0 分,不同意计 -1 分,完全不同意计 -2 分,最后合计总分。

若总分在 20 分及以上:"探险者"情绪指令系统的活跃度高。12~19 分:"探险者"情绪指令系统的活跃度为中等。11 分及以下:"探险者"情绪指令系统的活跃度低。

若总分在 12 分或以上:你理想的"探险者"情绪指令系统的活跃度为中等以上。你喜欢探险,喜欢尝试新事物。当你的"探险者"情绪指令系统积极活跃时,你神清气爽。

若总分在 11 分或以下:你理想的"探险者"情绪指令系统的活跃度比较低。你喜欢按部就班,不爱冒险,不喜欢"节外生枝"。看着事情有条不紊地进行着,你很满意。

"现在的你"是"真正的你"吗?

在目前的生活中,你的"探险者"情绪指令系统的活跃度如何?

请选出最适合你的选项。

| 描述 | 完全同意 | 同意 | 中立 | 不同意 | 完全不同意 |

1. 我目前的生活中没有激情、冒险，也没有新鲜感。

2. 我的生活一成不变，一切有条不紊。

3. 我厌倦了一成不变的生活。

4. 对我来说，目前的生活不够刺激。

5. 我觉得目前的生活节奏太慢。

6. 最近我觉得特别无聊。

7. 我希望加快生活节奏，能看到一些新变化。

8. 我希望生活能充满更多的未知性。

9. 我渴望更多的冒险。

10. 我生活中的惊喜太少了。

分数计算：完全同意计 2 分，同意计 1 分，中立计 0 分，不同意计 -1 分，完全不同意计 -2 分，最后合计总分。

若总分超过 5 分：你目前的生活阻碍了"探险者"情绪指令系统正常发挥作用。你需要改变，需要为"探险者"情绪指令系统正常发挥作用创造条件。

若总分在 -9～4 分：你很满意目前的生活，你目前的生活状态同你理想的"探险者"情绪指令系统的活跃度相匹配。

若总分低于 -10 分：你目前的生活使你的"探险者"情绪指令系统处于过度活跃的状态，超过了你的理想状态。

测试

你的"哨兵"情绪指令系统的活跃度如何?

下面的测试可以帮你检测你理想中的"哨兵"情绪指令系统的活跃度。请选出最符合自己情况的选项。

描述	完全同意	同意	中立	不同意	完全不同意

1. 我认为如果没有警惕心,人人都可能成为受害者。

2. 我觉得我们生活的世界很危险。

3. 保证我爱的人安全是我的责任。

4. 独自一人我总觉得不安全。

5. 我不喜欢讨人厌的"出其不意"。

6. 我相信小预警可以避免大灾难。

7. 我注意寻找日常生活中的安全隐患。

8. 我很难放松。

9. 我常常为未来担忧。

10. 我讨厌被人惊吓。

11. 考虑到安全因素,一些平常小事也会让我焦虑。

12. 我觉得自己有义务保护他人。

13. 有时我会有点紧张不安。

14. 在某些社交场合,我很焦虑。

15. 我比其他人更早预见危险的发生。

16. 我努力为自己和自己爱的人创建安全的环境。

17. 我认为让人气定神闲的工作环境非常重要。

18. 为避免突发事件，我喜欢一切事情尽在掌握。

19. 我对安全隐患时刻保持警惕。

20. 我总是爱担心。

21. 我不喜欢惊慌。

22. 我很容易受惊。

23. 发生意外时，我很容易惶恐不安。

24. 我觉得自己是所爱的人的哨兵。

分数计算：完全同意计 2 分，同意计 1 分，中立计 0 分，不同意计 -1 分，完全不同意计 -2 分，最后合计总分。

若总分在 20 分及以上："哨兵"情绪指令系统的活跃度高。12～19 分："哨兵"情绪指令系统的活跃度为中等。11 分及以下："哨兵"情绪指令系统的活跃度低。

若总分在 10 分或以上：你的"哨兵"情绪指令系统的活跃度为中等以上。你很享受当一名"哨兵"的感觉。面对危险，你时刻保持警惕。

若总分低于 10 分：你的"哨兵"情绪指令系统的活跃度比较低。你很放松，比较粗心，对可能存在的安全隐患不太敏感。

"现在的你"是"真正的你"吗？

在目前的生活中，你的"哨兵"情绪指令系统的活跃度如何？请选出最适合你的选项。

描述	完全同意	同意	中立	不同意	完全不同意

1. 我目前的生活中充满太多的焦虑。

2. 我需要小心翼翼地度过每一天。

3. 在目前的生活中，有些事情让我很不安。

4. 在大多数情况下，我都很担心。

5. 因为太紧张，我睡眠不好。

6. 最近，我总是警惕过度。

7. 最近，我很难放松。

8. 我希望工作更稳定一些。

9. 同我爱的人在一起，我会更自在。

10. 感到安全时，我更有创造力。

11. 为了保护我爱的人，我肩负着太多的责任。

12. 我希望其他人不要在安全问题上过度依赖我。

13. 我不想负责他人的安全问题。

　　分数计算：完全同意计 2 分，同意计 1 分，中立计 0 分，不同意计 -1 分，完全不同意计 -2 分，最后合计总分。

　　若总分超过 7 分：你目前的生活状态使你的"哨兵"情绪指令系统过度活跃。你并不想总是保持警惕，可是生活的现实迫使你不得不时刻保持警惕。

　　若总分在 0～6 分：你很满意目前的生活，你目前的生活状态同你的"哨兵"情绪指令系统的理想活跃度相匹配。

　　若总分低于 0 分：你目前的生活遏制了你的"哨兵"情绪指令系统的活跃度。

测试

你的"能源总管"情绪指令系统的活跃度如何？

　　下面的测试可以帮你检测你理想中的"能源总管"情绪指令系统的活跃度。请选出最符合自己情况的选项。

描述	完全同意	同意	中立	不同意	完全不同意

1. 我总是精力充沛。

2. 我不喜欢努力工作后精疲力竭的感觉。

3. 劳累后，我能很快恢复精力。

4. 我关注自己的身体状况，通常不会把自己累得精疲力竭。

5. 通常，我能为自己创造一个休息娱乐的好环境。

6. 我从不盼望休假。

7. 我通常有足够的睡眠。

8. 一般我不午睡。

9. 每天起床后，我觉得精力充沛。

10. 我很容易释放压力。

11. 我可以轻松地完成生活中的大部分事情。

12. 我很少觉得有压力，也不觉得特别疲惫。

13. 我有动力完成很多事情。

14. 我可以毫不费力地找到实现目标的动力。

15. 我热爱我的生活。

16. 我总能顺利地完成自己选择要做的事情。

17. 我能平衡工作和休闲娱乐的关系。

18. 我总是积极地面对生活。

19. 我的饮食很健康。

20. 我很重视身体的基本需求（如口渴、饥饿等）。

　　分数计算：完全同意计 2 分，同意计 1 分，中立计 0 分，不同意计 -1 分，完全不同意计 -2 分，最后合计总分。

　　若总分在 10 分及以上："能源总管"情绪指令系统的活跃度高。5～9 分："能源总管"情绪指令系统的活跃度为中等。4 分及以下："能源总管"情绪指令系统的活跃度低。

　　若总分在 7 分或以上：你的"能源总管"情绪指令系统的活跃度为中等以上。你总是精力充沛地完成任务，达到目标。

　　若总分低于 7 分：你不能合理地管理自己的精力，你总是觉得很累，不能及时地恢复体力。

"现在的你"是"真正的你"吗？

　　在目前的生活中，你的"能源总管"情绪指令系统的活跃度如何？请选出最适合你的选项。

描述	完全同意	同意	中立	不同意	完全不同意

1. 我目前的生活特别无趣。

2. 我的工作总让我觉得特别劳累。

3. 我肩负着太多的期望，我正竭力实现它们。

4. 生活中需要做的事情太多，影响到了我的睡眠。

5. 生活让我不堪重负。

6. 我经常透支体力。

7. 我已经很长时间没休假了。

8. 最近，我的生活很没有规律。

9. 我渴望更平静的生活。

10. 我每天都生活在压力中。

分数计算：完全同意计 2 分，同意计 1 分，中立计 0 分，不同意计 -1 分，完全不同意计 -2 分，最后合计总分。

若总分在 5 分或以上：你目前的生活状态阻碍你的"能源总管"情绪指令系统正常发挥作用。你需要更多的机会重新分配你的旺盛精力。

若总分低于 5 分：你对目前"能源总管"情绪指令系统的活跃度非常满意。你对自己精力的控制恰到好处。

测试

你的"好色之徒"情绪指令系统的活跃度如何？

下面的测试可以帮你检测你理想中的"好色之徒"情绪指令系统的活跃度。请选出最符合自己情况的选项。

描述	完全同意	同意	中立	不同意	完全不同意

1. 我是一个性欲很强的人。

2. 我喜欢与人调情的感觉。

3. 我伺机寻找可能发生艳遇的情况。

4. 我喜欢恋爱的初期。

5. 我很享受性爱过程。

6. 我愿意为我爱的人带来身体上的愉悦。

7. 我喜欢情欲之欢。

8. 我很享受我爱的人给我带来的性快感。

9. 在多数情况下,我能感觉到发生艳遇的可能性。

10. 我很容易有性冲动。

11. 我经常对初次见面的人产生性冲动。

12. 我喜欢恋爱的感觉。

13. 我经常手淫。

14. 我经常有性幻想。

15. 我无法抑制自己的性渴求。

16. 我能接受满足性需求的多种方式。

17. 我享受爱抚、亲吻和拥抱。

18. 只要和我喜欢的人在一起,我就会亢奋。

19. 我经常有性冲动。

20. 我很重视性快感。

21. 每天,我经常想到性爱。

分数计算:完全同意计 2 分,同意计 1 分,中立计 0 分,不同意计 -1 分,完全不同意计 -2 分,最后合计总分。

若总分在 11 分及以上:"好色之徒"情绪指令系统的活跃度高。

6～10分："好色之徒"情绪指令系统的活跃度为中等。5分及以下："好色之徒"情绪指令系统的活跃度低。

若总分在6分或以上：你的"好色之徒"情绪指令系统的活跃度为中等以上，说明你喜欢尽情地享受性爱以及性爱带来的兴奋。当"好色之徒"情绪指令系统的活跃度高时，你心满意足。

若总分低于6分：你的"好色之徒"情绪指令系统的活跃度比较低，你不希望有过多的性爱。

"现在的你"是"真正的你"吗？

在目前的生活中，你的"好色之徒"情绪指令系统的活跃度如何？请选出最适合你的选项。

第一部分

描述	完全同意	同意	中立	不同意	完全不同意

1. 目前的生活不能为我提供足够的性爱体验。

2. 目前的生活不能满足我的性爱需求。

3. 在目前的生活中，没人肯定我的性爱需求。

4. 我很长时间没有享受过性爱了。

5. 我最近特别渴望有个爱人。

6. 我需要更多的性爱体验。

7. 我希望生活中有更多激情。

8. 我希望生活中有更多浪漫。

9. 我感到性冲动的频率过高。

10. 我希望生活中有更多有趣的性爱体验。

分数计算：完全同意计 2 分，同意计 1 分，中立计 0 分，不同意计 -1 分，完全不同意计 -2 分，最后合计总分。

第二部分

描述	完全同意	同意	中立	不同意	完全不同意
11. 我沉迷于性幻想。					
12. 我的性爱生活多于我的需要。					
13. 我不喜欢自己总是想到性爱。					
14. 我不喜欢自己总是性欲很强。					

合计第二部分总分。

在第一部分中，若总分在 4 分或以上，说明目前的生活阻碍了你的"好色之徒"情绪指令系统正常发挥作用，你需要更多的机会释放自己。若总分在 4 分以下，说明你目前的生活中"好色之徒"情绪指令系统的活跃度正常。

在第二部分中，若总分在 3 分或以上，说明你认为目前的生活状态使得你的"好色之徒"情绪指令系统过于活跃。你需要缓解由于过多的性爱而带来的压力。

测试

你的"开心果"情绪指令系统的活跃度如何？

下面的测试可以帮你检测你理想中的"开心果"情绪指令系统的活跃度。请选出最符合自己情况的选项。

描述	完全同意	同意	中立	不同意	完全不同意

1. 我很开心地对待生活中的滑稽可笑。
2. 我喜欢有意思的戏弄。
3. 俏皮话总让我很开心。
4. 我喜欢乱打乱闹。
5. 我喜欢和自高自大的人开玩笑。
6. 有时,我喜欢假装自己是另外一个人。
7. 我喜欢玩富有想象力的智力游戏。
8. 有时,我会犯傻气。
9. 有时,我无忧无虑,十分闹人。
10. 我能感觉到别人感觉不到的好笑之事。
11. 有时,我喜欢胡闹。
12. 我喜欢打雪仗。
13. 我喜欢逗别人乐。
14. 我曾经玩过边从山坡上往下滚边哈哈大笑。
15. 我喜欢被人逗乐。
16. 我可以想象自己乐得欢蹦乱跳的样子。
17. 我喜欢和朋友们一起玩假装吵架的游戏。
18. 我认为嘲弄别人有时候很好玩。
19. 我喜欢和孩子们一起玩。
20. 我喜欢看喧闹、滑稽的电影。
21. 我天生就是个开心果。

22. 我的朋友都是能和我一起玩乐的人。

23. 我经常开怀大笑。

24. 我认为放屁的声音很好玩。

分数计算：完全同意计 2 分，同意计 1 分，中立计 0 分，不同意计 -1 分，完全不同意计 -2 分，最后合计总分。

若总分在 25 分及以上："开心果"情绪指令系统的活跃度高。10～24 分："开心果"情绪指令系统的活跃度为中等。9 分及以下："开心果"情绪指令系统的活跃度低。

若总分在 10 分或以上：你的"开心果"情绪指令系统的活跃度为中等以上，你爱玩、很幽默、爱打爱闹。当"开心果"情绪指令系统的活跃度高时，你心满意足。

若总分在 9 分或以下：你不爱玩闹，是个很严肃的人。当你的"开心果"情绪指令系统的活跃度比较低时，你觉得很舒服。

"现在的你"是"真正的你"吗？

在目前的生活中，你的"开心果"情绪指令系统的活跃度如何？请选出最适合你的选项。

描述	完全同意	同意	中立	不同意	完全不同意

1. 在目前的生活中，我没有足够的机会玩乐。

2. 我目前的生活中有意思的事情太少。

3. 现在，没有人能欣赏我的风趣幽默。

4. 我目前的生活太严肃了。

5. 我没有机会玩闹，无法做到无忧无虑地生活。

6. 最近，大家都认为我像一个小丑。

7. 最近，我一直在压抑自己的幽默细胞。

8. 我希望自己的生活能更随性一点。

9. 我特别希望身边的人能像我一样冒傻气。

10. 我生活中的笑声太少了。

分数计算：完全同意计 2 分，同意计 1 分，中立计 0 分，不同意计 -1 分，完全不同意计 -2 分，最后合计总分。

若总分超过 6 分：目前的生活阻碍了你的"开心果"情绪指令系统正常发挥作用，你需要一种能让"开心果"情绪指令系统正常发挥作用的生活。

若总分在 -9～5 分：你目前的生活中，"开心果"情绪指令系统的活跃度正常。

若总分低于 -10 分：你认为你目前的生活使得你的"开心果"情绪指令系统过度活跃，超过了你能接受的范围。

测试

你的"筑巢鸟"情绪指令系统的活跃度如何？

下面的测试可以帮你检测你理想中的"筑巢鸟"情绪指令系统的活跃度。请选出最符合自己情况的选项。

描述	完全同意	同意	中立	不同意	完全不同意
1. 我很喜欢培养他人。					

2. 我很喜欢照顾别人。

3. 在一般情况下，我喜欢满足别人的要求。

4. 看到孩子不断成长，我觉得很高兴。

5. 我觉得帮助别人很有意义。

6. 我喜欢营造温馨的家庭氛围。

7. 我特别喜欢教孩子。

8. 我天生就是个好家长。

9. 独自一人时，我有时觉得有些伤感。

10. 如果没有好朋友，我会觉得孤独。

11. 我喜欢结交新朋友。

12. 我愿意照顾我的朋友。

13. 我喜欢倾听朋友的烦恼。

14. 我能做到先考虑别人，再考虑自己。

15. 我认为养个好孩子是人生最大的成功。

16. 我认为朋友是最重要的。

17. 我不介意别人依赖我。

18. 我有时喜欢照顾小孩。

19. 我特别想当家长。

20. 我非常珍惜温馨的家庭生活。

21. 我喜欢为我爱的人下厨。

分数计算：完全同意计 2 分，同意计 1 分，中立计 0 分，不同意计 -1 分，完全不同意计 -2 分，最后合计总分。

若总分在 20 分及以上："筑巢鸟"情绪指令系统的活跃度高；12～19 分："筑巢鸟"情绪指令系统的活跃度为中等；11 分及以下："筑巢鸟"情绪指令系统的活跃度低。

若总分在 12 分或以上：你的"筑巢鸟"情绪指令系统的活跃度为中等以上，你需要和他人保持亲密的关系，喜欢照顾别人。当"筑巢鸟"情绪指令系统的活跃度高时，你心满意足。

若总分低于 12 分：你喜欢独立，不希望他人过多地介入你的世界。你不需要太多的照顾，也不希望同他人保持密切的关系。当"筑巢鸟"情绪指令系统的活跃度比较低时，你心平气和。

"现在的你"是"真正的你"吗？

在目前的生活中，你的"筑巢鸟"情绪指令系统的活跃度如何？请选出最适合你的选项。

描述	完全同意	同意	中立	不同意	完全不同意

1. 目前的生活中没有足够的机会让我和他人保持亲密的关系。

2. 在目前的生活中，我不需要照顾别人。

3. 在目前的生活中，没有人欣赏我的细腻。

4. 在目前的生活中，我同他人的关系过于冷淡。

5. 在多数情况下，我觉得很孤单。

6. 其实我特别爱照顾别人，可是大家都不知道。

7. 我需要多结交几个好朋友。

8. 我希望我的生活中能多一些融洽。

9. 我特别希望同身边的人多多沟通。

10. 我的生活中缺乏真情。

分数计算：完全同意计 2 分，同意计 1 分，中立计 0 分，不同意计 –1 分，完全不同意计 –2 分，最后合计总分。

若总分超过 6 分：目前的生活阻碍了你的"筑巢鸟"情绪指令系统正常发挥作用，你需要一种能让"筑巢鸟"情绪指令系统正常发挥作用的生活。

若总分在 –9～5 分：你目前的生活中，"筑巢鸟"情绪指令系统的活跃度正常。

若总分低于 –10 分：你认为你目前的生活使得你的"筑巢鸟"情绪指令系统过度活跃，超过了你能接受的范围。

完成以上 7 个测试后，你一定跃跃欲试，特别希望将调查结果付诸实践。下面的练习可以帮你了解 7 种情绪指令系统如何影响你的生活以及你的人际交往能力。

测试

创建情绪指令系统成绩表

请根据上述测试的得分情况，勾选下页表格第二列中的选项。这个表格可以让你从整体上了解自己的 7 种情绪指令系统的活跃状态。

如果你和他人共同完成测试，请根据同伴的得分情况，勾选表格第三列中的选项。可以将你们的结果进行比较。

最后，根据上述测试的得分情况，勾选最后一栏中的选项。根据勾选结果，你可以根据需要适当地改变目前的生活状态。

完成表格后，请回答表格下面的几个问题。你可以同你信任的人讨论一下你的答案，也可以把答案记录在情感日志中。

情绪指令系统成绩表

情绪指令系统的分类	情绪指令系统的活跃度 本人	情绪指令系统的活跃度 同伴	"现在的你"是"真正的你"吗
"司令"	高 中 低	高 中 低	是 否
"探险者"	高 中 低	高 中 低	是 否
"哨兵"	高 中 低	高 中 低	是 否
"能源总管"	高 中 低	高 中 低	是 否
"好色之徒"	高 中 低	高 中 低	是 否
"开心果"	高 中 低	高 中 低	是 否
"筑巢鸟"	高 中 低	高 中 低	是 否

请回答下面的问题：

- 你最希望哪一种情绪指令系统在你的生活中多发挥一些作用？

- 为了达到此目标，你需要做出哪些改变？
- 你最希望哪一种情绪指令系统在你的生活中少发挥一些作用？
- 为了达到此目标，你需要做出哪些改变？
- 针对每一种情绪指令系统，你同熟悉的人存在哪些不同点？哪些相同点？
- 意识到情绪指令系统上的异同，将对你的人际关系有何影响？
- 你和同伴在情绪指令系统上的异同对你们之间的沟通有何影响？这些异同如何影响你们回应沟通邀请的方式？你将如何改进你们的沟通过程？

付诸实践

我第一次听到"情绪指令系统"这个概念时，非常兴奋，因为知道了我们可以利用对自己情绪指令系统的了解，管理自己的情绪，实现积极的生活目标。很多时候，我们感到愤怒、悲伤或害怕，却找不到确切的原因。了解情绪指令系统后，我们能更好地控制自己的消极情绪。除了简单地说"我很生气"，你还可以告诉自己："我很生气，因为我有太多的工作要做，我需要调动我的'司令'情绪指令系统，让别人帮我分担一些任务。"或者对自己说："我对生活有些畏惧，为什么会这样？我该如何调动'哨兵'情绪指令系统，多给自己一些安全感呢？"这样，你可以主动调整各种情绪指令系统，适应各种环境，逐步改善自己的各种人际关系，提高生活质量和幸福指数。

1999年，我最好的朋友，也是我的合伙人尼尔·雅各布森（Neil Jacobson）突发心脏病去世了。他是我最好的朋友，也是我关系最亲密的同事。在接下来的几个月里,我十分悲痛。后来我意识到,自己如此伤心的原因是管理亲密关系的"筑巢鸟"情绪指令系统处于过度消极的状态。尽管无人能代替尼尔在我生命中的位置,但生活还是要继续下去。学会了如何管理悲伤,怀着无比悲痛的心情,我决定继续生活。

接受自我,接纳他人

每个人的大脑构造生来不同,各具特点。在人际交往的过程中,我们要带着宽容之心接纳每一个人。相互理解、接纳彼此的不同是建立良好人际关系的前提。

喜剧电影《安妮·霍尔》(*Annie Hall*)中有一个经典镜头。安妮和她的男朋友艾维分别去看自己的心理医生,医生问他们同一个问题。

医生:你们每周做爱几次?
艾维(抱怨地说):次数少得可怜,每周3次。
安妮(哀诉地说):几乎总是在做,每周3次。

这个镜头逗得观众哄堂大笑,但它也提出了一个难以解决的普遍问题:与人相处时,如何协调双方在各个方面的差异?双方对性爱关系、冒险、权力和友谊的态度或许截然不同,这些与我们的情绪指令系统直接相关,也与双方能否建立稳固、融洽的持久关系密切相关。只有认识到双方在情绪指令系统方面的不同,理解并接受这些不同,才能拥有完美的人际关系。

让我来说一个我自己的故事。我的妻子朱莉喜欢挑战,热爱冒险,非常热衷到陌生的地方探险,也就是说,她的"探险者"情绪指令系统十分活跃。而我是一个相对比较保守的人，我喜欢看文化展览，参观历史古迹，我的"探险者"情绪指令系统的活跃度比较低。

去年，朱莉组织了一个女子探险队，她们计划徒步走 120 千米，登上海拔 5 639 米的黑岩峰（Kala Pattar）山顶。黑岩峰是珠穆朗玛峰探险队大本营的所在地，途中山路崎岖不平，朱莉为此准备了一年多。

刚开始，我特别不想让朱莉去。其实，她的计划触动了我的"哨兵"情绪指令系统。我担心她会遇到抢匪、遭到伏击、被人杀害，我还担心她会得肺水肿，被人用直升机运下山。以往看到的或听到的悲惨事件一直萦绕在我的脑海里。

不过，我明白我必须放下所有的恐惧和担心。为什么呢？因为我知道朱莉的"探险者"情绪指令系统高度活跃，这也是我如此深爱她的一个重要原因。我知道她非常享受探险的乐趣，在探索发现的过程中，她活力四射，兴奋不已。远离探险，她就会变得坐立不安，十分焦躁。

朱莉也明白我的"探险者"情绪指令系统非常不活跃，所以她从不要求我陪她一起参加探险。我跟她开玩笑说，如果沿途我能住高级宾馆，享受无微不至的客房服务，我就陪她一起去。我们都明白我的身体状况无法适应那么高的海拔。我与自己高度活跃的"筑巢鸟"情绪指令系统一起留在家里是最好的选择。

尽管已经做好了心理准备，朱莉离开当天，同她道别还是很不容易。在她离开的日子里，放弃我的担心和焦虑更不容易。每隔几天，朱莉会用卫星电话给我报平安，我总是尽量抑制自己的不安、担心和抱怨，我告诉自己，一切等朱莉回来再说。

当朱莉回来后，兴奋地与我分享她拍摄的景色迷人的照片时，我知道我的决定是正确的，我的克制是值得的。有一张照片是我的最爱，朱莉坐在黑岩峰山顶，她的背后是珠穆朗玛峰，我从未见过她笑得那么开心。这张照片是我的无价之宝。我们的婚姻居然能鼓励朱莉去完成这样的探险，我为拥有这样的婚姻而自豪。我们之间的不同没有给我们带来任何愤懑，而是成为让我们为彼此自豪的源泉。

勇于面对分歧，积极解决问题

我们曾为找到同我们互补的人而欢呼雀跃，也曾因为双方的差异而焦头烂额。每个人情绪指令系统的活跃度都不相同，各种分歧也由此产生。哥哥的"开心果"情绪指令系统高度活跃，总是不遗余力地制造笑料，而弟弟则对幽默和玩笑不屑一顾。晚餐聚会上，"开心果"哥哥不停地讲着各种各样的笑话，偶尔在弟弟的新女朋友身上寻找笑料。兄弟之间的分歧也许正在暗暗滋生。

即使情绪指令系统活跃度相同的人之间也同样会产生分歧。"司令"情绪指令系统同样活跃的老板和助手注定无法和平共处。此外，某些情绪指令系统本身很难达到协调一致。还记得本章开头提到的那7位到野外旅行的老朋友吗？不难想象他们之间可能会存在分歧。

野外旅行第一天的傍晚，他们聚集在煤油灯下，商讨旅行计划。

"快看看这篇关于远足的描写，"梅里尔（探险者）边说边把《远足线路指南》递给凯蒂（能源总管），"从山顶看到的景色肯定美极了。明天天气不错，我们去远足，怎样？"

"看，"凯蒂说，"指南上说这条远足路线长 10 千米，高度差有 1 524 米，我觉得有点太远了，我们不是来放松的吗？"

"这个距离对你们来说是有点远，不过我觉得还行。"克里斯托弗（总司令）说，"不过，还是有个问题，明天我已经帮大家安排了水上划木筏的活动。明天早上 7 点我们在出发点与租赁木筏的人会面。"

"水上木筏？"卡洛斯（哨兵）吃惊地说，"没人告诉过我要在水上划木筏啊？"

"我觉得大家会喜欢，"克里斯托弗回答说，"在这么好的时节到这里，你们不会不想欣赏美丽的水上风光吧？"

"说得对，"彼得（开心果）说，"我听说划木筏特别好玩，我一直都想试试呢！"

"好吧，但是克里斯托弗至少得提前问问大家的意见啊，"梅里尔说，"明天的天气特别适合远足，咱们改天再划木筏好吗？"

"可是我已经交了租木筏的定金了，而且不能退。"克里斯托弗说。

"那可得多谢你如此体贴周到！"梅里尔语带挖苦地说。一旁的卡洛斯则无奈地摇着头。

"大家不要再争了，好吗？"谢尔比（筑巢鸟）说，"我们来这里是为了放松度假的，大家要好好相处啊！"

"租赁木筏的人提供防水衣吗？"凯蒂问，"还是我们就等着被冻死算了？"

"他们有防水衣，"克里斯托弗说，"我给大家每人预订了一身。"

"你怎么知道我们穿多大号的？"凯蒂问。

"我根据自己的目测定的。"克里斯托弗回答说。

"就知道你是自作主张，"达林（好色之徒）说，"我只关心谁挨着梅里尔坐……"

他们的争论对你来说并不陌生吧？即使如此，也不必灰心失望。只要找到我们和他人发生争执的根源——我们各自的情绪指令系统的活跃度不同，我们就可以相应地调整提出沟通邀请的方式，提高人际交往能力。

情绪指令系统 vs 沟通邀请

了解情绪指令系统的不同功能和活跃度，可以提高我们的人际交往能力。下面我们看几个具体的事例，在每个事例中，双方在对话过程中发挥作用的情绪指令系统不同。每个事例有两个场景：在第一个场景中，对话双方没有意识到双方存在的差异，导致沟通无法正常进行；在第二个场景中，对话双方意识到双方存在的差异，各自调整提出沟通邀请的方式后，沟通顺利进行。通过这些事例，我们发现，很多时候，对话双方之间的分歧其实只是双方从不同的视角看待问题，不管是沟通邀请的提出者还是接受者，认识到双方存在的差异，调整沟通方式，便可让沟通顺利进行，双方关系也进一步得到提升。

司令 vs 探险者

失败的沟通

学生（探险者）：我知道您要求我们写一份《实地考察报告》，可是我想写点别的，可以吗？

老师（司令）：不行，就按我布置的写。

（学生转身离开，交谈结束。）

成功的沟通

学生（探险者）：我知道您要求我们写一份《实地考察报告》，可是我想写点别的，可以吗？

老师（司令）：看来你喜欢独辟蹊径，你有什么好点子，说来听听，说不定我会额外给你加分呢！

（对话继续进行。）

司令 vs 能源总管

失败的沟通

母亲（能源总管）：你不吃早饭吗？

女儿（司令）：我不吃了，为什么你们都想把我喂胖呢？

（母亲皱着眉头，女儿转身离开了。）

成功的沟通

母亲（能源总管）：你不吃早饭吗？

女儿（司令）：我不吃了，为什么你们都想把我喂胖呢？

母亲（能源总管）：我只是担心你可能会饿，吃不吃你说了算。给你点零钱，如果饿了，就买点吃的。

（女儿接过钱，转身离开。）

探险者 vs 开心果

失败的沟通

丈夫（探险者）：我在网上找到一些关于夏威夷的资料，在考爱岛（Kauai）上有很多适合背包旅行的地方呢！

妻子（开心果）：背包旅行？！可我想去夏威夷享受舒适的宾馆、美味的食物和威基基海滩（Waikiki Beach）的夜生活啊！

丈夫（探险者）：好吧，那我们各玩各的吧！

（交谈结束。）

成功的沟通

丈夫（探险者）：我在网上找到一些关于夏威夷的资料，在考爱岛（Kauai）上有很多适合背包旅行的地方呢！

妻子（开心果）：唉！总是这样，你想去户外探险，而我只想放松娱乐。我们看看考爱岛都有什么好玩的。也许，我可以陪你去户外走走，你也可以陪我待在室内放松一下。

（夫妻二人开始一起在网上查询相关信息。）

探险者 vs 能源总管

失败的沟通

孩子（能源总管）：看！那里有一家麦当劳，我们可以去吃点东西吗？

爸爸（探险者）：吃东西？！如果我们看见麦当劳就停下来吃，我们永远也到不了大峡谷！

（交谈结束，5分钟后，父子才重新开始交谈。）

成功的沟通

孩子（能源总管）：看！那里有一家麦当劳，我们可以去吃点东西吗？

父亲（探险者）：好吧，你饿了，是吗？我们去加点油，吃点东西，然后去个卫生间。不过，吃完饭，我们中途不再停车，要一路开到亚利桑那州。

（父亲朝高速公路出口方向开去。）

探险者 vs 筑巢鸟

失败的沟通

丈夫（探险者）：太好了！社长派我去报道人质劫持事件！

妻子（筑巢鸟）：啊，太好了！可是这样你就赶不回来参加儿子的毕业典礼了，怎么办呢？

丈夫（探险者）：真不敢相信，你一点都不理解我！

妻子（筑巢鸟）：你也不理解我！

（交谈结束。）

成功的沟通

丈夫（探险者）：太好了！社长派我去报道人质劫持事件！

妻子（筑巢鸟）：啊，太好了！可是这样你就赶不回来参加儿子的毕业典礼了，怎么办呢？

丈夫（探险者）：我知道你希望我去参加儿子的毕业典礼。可是，如果我错过了这次报道的机会，可能以后再也没有了。我想儿子会理解我的，我会提前跟他解释一下。

妻子（筑巢鸟）：你说得也对，那你跟儿子谈吧！

（交谈继续进行。）

好色之徒 vs 能源总管

失败的沟通

丈夫（好色之徒）：为什么不行？

妻子（能源总管）：这都半夜了，我特别累，明天早上 5 点就要起床，而且儿子还没睡着呢！

（丈夫气呼呼地转身背对着妻子，妻子也很委屈。）

成功的沟通

丈夫（好色之徒）：为什么不行？

妻子（能源总管）：这都半夜了，我特别累，明天早上 5 点就要起床，而且儿子还没睡着呢！

丈夫（好色之徒）：那好吧！周六下午，等儿子去参加足球训练的时候，可以吗？我真的很想你。

妻子（能源总管）：好，你真是太体贴了！

（夫妇二人继续睡觉，也许没有马上入睡……）

能源总管 vs 哨兵

失败的沟通

室友A（能源总管）：你开着夜灯，我睡不着。

室友B（哨兵）：可是，我睡觉时必须开着夜灯啊，我怕黑。

（交谈结束。）

成功的沟通

室友A（能源总管）：我知道夜灯会让你觉得很安全，可是如果有光线照到我的眼睛，我就睡不着。这样好不好，我把我的手电给你，你把它放在枕头底下，如果你听到声音，或者觉得害怕时，你就把手电打开，可以吗？

室友B（哨兵）：好吧，我试试看。

开心果 vs 哨兵

失败的沟通

朋友A（开心果）：明天去看乐队演出时，咱们直奔最前排的狂舞区吧！

朋友B（哨兵）：你疯了吗？那里经常有人被踩死。

朋友A（开心果）：你真是个胆小鬼！

（交谈结束。）

成功的沟通

朋友A（开心果）：明天去看乐队演出时，咱们直奔最前排的狂舞区吧！

朋友B（哨兵）：你疯了吗？那里经常有人被踩死。

朋友A（开心果）：我和你不同，我不怕冒险，因为我喜欢那个感觉。

朋友B（哨兵）：那不如这样，你自己去前排，演出结束后，我在酒吧等你。

朋友A（开心果）：没问题。

筑巢鸟 vs 哨兵

失败的沟通

姐姐（筑巢鸟）：我觉得我们还是要邀请马文一起过圣诞节。他是做过一些错事，可不管怎么说，他也是我们的家人啊！他说他已经戒酒了，我觉得我们可以再给他一次机会。

妹妹（哨兵）：不可能！我们给他的机会已经太多了，这次我绝不原谅他。

（交谈结束。）

成功的沟通

姐姐（筑巢鸟）：我觉得我们还是要邀请马文一起过圣诞节。他是做过一些错事，可不管怎么说，他也是我们的家人啊！他说他已经戒酒了，我觉得我们可以再给他一次机会。

妹妹（哨兵）：不可能！我们给他的机会已经太多了，这次我绝不原谅他。

姐姐（筑巢鸟）：发生了这么多事后，我很理解你的感受。不过，我还是觉得我们可以再给他一次机会。你看这样好不好，现在离圣诞节还有几个星期，我先去看看马文，看他是不是真的改变了。然后咱们再决定要不要邀请他，可以吗？

妹妹（哨兵）：好吧！如果你想去，你可以去，不过现在我可没答应要邀请他啊!

姐姐（筑巢鸟）：好。

从上面的事例中不难看出，即使我们意识到每个人情绪指令系统的活跃度不同，实现成功沟通也并非易事，毕竟情绪指令系统是我们与生俱来、不可轻易改变的。

不过，如果我们意识到情绪指令系统的不同，接受人与人之间的差异，并在沟通的过程中及时解决因差异而带来的分歧，不但沟通可以顺利进行，我们的人际关系也会在彼此的尊重中得到深化。

意识到人与人之间情绪指令系统的不同，并不意味着在人际交往的过程中我们可以高枕无忧。每个人过去的情感经历在很大程度上决定了情感沟通过程能否顺利进行。我们将在第 5 章中具体探讨这个问题。

人际关系要点

- 人与人之间的差异是由情绪指令系统活跃度的不同决定的。

- 人际交往中出现的问题，也许是我们的某一个或某些情绪指令系统没有调节到位的结果。

- 情绪指令系统是我们与生俱来的。接受差异，及时弥补差异，可使沟通更顺畅。

05

隐秘的过去
影响人际关系建立的情感历史

在研究的过程中,我们时常探求研究对象往日的情感世界。我们常常问到的一个问题是:"你的父母通过何种方式让你感受到他们的爱?"

"我和爸爸的关系一直很疏远。"一位女士告诉我,"他躺在病床上快离开人世的时候,我问他:'爸爸,我一直不知道你是否爱我,现在你能告诉我答案吗?'你猜他怎么说的,他说:'如果你现在还不知道,你永远都不会知道。'没多久他就去世了,我怒气冲冲地走出病房。虽然我再也见不到他了,可是他给我留下的只有怨恨和愤怒。"

这件事对她的生活有什么影响呢?"每天,我都会告诉我的孩子们我爱他们,"她说,"我也会告诉丈夫我爱他。不管发生了什么,我都会让他们知道我很爱他们。"

这位女士的经历表明,我们的"过去"会影响我们的人际交往能力。本书中提到的"过去"是指我们曾经经历过的情感事件以及这些事件对我们所造成的影响，包括亲人在我们愤怒、悲伤、高兴或恐惧时对我们的回应。

本章中我们将一起探求你的"过去"，并逐一分析情感历史、家庭情绪观和持续伤害，以及它们对人际交往的影响。情感历史是指孩提时代的我们对各类情感的感受和理解；家庭情绪观是指某个特定家庭对待情感表达的态度；持续伤害是指过去发生的对你一生都会产生深远影响的情感经历。

> **人际关系关键词**
>
> **情感历史**
>
> 情感历史是指孩提时代的我们对各类情感的感受和理解；家庭情绪观是指某个特定家庭对待情感表达的态度；持续伤害是指过去发生的对你一生都会产生深远影响的情感经历。

情感历史不但影响我们的人际交往能力，还影响我们对自己情绪的了解和表达，从而影响我们提出沟通邀请的能力。我们曾经的情感经历也会影响我们对他人提出的情感沟通的辨别、分析和回应。假如我们是上文中那位女士的好朋友，我们非常有必要让她知道我们很欣赏她。如果她身边的所有人都能意识到这一点，那么同她进行情感沟通就会顺利很多。

面对同一情景，不同人的反应会截然不同。每个人各自不同的情感历史是造成这些不同的重要原因。忽视这些不同会直接影响我们的人际交往能力。

设想这样的情景：一天早上，刚到公司，你就收到老板的信息："有点事，我们必须谈一谈，一会儿过来找我。"你的第一反应是什么？害怕、兴奋还是郁闷？你平时的工作表现以及你的老板处理危机的方式都是决定你的第一反应的因素。研究表明，过往的情感历史也会决定你此刻的情绪反应。

如果你是吉姆，你会变得十分焦虑，手足无措。吉姆的爸爸非常严厉，总是让人捉摸不透。今天，他会因为吉姆做的一件小事而毫不吝啬地称赞他。明天，他又会因为吉姆忘记把院子里的落叶装进袋子而大发雷霆，有时还会拳脚相加。他不知道什么时候灾难又会降临到他身上，也不知道自己到底应该怎样做才能改变现状，他的童年就是在这样惶惶不可终日中度过的。这种情绪一直伴随着他，成年后，工作中一旦发生意外的状况，他的第一反应总是恐惧和自我保护。"这次我又做错了什么？要让我怎样弥补？"

同吉姆不同，莉萨收到老板的信息后，她立刻满怀信心地期待良机的到来。莉萨兄弟姐妹5个，她是年龄最大的一个。小时候，总有人对她说"你真会照顾弟弟妹妹"。无论是帮助弟弟妹妹摆脱麻烦，还是组织大家一起野营，她总会听到有人说"我们知道你是值得依赖的人"。她喜欢突发事件，一旦工作中发生突发事件，她本能地认为又有机会可以证明自己了。老板想见她，她猜肯定有好事。老板肯定需要她帮忙解决其他人解决不了的问题。

收到老板信息的丹尼丝愤愤不平。"忽然给这么一句话，也不告诉我具体发生了什么，我怎么准备啊？！"她心里想，"要是我碰巧已经有安排了，那怎么办呢？！"她甚至想找个借口不去了，不过很快打消了这个念头。有权力的人总会提出不合情理的要求，如果自己不去，情况只会更糟。至少她的妈妈是这样对待她的。丹尼丝的妈妈是一个情绪极其不稳定的人，她对孩子非常严厉，孩子们总是不知道该如何做才能让妈妈满意。妈妈的所作所为让丹尼丝相信：第一，生活是不公平的；第二，不要抱怨，闭嘴不说才是最安全的。

现在丹尼丝已经长大成人，生活中，无论她多么愤怒，别人永远不会知道。她认为让别人知道自己的愤怒没什么好处。她甚至认为表露自己的情绪是懦弱的表现，会让别人乘虚而入。"我要时刻警惕,"她总是告诫自己,"这样才能保护自己不受伤害。"

同吉姆、莉萨和丹尼丝一样,大多数人的情感历史由自己生长的家庭环境决定。当然,还有很多其他因素也会影响我们的情感历史,如幼时我们与同龄人的交往、工作环境、个人所处的文化环境等。所有这些因素都是构成我们现在情感沟通能力的基石。只有全面地认识这一基石的方方面面,才能深入地了解我们在人际交往中出现的各种问题。

探究情感历史,发现情绪反应的原因

探究情感历史对于提高我们的人际交往能力确实大有裨益,但是探究过程本身并不容易。对有些人来说,这甚至是残酷的精神折磨。很多人看不到探究情感历史的重要性,刻意回避过去。何必重拾早已忘却的不快回忆?何必搅动思绪,重新想起那些注定无法解决的问题?

我们有充足的理由相信重温历史好处多多。科学家们的研究让我们了解到人类大脑处理情感和存储情感记忆的奥秘。研究明确地表明:**我们昨天的情感经历会直接影响到我们今天的情感沟通能力**。如果你期待在不远的将来拥有稳固的人际关系,就从今天开始学会审视"昨天"吧。

重温历史还可以了解一个人的情感历史同他的情绪指令系统之间的关系。简单地说,它们之间互相影响。一个曾经被人强奸的女人,她的"哨兵"情绪指令系统必然处于异常活跃的状态。一个生来"哨兵"情绪指令系统异常活跃的人,在一个治安状况良好的社区生活多年后,他的"哨兵"情绪指令系统的活跃度自然会相对处于比较平稳的状态。

尽管人的情绪指令系统受到遗传基因的影响，但它们并不是一成不变的。恰恰相反，人类大脑中传递情感信息的神经通道的可塑性极强。我们的经历，尤其是童年时期的经历可以改变这些神经通道。人的大脑在幼年时期快速成长，情绪指令系统也在慢慢形成中。仿佛一棵茁壮成长的小树，为了获得阳光和养分，它不惜改变枝干生长的方向。在与他人的情感沟通过程中，幼时的我们在不断学习调整自己的情感，一天天长大成人。

如果把我们尚未发育完全的神经系统比作一块覆盖着皑皑白雪的田地，我们每次情绪表达都会在雪地上留下一道印迹。你的第一次情绪表达会在雪地上留下第一道印迹。选择情绪表达的方式不同，在雪地上留下的印迹也不同。但是我们发现，随后发生的情绪表达总是受到第一次情绪表达的影响，人们也变得越来越倾向于沿着之前的印迹走。换句话说，**我们过去的情感经历决定了我们今天倾向于何种情绪感受。**

"我弟弟总是故意惹我"，你之所以这么说是因为你弟弟真的知道怎样把你惹火，他只要简单地说几句就够了。这些熟悉的话语曾不止一次地让你大发雷霆，他只消轻轻地说出这些话，你的愤怒就轻车熟路地找到它曾经无数次走过的路径，你也早已暴跳如雷了。你也许曾经试图控制自己的情绪，但总是无济于事。很多同父母或兄弟姐妹关系不佳的人都会发现，尽管他们曾经试图改善这些关系，但结果往往事与愿违。这是因为家庭成员间的情绪表达模式形成已久，而且从当事人孩提时代起就开始建立，并反复得到强化，很难更改。

这些由来已久的情绪表达模式同样会影响你现在的人际交往过程，尤其是你认为身边的这个人"和我妈一样""和我继父一样"或"和我前妻一样"等。

面对某一特定情况，尽管你的情绪反应早已固定成型，但是很多科学家和心理治疗师认为人们依然可以改变自己的情绪表达模式。解决的方法是让他们在新的生活环境中重新经历相同的情绪刺激。这也是很多心理治疗师让病人重新体验惨痛经历的原因。这种治疗方法让病人在安全的环境中重新体验过去。你可以想象曾经让你狂怒或悲痛欲绝的事情，重新感受曾经的情感。你不可能彻底治愈伤痛，至少在开始时不行，但是你会有新的发现。（"当时我特别受伤，不过现在我长大了，我知道该怎么保护自己。""那是个危险的地方，不过我现在待的地方很安全，我不必再感到恐惧。""我曾经被信赖的人伤害，不过现在的我知道该怎么保护自己了。""他们对我的评价是不对的，我不能相信他们说的每一句话。"）这些新发现会帮助你重新调整自己的情绪控制模式。同样的事情发生在不同的环境中，你大可放心大胆地抛弃曾经的固有模式，根据具体情形，做出恰当的情绪反应。

了解过去的情感经历对现在生活的影响，可以帮助我们建立更持久、稳固的人际关系，重新审视自己及他人的情感生活。当你完全意识到自己是如何透过过去的情感经历来应对现在的生活时，你就可以更加准确地解读他人的情感沟通邀请，并以全新的身份做出恰当的回应。

测试

测测你的情感历史

下面的练习有助于了解你的情感历史。测试中的问题将涉及你的童年和成长环境。有些问题会问及你对童年生活的感受以及你的亲人如何处理各种情感。有些问题很具体，涉及你的家庭成员表达情感的具体方式，包括采用何种方式表达自豪、爱意、愤怒、悲伤或恐惧。你会发现曾经的那些记忆仍然深深地影响着你现在的情感表达方式。

请认真阅读每个问题，根据自己的真实情况选出最合适的选项。

| 描述 | 完全同意 | 同意 | 中立 | 不同意 | 完全不同意 |

1. 我的父母总是让我觉得他们为我骄傲。

2. 在我的成长过程中，我的父母总是参加我所参与的重要活动（如表演、运动会等）。

3. 我的父母让我觉得应该为自己感到骄傲。

4. 我的家人让我明白要相信自己的才华。

5. 过去的经历教会我要珍惜自己所拥有的一切。

6. 我的父母告诉我相信自己是最重要的。

7. 我的家人告诉我运气不是决定事情成败的重要因素。

8. 过去的经历教会我珍惜身边的亲人所取得的成就。

9. 面对别人的成功，我总是为他们感到高兴。

10. 在我的成长过程中，我的家人让我时刻感受到他们浓浓的爱意。

11. 我的父母总是让我觉得他们很爱我。

12. 童年的我很容易和伙伴们相处融洽。

13. 我的家人经常通过亲昵的身体接触表达感情。

14. 我的家人习惯于表达自己的情绪，不会刻意隐瞒。

15. 小时候，我的父母经常对我说"我爱你"。

16. 我能从容地对自己关心的人表达情感。

17. 父母的行为让我明白我对他们很重要。

18. 父母很重视我儿时的兴趣和爱好。

19. 在我的成长过程中，我的父母总是能对我的情绪表达给予回应。

20. 我能从容地接受我所关心的人给予我的关心和照顾。

21. 当我想说"我爱你"时，我能从容地说出来。

22. 小时候的我总是害怕爸爸发怒。

23. 我很难向父母表达对他们的不满。

24. 父母因我而生气时，我觉得十分不安。

25. 家人让儿时的我相信，生气几乎等同于挑衅。

26. 以前的我总是害怕妈妈发脾气。

27. 我无法平静地表达自己的愤怒。

28. 我的家人都认为愤怒是一种极具破坏力的情绪。

29. 我总是尽量让自己不生气。

30. 很多人觉察不到我的愤怒。

31. 在我彻底爆发之前，我会一直控制自己的愤怒。

32. 我经常觉得无法控制自己的愤怒。

33. 我过去的经历告诉我，表达愤怒无异于火上浇油。

34. 我总是掩饰自己的悲伤。

35. 过去的经历让我明白悲伤只是浪费时间而已。

36. 我几乎从不觉得悲伤。

37. 我的家人告诉我悲伤是懦弱的表现。

38. 我从小就明白表达自己的悲伤会让其他人扫兴。

39. 我会努力快速摆脱悲伤。

40. 看到别人悲伤，我很不耐烦。

41. 我的父母意识不到幼时的我很孤独。

42. 我悲伤时，任何人都觉察不到。

43. 过去的经历让我明白同他人分享自己的失意毫无益处。

44. 我讨厌身边到处都是悲伤的人。

45. 我永远也无法做到向父母倾诉自己的焦虑和恐惧。

46. 我的父母认为我应该自己克服焦虑，不应该依赖他们。

47. 家人不允许幼时的我感到害怕。

48. 小时候，家人告诉我不能过度关注自己害怕的事情，过度担心只能带来一事无成。

49. 年少的我相信即使心里害怕，也要坚持继续前行。

50. 我的家人告诉我过于关注自己害怕的事情会让我变成懦夫。

分数计算：完全同意计 2 分，同意计 1 分，中立计 0 分，不同意计 -1 分，完全不同意计 -2 分，最后合计总分。

◆ **自豪**

第 1～第 9 题，你的总得分为：_____

若总分 5 分或以上：曾经的情感经历让你在面对自己和他人取得的成就时感到由衷的自豪和骄傲。

若总分低于 5 分：你怀疑自己的能力以及自己已经取得的成就，也无法自如地表达对他人和自己的肯定。

◆ **爱意**

第 10～第 21 题，你的总得分为：_____

若总分 10 分或以上：曾经的情感经历让你可以从容地表达自己的情感，也能自如地接受别人的情感表达。

若总分低于 10 分：你怀疑别人是否真的爱你，也无法自如地处理和回应来自他人的情感表达。

◆愤怒

第 22～第 33 题，你的总得分为：_____

若总分 6 分或以上：你无法恰当地处理自己的愤怒，也不知道如何发怒。面对别人的愤怒，你手足无措。

若总分低于 6 分：你能够恰当地处理自己的愤怒情绪。

◆悲伤

第 34～第 44 题，你的总得分为：_____

若总分 5 分或以上：你不知道该如何处理自己的伤痛，也不知道该如何表达自己的悲伤。面对别人的伤痛，你束手无策。

若总分低于 5 分：你能够恰当地处理自己的悲伤情绪。

◆恐惧

第 45～第 50 题，你的总得分为：_____

若总分在 3 分或以上：面对让你恐惧的事情，你总是坐立不安，害怕面对自己的恐惧，也无法面对别人的恐惧。

若总分低于 3 分：你能够恰当地处理自己的恐惧情绪。

分析以上测试结果，找到 5 种情绪（自豪、爱意、愤怒、悲伤和恐惧）中你最难驾驭的是哪一种。想象你正处于这种情绪中，如果此时的你不得不同别人沟通，会发生什么呢？让我们假设你最难驾驭的情绪是取得成就后的自豪感。你刚刚获得一个大奖，非常希望同别人分享这个好消息。你会尝试告诉别人这个好消息吗？你会通过暗示告诉他们吗？你的"暗示"是否过于隐晦，别人根本就没有领会？如果是这样，你是否觉得失望、沮丧和孤独呢？如果你承认自己无法驾驭自豪这种情绪，毫无顾忌地大声告诉别人你取得的成就，结果会如何呢？

如果你最难驾驭的情绪是悲伤，你的朋友满眼泪水、悲痛欲绝地来找你，你会怎么处理？是转身离去，还是大声地责备朋友？如果你意识到自己无法恰当地处理悲伤这种情绪，但还是选择继续聆听朋友的倾诉，会发生什么呢？

探究过去，了解情感历史，找出情绪管理方面的不足，将大大提高我们的人际交往能力。

家庭情绪观，情绪表达方式之源

我们在情绪管理方面的问题并不是我们无法恰当地表达情绪那么简单。很多时候，这与隐藏在情绪背后的感情和经历有关。你也许会认为不应该表达悲伤，也许会相信让别人觉察到自己的愤怒是错误的。我们把对情绪和情感的总体感觉称为"情绪观"。

每个家庭都有自己独特的家庭文化和情绪观。回顾自己的成长经历，你的家庭秉承什么样的情绪观？你的家人是否认为了解并表达自己的情绪很重要，还是认为应该隐藏自己的情绪？如果有人遇到了非常高兴的事情，他能在全家人面前表达自己的喜悦吗？还是只能在家人面前掩饰自己的兴奋之情？如果家里有人非常愤怒，他可以表达自己的愤怒吗？还是表达愤怒会被看成对家庭的冒犯？你的家庭中允许存在悲伤吗？你是否经常因为忧虑而备受责骂？

这些问题的答案可以帮助你了解并改进自己的情绪观。你的情绪观很可能同你家人的情绪观如出一辙，也可能迥然不同。如出一辙也好，迥然不同也罢，探究行为表象背后的真相可以帮你迈出可喜的第一步。你可以完全改变自己，在人际交往的过程中提高恰当地提出沟通邀请的能力。

研究发现，家庭情绪观大致可分4种：情绪管理训练型、忽视型、放任型和压抑型。

- "情绪管理训练型"家庭可以坦然接受各种情绪表达，包括愤怒、悲伤和恐惧。家庭成员相互扶持，共同努力渡过各种情绪难关。
- 与"情绪管理训练型"家庭不同，"忽视型"家庭隐藏各自的情感，尤其是消极情绪。家庭成员间从不袒露情感问题，面对各种情感问题，他们从不互相依赖。
- 同"情绪管理训练型"家庭一样，"放任型"家庭可以接受各种情绪表达，但是面对家庭成员的消极情绪，他们不会互相帮助，而是让它们放任自流。
- 同"忽视型"家庭一样，"压抑型"家庭认为应该隐藏各自的情感。不过，"压抑型"家庭比"忽视型"家庭更为强硬，他们批评甚至责骂表达消极情绪的家庭成员。

当然，每种家庭情绪观的分类并不是绝对的。根据不同情况，不同的家庭会选择不同的情绪观。在一个生活安逸、稳定的家庭里，父母很可能会成为孩子抵挡不良情绪的坚强后盾。如果父母迫于生活压力不得不为生计奔忙，他们很可能会忽视孩子的情绪变化。还有些家庭，父亲和母亲持有截然不同的情绪观。一般说来，如果孩子对父母双方中的某一方依赖较强，那么他的情绪观对孩子产生的影响也比较大。

下面让我们先做一个自测练习，这个练习可以帮助你确认自己家庭中占据主导地位的情绪观。

完成自测练习后，请仔细阅读本书中对每种情绪观的描述，探寻你的家庭情绪观如何影响你现在的人际交往。

> **测试**
>
> **测测你的家庭情绪观**
>
> 　　下面我们设计了很多场景，每个场景中都有一个孩子在向自己的父母表达某种情绪。每个场景后，我们设计了不同的父母可能做出的4种不同回应。回想童年时期的你面对同样的场景，你的父母会给你哪种回应。如果你的父母持有不同的情绪观，选择对你影响较大的一方在这一场景中可能会做出的回应。
>
> 1. 你对父母说你很生气，因为你的弟弟总是坐在车的前排。
>
>   A."没关系，反正我们一会儿就到商店了。"
>
>   B."我知道你一个人坐在后排挺无聊的，你能想一个可以自己玩的游戏吗？这样，你就不会觉得那么无聊了。"
>
>   C."你是不是有点嫉妒你弟弟啊？我小时候就很嫉妒我弟弟。"
>
>   D."我不想再听到你抱怨了。弟弟比你小，你应该知道为什么我要让他坐在我身边。"
>
> 2. 你叔叔发生了车祸，躺在医院里，你必须到医院去看望他。这意味

着你不能和朋友们一起参加足球比赛决赛了。你很生气,恨不得摔东西解气。

A."只是场足球比赛而已,人生有时候就是这样,计划不如变化快。"

B."我可以理解你很生气,不过你可以在比赛结束后让你的朋友给你讲讲比赛的具体情况。"

C."好可惜,我知道你一直盼着参加这场比赛。"

D."你听听你自己在说什么啊?!如果你叔叔知道在你心里足球比赛比他还重要,他会怎么想啊?"

3. 你的堂妹们又来你家玩了。她们总是把你的玩具弄得乱七八糟。你很生气,向你父母抱怨。

A."她们只是小孩嘛,等她们走了,你再整理一下就行了。"

B."你很生气,是吧?我知道你花了不少时间才整理好房间。等她们走了,我和你一起整理,好吗?"

C."是呀,这些小捣蛋鬼们很快就把东西弄乱了。"

D."你得大度一点,你的玩具她们都没有。如果不想跟她们玩,你就去玩点别的吧。"

4. 艺术课上,你的同学总是借走你的彩色马克笔,每次还给你时,墨水都快用干了。

A."盒子里不是有 24 种颜色吗?你再用别的颜色不就行了吗?"

B."是挺烦人的,下次你可以让他们带些其他颜色的笔,然后你们合着用,好吗?"

C."真是的,他们怎么不带自己的笔呢?"

D."谁让你开始的时候把自己的新笔借给别人呢?那些笔很贵,你知道吗？"

5. 你最好的朋友搬到偏远的郊区去了。虽然你们经常打电话，偶尔还可以见面，但你还是觉得有点伤感。

　　A."生活中总有人会离开你，你要学会适应。"

　　B."我像你这么大时，也经历过同样的事情。我的好朋友名字叫安杰拉，她搬走后，我特别难过。坐到我身边来，我们一起想想怎么做才能让你觉得好受些。"

　　C."总有人会离开你，碰见这样的情况是让人很难受。"

　　D."你不是还有很多住在附近的朋友吗？他们不配做你的朋友吗？"

6. 你的一个熟人邀请了所有认识的人参加聚会，唯独没有邀请你。你不知道为什么自己被排斥在外，觉得有些伤心。

　　A."有些人就是这样变化无常，你应该知道这一点。"

　　B."我知道你肯定很受伤，不过也许是她疏忽了。要不我们也邀请你的朋友来我们家聚会吧？吃完饭，我们一起列客人名单。"

　　C."天啊，真是伤人啊！下次希望你的运气能好点。"

　　D."我真不想听你说这些。你的社交场合够多了，我总在接送你和你的朋友，都快成出租车司机了！"

7. 你的狗乐乐死了，你很难过。

　　A."我们再去买一条狗。"

　　B."我也很难过。我一直都在想乐乐和我们一起度过的时光。要不我们找找乐乐和我们一起拍的照片，做个剪贴簿吧！"

　　C."我也很难过，乐乐是条讨人喜欢的好狗。"

　　D."我不想这么说，可是孩子，乐乐只是一条狗。就算你天天难过，乐乐也回不来呀！"

8. 你想得到编订年报的工作，你写了申请，还参加了面试，自己感觉被选中的希望很大。可是，你却失之交臂，而你的几个好朋友都被选中了。

   A."你还可以选择其他工作啊！"

   B."真可惜！你为此付出了很多。告诉我到底怎么回事？"

   C."考官在想什么呢？！我觉得你的文章写得很好啊！"

   D."你是不是打算每次遇见不如意的事情就唉声叹气的？！"

9. 你很怕黑，非常怕。

   A."相信我，真的没什么可怕的。"

   B."我还记得小时候我也很怕黑，很奇怪，如果看不到周围的东西，人就会莫名害怕。今晚你跟我们睡吧，明天我给你的房间安一盏夜灯。"

   C."我小时候也怕黑。"

   D."你能有点大孩子的样子吗？！"

10. 你的耳朵发炎了，需要去看医生。每次都是这位医生给你打疫苗。你以为又要打针，哭了起来。

    A."哭是没有用的，听话。"

    B."我知道你有点怕医生，不过他能帮你治病。能告诉我你到底害怕什么吗？"

    C."我现在还怕打针呢！"

    D."天哪！你什么时候能长大？！"

11. 你们全家要乘飞机去加利福尼亚度假。上个月你看了一篇关于飞机失事的新闻报道，你一直害怕坐飞机。

   A."没必要担心。"

   B."飞机失事是挺恐怖的，不过非常罕见。如果这次旅行有危险，我不会带你去的。我们一起想个可以在飞机上玩的游戏，是不是可以分散你的注意力呢？"

   C."我知道你的意思，不过我们已经计划好了，一定要去。"

   D."你真是爱乱操心！坐飞机比横穿马路还安全呢！总爱自己吓自己。"

12. 你妈妈要动手术，你非常害怕她会死在手术台上。

   A."没事的，过几天她就会康复的。"

   B."想到她要动手术，挺吓人的吧？不过没事的，医生很有经验。我们一起为她做个卡片吧，等她出院后，把卡片送给她。"

   C."一想到她要动手术了，是挺吓人的。"

   D."你应该像个真正的男子汉！妈妈肯定希望她不在的时候你能勇敢点。"

13. 10岁的你偷偷地喜欢上班里的一位同学。

   A."别担心，你长大后就明白这根本没什么。"

   B."我知道你说的是谁，给我讲讲到底怎么回事，好吗？"

   C."我知道你的感受。"

   D."拜托！10岁的孩子懂什么啊！"

得分情况：

A选项描述的是"忽视型"家庭情绪观的表现；B选项描述的是"情

> 绪管理训练型"家庭情绪观的表现；C 选项描述的是"放任型"家庭情绪观的表现；D 选项描述的是"压抑型"家庭情绪观的表现。请合计每个选项被选中的次数，以此评估你的家庭情绪观。

对比测试中自己的答案，选择最适合你的家庭情况的情绪观。下面让我们具体认识不同的情绪观，并探究它们如何影响我们的情感沟通过程。

"情绪管理训练型"情绪观

如果你的家庭情绪观属于"情绪管理训练型"，你一定很善于表达自己的情感。注意到家庭成员的情绪变化，引导他们恰当地表达自己的情绪，是你们家庭文化的一部分。面对某位家庭成员的情感需求，其他家庭成员会自然地给予积极回应。

同"放任型"家庭不同，"情绪管理训练型"家庭教育孩子如何恰当、有效地表达自己的情绪。他们限制孩子的某些行为（"生气的时候，你可以跺脚，但不能踹墙"），同时注意培养孩子解决问题的能力。

"情绪管理训练型"家庭重视各种情绪（包括消极情绪）的重要性。他们认为愤怒的情绪中隐藏创造性，也是促使人们采取行动的驱动力（"你认为戴维在作弊，很生气，为什么不告诉他你的真实感受呢！"）。他们认为悲伤是人们要积极改变的信号（"妈妈，自从你退休后，情绪就有点低落。你想报名参加新课程或者多参与教堂组织的活动吗？"）。

"情绪管理训练型"家庭重视情绪的表达。当家庭成员遇到困难而表现出消极情绪时，他们耐心又宽容。面对或悲伤或暴怒或恐惧的家庭成员，他们很少选择忽视或者逃避。同时，这种家庭中也鲜有吵闹和冲突。因为他们早已习惯于积极回应任何家庭成员的情感需求。他们不需要提高音量扯着嗓子说话，因为他们的情绪变化早已被其他家庭成员看在眼中。在这种家庭氛围中长大的孩子很早就学会如何平复自己的情绪，他们基本不会用消极的方式解决问题。

在"情绪管理训练型"家庭长大的孩子习惯于在发现他人的情绪变化后给予积极的回应，所以他们很难理解来自"忽视型"家庭和"压抑型"家庭中的人会选择忽视或责骂他人的情绪表达。

"忽视型"情绪观

如果你的家庭情绪观属于"忽视型"，你很可能不会轻易表达自己的真实情绪。每个家庭都有可能遭遇泪水、挫折和忧虑。当"忽视型"家庭的家庭成员遭遇这一切时，他们往往会选择逃避或忽视。面对一个情绪激动的家庭成员，他们往往会选择沉默或说些没有实质意义的话来搪塞他。

"没必要生气。"
"想想好的一面。"
"没什么要害怕的。"
"振作点，下次你一定能成功！"
"别愁了，要乐观一点。"
"你是男子汉！男子汉是不会怕黑的。"

他们看不到你的满眼泪水，也听不到你的抱怨，你的恐惧在他们看来仿佛是一个笑话。

人们选择忽视他人情绪的原因很多。大多"忽视型"家庭的产生,是由于家庭中占有强势地位的家庭成员,害怕消极的情绪(如愤怒、恐惧和悲伤)会影响整个家庭,会动摇自己的地位。他们认为愤怒会带来攻击,担心有人会因此受伤。在他们眼中,悲伤会无节制地持续加重,将人打入痛苦的无底深渊。他们相信恐惧是恐怖的代言人,没人能摆脱它的控制。正因如此,当任何家庭成员表现出丝毫的消极情绪时,他们立刻毫不犹豫地选择逃避。

还有些人认为过度干预消极情绪会强化这些情绪的不良影响,导致这些消极情绪更频繁地发生,所以他们宁愿选择忽视。请看下面的事例:

一天,卡萝尔发现她的一位同事面带忧伤。卡萝尔心里想:也许她遇到了经济或者婚姻问题,也许她刚刚和老板发生争执了。不过卡萝尔坚信自己无法帮她解决任何问题,所以她并没有询问同事为什么悲伤,而是选择了假装没有看到。卡萝尔心里并不好受,因为她一向认为自己是个很热心的人,她甚至因此自责。她从来没有想到过只要她陪在身边倾听就足够了。同事并不需要她提供解决问题的高招。

还有些人选择忽视他人的消极情绪,因为他们认为消极情绪就像毒药,停留的时间越长,毒性就越大。请看下面的事例:

路易斯5岁的儿子汤姆非常伤心,他最心爱的玩具坏了。路易斯看了看,玩具彻底坏了,根本无法修复。作为父亲,他替儿子感到难过。不过他并没有向儿子表明自己的真实想法,只是敦促孩子尽快结束恼怒。"这没什么,"他说,"一个玩具而已,别难过了。"

路易斯没有想到儿子的伤心本质上是在向父亲提出情感沟通的邀请。其实，父亲的安慰和同情才是帮助儿子摆脱伤痛的最好良药。如果汤姆听到爸爸说"天哪，汤姆，你肯定特别难过，这可是你最心爱的玩具"，他很快就会忘记伤痛，重拾欢笑。如果路易斯一直忽视儿子的消极情绪，汤姆很快就会明白，向爸爸提出情感沟通是徒劳无功的，父子之间的感情自然会逐渐降温。

忽视他人消极情绪的人也会错失同他人进行情感沟通、增进感情的机会。当亲人、朋友或同事在你面前表现出消极情绪时，恰恰是他们最需要你的时候。若你忽视他们的消极情绪，则会向对方释放出"我不想帮你"的信号。

这种忽视会损害各种人际关系，对孩子的伤害尤其严重。父母的忽视让孩子认为在自己最需要别人帮助的时候，最亲密的亲人甚至不想知道自己的困难处境。孩子总会有消极情绪，愤怒、悲伤和害怕是生活的一部分。父母的忽视让孩子认为通过表达自己的情绪提出情感沟通根本没有任何益处，反而迫使别人选择逃避。因此，他会认为做人不能太真实，最好不要让别人认识真正的自己。父母的忽视甚至会使孩子认为自己最好没有任何感情。

忽视孩子消极情绪的父母其实错过了引导孩子解决问题的机会。一个总是告诉孩子"别伤心""别生气"的妈妈肯定不会告诉她的孩子"情绪低落时，你可以这样做，让自己好受些"或"什么让你这么生气啊，看看我们能否一起解决它"。

"压抑型"情绪观

在"压抑型"家庭长大的孩子同来自"忽视型"家庭中的孩子拥有很多

共同点。两种家庭都主张隐藏消极情绪。"压抑型"家庭对有悲伤、难过或恐惧情绪的人怀有敌意。他们甚至会因为家庭成员表达消极情绪而批评、责骂甚至惩罚他们。如果有人带着消极情绪提出情感沟通的邀请（"天呐，我太绝望了，真希望有人能帮帮我"），信奉"压抑型"情绪观的人将毫不犹豫地拒绝这种沟通邀请（"我可不会帮助这么跟我说话的人"）。

下面是"压抑型"父母对孩子经常会说到的话，不知是否勾起你往昔的记忆。

"别哭了！再哭，我收拾你！"
"别像个小孩子似的！懂点儿事！"
"别用那种口气跟我说话！"
"要么说点儿好听的，要么就闭嘴！"

很多持"压抑型"情绪观的人将人与人之间的关系看作权力斗争的结果。他们认为愤怒、悲伤和恐惧是人们企图用来控制他人的手段。在他们的眼中，被宠坏的人才总会麻烦不断。他们可能会说"如果不能随你的意，你就哭，对吗"或者"又开始了，就是想让我们按你的意愿做事吧"。

这种情绪观忽视了很重要的一点：接受他人的情感表达和体会他们的酸甜苦辣，并不说明我们赞同他们的所作所为。你可以告诉孩子："虽然你很生气，但是现在你不能出去，因为天已经黑了。我能理解你的感受，如果我不能做我想做的事，也会生气。这时，我会深呼吸，同时想想我到底应该怎么做。"你也可以对你的配偶说："我知道我现在就要出差，你不高兴。如果我是你，我也会不高兴的。不过，我也没有办法。"做到这些的前提是不能责备对方，愤怒有时只是对方提出情感沟通邀请的表现形式，你要带着理解和支持去接受对方的沟通邀请。

关注对方的情感，忽视他们看似不当的行为也很关键。请看下面的事例：

一天晚上，克雷格的妻子安杰拉怒气冲冲地回到家。克雷格从没见过妻子这么生气。安杰拉冲进来，摔上门，直接朝卧室走去。走进卧室，她又用力把卧室的门摔了一下。克雷格以前曾经跟妻子谈过，她知道丈夫不喜欢她这么做。他非常不喜欢她像这样"突然发怒"，所以他决定要把她的愤怒扼杀在萌芽里。

"你发什么神经？"他对着楼上的安杰拉大喊，"你为什么要摔那该死的门？"

克雷格冷漠无情的反应让安杰拉又关上了另外一扇门——一扇情感沟通的门。

"克雷格，你混蛋！"她对着楼下的丈夫咆哮着。

如果克雷格意识到妻子的愤怒只是在发出情感沟通的邀请，他可能就不会专注于妻子狂暴的摔门事件了。

克雷格可以对着楼上的妻子说："安杰拉，你还好吗？"

安杰拉可能会说："不好！我快气炸了！"

他可以去楼上，在卧室门口对妻子说："显然你很生气，发生什么事情了？"

这时，妻子很可能打开房门，对他说："全乱套了！杰西把报告搞砸了，却怪到我的头上。我们回到办公室后，她去找麦尔，然后麦尔把我大骂一顿，还说如果我再不好好表现就开除我！全是杰西的错，都怪她！可是麦尔根本不听我解释。"

克雷格可能会说："是够糟的！难怪你这么生气！过来，坐会儿，换下外套，我去给你倒杯喝的，你看起来累坏了。"

安杰拉靠在克雷格身上,她的满腔愤怒早已变成委屈的泪水。在接下来的一小时里,克雷格一直陪着她。尽管安杰拉仍然愤愤不平,但是她知道自己的丈夫会一直支持她。

当然,这个完美结局的前提是克雷格首先要忍受安杰拉最初的狂怒,并意识到她其实是在向自己发出沟通邀请。如果克雷格能做到这一点,在暴风雨来临的前一刻(此时正是妻子最需要他的时候),他就可以抓住机会,增进与妻子之间的情感沟通,密切两人的关系。如果他不能忍受安杰拉最初的暴怒,他们这一晚可能都会在死一般的沉寂中或者在争论摔门的意义中度过。

研究发现,对情绪表达持"压抑"态度的人同"忽视"他人情绪表达的人一样,害怕消极情绪这种"毒药"会变得无法控制,让人毫无招架之力,最终摧毁他们的生活。

还有一些人认为可以表达愤怒、悲伤和恐惧,但这种消极情绪的表达不能持续过长的时间。表达完消极情绪后,必须迅速恢复平静。也就是说,当我们受到不公正的待遇时,可以暂时释放自己,但是,生活总得继续下去,所以短暂的狂风暴雨过后,天空还是应该晴空万里。

在"压抑型"家庭中长大的人把情绪表达等同于自讨麻烦,因为他们的情绪表达往往等同于家人的责备、羞辱甚至虐待。我们的研究发现,在"压抑型"家庭长大的孩子与"忽视型"家庭长大的孩子同病相怜。他们不知该如何排遣忧愁。比起其他孩子,他们的注意力很难集中,社交能力也差很多。这些不足还会进一步导致举止不当,学业无成。他们很难与同龄人交往,还有的人患上慢性疾病。成年后的他们同样异常孤独、苦闷。

"放任型"情绪观

如果你生在"放任型"家庭，你的家人很有可能任你自由地发泄自己的愤怒、悲伤和恐惧。"放任型"家庭文化认为释放消极情绪其实是人们释放压力的过程。在"放任型"家庭中，可以肆意释放任何情绪，悲伤、狂怒、无理取闹……他们认为淋漓尽致地彻底释放后就万事大吉了。

即使孩子释放的情感沟通信号中弥漫着浓郁的愤怒、恐惧或悲伤气息，"放任型"父母也总能给予同情。无论是孩子哭闹不止还是脾气暴躁，他们都能设身处地地理解孩子的感受。

"你肯定特别难过。"
"我知道你现在很生气。"
"我知道你很害怕，我小时候也有过这样的经历。"

尽管父母的认同和安慰能缓解孩子的情绪，但是简单的同情无法教会孩子如何管理自己的情绪，更不能培养孩子解决问题的能力。

"放任型"父母从不限制孩子在愤怒时的举止。一个 5 岁的孩子大发脾气，将哥哥所有的玩具扔在地上，还摔坏了几个。"放任型"父母满腔同情地关注到了孩子的愤怒，柔声细语地平复了孩子的怒气，他们并没有意识到孩子需要知道自己的这种破坏行为是不对的。

"放任型"父母并非刻意忽视孩子的不当行为，他们只是不知道该如何教育孩子。很多"放任型"父母生在混乱、压抑的家庭环境中，没人教他们如何管理情绪、解决问题。他们的父母给予他们太多不公正的待遇，也许他们暗自发誓一定要给自己的孩子截然不同的生活，只是他们不知道该如何着手。他们不知道该如何教育孩子恰当地释放自己的情绪，只是无条件地接受孩子的所有情绪表达。孩子的某些情绪表达方式极有可能伤害到自己或他人，父母的放任无形中助长了孩子的不当行为，而孩子的不当行为往往让"放任型"父母束手无策。

并不是所有的"放任型"父母都不知道如何教育孩子。有的父母为生活所迫，无暇顾及孩子的教育问题。还记得本书第 2 章中考取法律学校的单身母亲埃米吗？工作和生活的压力消耗了她太多的精力，以至于她根本无暇顾及儿子的教育问题。

在"放任型"家庭长大的孩子，由于得不到如何处理复杂情绪的指导，所以他们的情绪管理能力不高。他们的愤怒往往充满强烈的挑衅，他们的悲伤往往最终演变为抑郁。

> **测试**
>
> **测测你的情绪观以及人际交往能力**
>
> 下面的问题可以帮你进一步了解自己的家庭情绪观，从而发掘家庭情绪观对人际交往能力的影响。
>
> 你可以独自完成这个练习，也可以邀请信任的人共同完成。如果独自完成，请想象你信任的人会如何选择答案。请把下面问题的答案记入你的情感日志。
>
> - 你的家庭情绪观如何影响你对消极情绪的表达，如悲伤、愤怒和恐惧？
> - 你能感觉到别人的消极情绪吗？你能感觉到自己的消极情绪吗？
> - 表达完自己的消极情绪后，你是否会觉得自责、委屈？你的自责和委屈是否受到家庭情绪观的影响？如果答案是肯定的，那么家庭情

绪观是如何具体影响你的？

- 想象一下，你的一位亲人向你提出沟通邀请，你将如何回应？接受、忽视还是积极地回应邀请？如果这个人提出沟通邀请的方式不恰当，你会做出同样的选择吗？在相似的情况下，你父母会做出什么样的选择？与你的选择有什么不同吗？

- 在亲人悲伤、生气或恐惧时，你关注的是他们的行为，还是他们行为背后所隐藏的情感？

- 在接下来的两个星期里，请记录你能辨别出的用愤怒、悲伤或恐惧表达沟通邀请的事例。

- 对于上题中提到的沟通邀请，你选择了何种沟通方式，回应、忽视还是回避？

- 你对这些沟通邀请的回应，是否受到你的家庭情绪观的影响？

- 如果你感觉到对方的沟通邀请，却仅仅向对方表明你理解他的感受，你们的沟通情况如何？

- 如果你感觉到对方的沟通邀请，向对方表明自己很理解他的感受，并主动提出帮助，你们的沟通情况如何？

我们对100多个家庭进行了长达10年的两项研究，研究结果清晰地表明，"情绪管理训练型"情绪观比"忽视型""放任型"和"压抑型"情绪观更积极、有效。能够互相接受、彼此尊重的夫妻的婚姻更稳固。在这种家庭长大的孩子成年后往往取得更大的成就。"情绪管理训练型"父母注重如何教育孩子管理自己的情绪，这些孩子比起在其他3种家庭长大的孩子做事更专注，行为举止更得体，能在学业上取得更大的成就，而且他们与同龄人的相处也更融洽。研究表明，他们血液中与压力相关的激素含量比较低。成年后，他们很少咳嗽和感冒，健康状况更为良好。

情感逃避，一道人际鸿沟

20世纪90年代中期，我们在家庭情绪观领域取得的研究成果以及其他同行所取得的成就引起了媒体的广泛关注。尽管越来越多的证据表明，在人际交往的过程中，人们必须接受并尊重他人的各种情绪，但还是有很多专家对此产生误读。事实上，很多专家认为，一个人的情绪智力（emotional intelligence，即情商）就是控制自己的情绪、用积极情绪替代消极情绪的能力。

对这个观点，我不敢苟同。我认为只有全面地体会各种情绪，并利用这些体会达到预定目标的人，才是完整的人。

斯坦福大学所做的关于"延迟满足"（delayed gratification）的实验其实也是对情绪智力的一个误读。研究人员把十几名4岁的儿童领进实验室，分给他们每人一颗棉花糖。研究人员告诉孩子们在他离开的时间里，他们可以吃掉棉花糖，但是如果他们等他回来后再吃，就可以得到另外一颗棉花糖。

研究者们发现孩子们的表现迥然不同。有的孩子立刻一口把棉花糖吞下，有的孩子则耐心地等待着第二颗糖。后续研究表明，一口将棉花糖吞下的孩子到了高中后，羞涩、固执、意志力不坚定，对自我的认知也比较消极，他们的学术能力评估测试（SAT）成绩明显低于那些耐心地等到第二颗糖的孩子。

他们的研究结果很有意思，但这个研究忽略了一个问题：促使孩子们耐心等待的原因是什么？丹尼尔·戈尔曼（Daniel Goleman）认为这是因为那些耐心等待的孩子能控制自己的欲望。

这是全部原因吗？我认为那些耐心等待的孩子有控制自己对第二颗糖的

渴望，并把这种渴望作为促使自己耐心等待的动力的能力，这才是全部原因。这些孩子并不是简单地扼杀自己的欲望，他们能预知自己最终得到第二颗糖时的快乐心情。对自己情绪的成功管理绝不是简单地否定消极情绪，而是接受所有情绪，包括梦想，甚至幻想，然后将渴望梦想成真的力量转化成促使我们成功的动力。这种解释同我们掌握的大量现实资料不谋而合。资料表明，**能接受自己各种情绪的人更成功，也更具责任感。**

我们所倡导的文化鼓励我们情绪独立，否定消极情绪。风靡全球的耐克广告"想做就做"（Just do it）暗示我们不要顾忌，想做什么就放手去做。如果顾忌太多，也许最终会一事无成。不过，我认为如果你的内心真的不想去做，也许你就不应该去做。

很多大学生踏入职场后放弃梦想，认为高收入可以替代梦想满足自己。我认识一位非常喜欢数学的学生，她很有天赋，梦想成为一名出色的数学家。不过她最终选择了从事财务工作，因为财务工作能给她带来更高的收入。几年后，我再次遇见她，此时的她已经是一位收入颇丰的会计师了，可是她告诉我她一点都不快乐。尽管她为自己在事业上取得的成就感到自豪，但她一点都不开心。她说她的工作"没有灵魂"，非常后悔自己放弃了真正的梦想。

害怕往往是人们选择逃避自己情感的最主要原因，不过最真实的原因也许是，人们不想体验面对自己最真实的情感时的那份心痛。书店里充斥着各种各样的心理学通俗读本，向我们传授各种"如何快乐度过每一刻"的秘籍。这种秘籍多少能缓解我们的心灵寂寞，但是长远来看，逃避情感最终将导致孤寂或抑郁。

如果你认为自己必须时刻保持情绪高昂、笑脸迎人，你将很难和别人亲近，展现最真实的自我。生活中充满了宁静、欢笑和幸福，同时也充斥着烦躁、泪水和不幸。对大脑情绪指令系统的研究表明，我们的基因中写满了喜怒哀乐各种不同情感的密码，这些多姿多彩的密码让我们成为真正完整的人。逃避消极情绪的人只是在体验自己不完整的一半人生。逃避情感的人在自己和他人之间修筑起一条深不可越的鸿沟，这才是最大的隐患。不了解自己情感的人永远也无法真正地了解他人的情感。不真正袒露自己的人永远也交不到贴心朋友。

持续伤害，情感软肋

如果每个人都能够毫无顾忌地袒露心扉，我们就会发现过去的痛苦经历在每个人的心中都有"持续伤害"（enduring vulnerability）的影子。加利福尼亚大学洛杉矶分校的心理学家汤姆·布拉德伯里（Tom Bradbury）提出"持续伤害"的概念，用来描述人们过去的不幸遭遇对现在造成的影响。造成持续伤害的原因很多，如亲人离世、背叛、虐待或各种精神伤害等。

请看下面的具体事例：

- 亲人死亡。
- 被虐待（包括幼儿时期被体罚）。
- 被强奸（包括各种形式的性侵犯）。
- 目睹暴力。
- 成为抢劫或其他犯罪行为的受害者。
- 离婚或失恋。
- 婚姻问题，如终日争吵或配偶背叛。
- 生长在问题重重的家庭环境中。

- 被解雇。
- 被迫退学。
- 在火灾或自然灾害中遭受严重损失。
- 被遗弃。
- 精神虐待（包括被威胁或被嘲弄）。
- 童年时期经常被同龄人欺负或嘲弄。
- 患有重大疾病。
- 抑郁。
- 自杀倾向。
- 与酗酒者或吸毒者同住。
- 经历战争、恐怖事件或严重骚乱。

即使你不曾经历过上面提到的不幸遭遇，过去不幸的情感经历也会给你带来持续伤害。我确信每个人都曾经历过某些心灵上的痛苦，我们奋力抗争，舔舐伤口，保护自己不再受到伤害。这些看似早已过去的经历依然会影响我们的人际交往。尽管我们确信自己已经完全从过去的伤痛中痊愈，但是某些会触及这些痛苦回忆的事件一旦发生，我们很可能立刻一反常态，无法控制自己。

这些伤痛带来的持续伤害使我们无法相信自己，也不相信别人，这将直接影响人际交往的过程。如果不知道过去也是构成我们的重要部分，如果不能同信任的人谈论过去，我们将永远无法摆脱持续伤害的折磨。

童年时代总是被同伴欺负的男孩，成年后，同样还会担心自己不被接纳。他怒气冲冲地向同事们抱怨为什么不通知自己开会，为什么把自己排除在外。同事们十分奇怪，心里想："他太敏感了，我们根本没有这么想。"而愤愤不平的他则怎么也想不明白："为什么我总是被人排挤？"

　　一个女孩从小跟着母亲生活，她的母亲患有严重的抑郁症，无法满足她的情感需求。成年后，童年的伤害依然继续影响着她的生活。她总是不可救药地爱上对她冷淡、不爱惜她的男人。经历几次失败的感情后，女孩痛苦地问自己："为什么我总是爱上这种男人？"这个问题还会困扰她很长一段时间。

自我剖析和审视过去往往能帮人们找到问题的答案。 他们认识到过去的痛苦经历所造成的持续伤害会成为自己的"情感软肋"，成为阻碍自己建立良好人际关系的绊脚石。

我经常让找我咨询的夫妻彼此互相帮助，找到对方过去的经历所造成的持续伤害。在了解彼此过去的过程中，双方加深了了解，促进了信任，双方关系也愈加亲密、持久。

　　苏珊妮和戴尔夫妻二人向我求助。我发现苏珊妮曾经有过两次痛苦的经历。儿时的她受到祖父的性侵犯；成年后的她被前夫骗走了儿子的监护权。过去的痛苦经历使得苏珊妮具有极强的控制欲。

　　苏珊妮与戴尔结婚后，又生了一个儿子。现在，她与前夫生的大儿子已经十几岁了，每年到她这里过暑假。一旦大儿子同戴尔发生争执，苏珊妮会立刻勃然大怒。用戴尔的话说，"她就像一只母老虎"，拼命地保护自己的孩子。她希望完全控制自己儿子周围的一切，不允许任何伤害他的事情发生。苏珊妮说："我的祖父伤害了我，我的前夫伤害了我和孩子。现在，我绝对不允许任何人再伤害我们。"由于苏珊妮的强硬立场，戴尔、儿子和她，三人很难和平相处。

　　当苏珊妮和戴尔认识到持续伤害对她造成的影响后，他们的关系大为改观。现在，如果戴尔与大儿子发生冲突，戴尔就会轻轻地提醒苏珊妮他不会伤害她的儿子，他只是想让儿子把 CD 机的音量调小一点、对弟弟好一点或者同家人一起分享电视。苏珊妮不再大发雷霆，控制欲也降低了很多。

我们可以和信任的人分享自己的持续伤害，必须毫无保留，坦诚相待。不过，同别人分享自己的过去需要足够的勇气，尤其是在工作单位中。如何在工作单位把握控制的尺度、表达自己的情绪以及如何打造一支团结的团队都是不小的挑战。

我认识的一位主管在自我控制方面存在问题。他是一位参加过越南战争的退伍兵。多年来，他依然清晰地记着战争的残酷画面，狙击战的紧张画面时常让他在噩梦中惊醒。时光荏苒，50 岁的他依然不能释怀。战争早已结束，可是他仍然觉得自己需要时刻面对突然袭击。他非常严厉，同事关系非常紧张。如果有人向他汇报的信息不够全面，他总是胡思乱想，妄下结论。他非常多疑，总觉得同事们在等着看他的笑话。如果另一位主管在事先没有通知他的情况下提出新的项目，他会立刻大发雷霆，认为别人耍手段，想破坏他的事业。

最后，他向心理治疗师寻求帮助。此时，他才意识到战争才是造成所有问题的根源。心理治疗师告诉他战争的创伤会伴随他的一生，永远也无法彻底摆脱，但这并不是说他无药可救。他可以通过运动或服用某些药物来缓解自己紧张的神经，也可以同信任的同事谈谈他的过去。事实上，他真的与自己的两位助手和两位主管分享了自己的过去。他们非常理解他的遭遇，并答应往后遇事尽量和他提前沟通。他和其他同事的关系也缓和了很多。如果这位主管不愿面对自己的过去，不愿承认残酷的战争对自己生活的影响，所有这些变化都不可能发生。

认识持续伤害，好处多多

即使认识了持续伤害，它对我们的影响依然存在，但是一旦我们认识到它的影响，当它下次再影响我们时，我们可以对自己说："天啊，又来了！可是现在的情况和过去有什么关系吗？"答案往往是："基本没什么关系。"于是，我们就可以摆脱过去的影响，采用合适的方式处理眼前的问题。

还记得我们在本书第2章中提到的里克和萨拉吗？里克最终意识到萨拉的愤怒和抱怨其实都是妻子提出沟通邀请的方式。在接受治疗的过程中，他们还明白了里克的过去也是导致他们夫妻关系产生问题的原因。

里克很小的时候，妈妈就离家出走了，他从小跟奶奶一起生活。奶奶非常不喜欢里克，总说他是一个肮脏、没用的孩子。里克的爸爸不喜欢母亲对待儿子的方式，但是除了奶奶，没人能照顾里克。每当奶奶责骂里克时，爸爸就会说："里克会慢慢变好的。只要他学习好，考上大学，他肯定会前途无量的。"

难怪成年后的里克总是疯狂地工作。其实，萨拉的愤怒多半是由于里克总是待在办公室不陪她引起的。里克的过去对他造成的持续伤害让他看不到萨拉的情感需求。他认为只有努力工作才能证明自己是个有价值的人。妻子的抱怨在他的耳中变成了奶奶的责骂："你注定一事无成！真是让人失望！"

在治疗的过程中，我们得知萨拉根本没有这种想法。"我从来没有那么想过你，"她说，"我觉得你很聪明，充满创造力，你也很性感，跳舞超棒。可是，当我需要你时，你却总是忽视我。"

里克听到妻子的话很吃惊，也很高兴。真奇怪！奶奶居然在他的婚姻中有这么大的影响。不过，里克和萨拉意识到持续伤害的影响后，奶奶的影响就自动消失了。

里克依然时常怀疑自己，但是现在当他再次怀疑自己时，他可以对自己说："我又有这种感觉了！我知道为什么会有这种感觉，这是我奶奶说过的话。不过现在她的话再也影响不到我了，我可以有这种感觉，但是我不会因此受到影响。"

在接受心理治疗的过程中，很多人都能意识到持续伤害对自己的影响。值得信任的好朋友同样可以帮助我们认识持续伤害。与朋友交往时，我们时常会谈到自己的过去，谈到自己在过去受到的不公正对待，如背叛、被虐待或精神伤害等。

这种谈话经常发生。你的朋友也许会向你讲述他小时候的不幸遭遇，你很可能发现你们同病相怜。（"上高中时，你父母离婚了？我爸爸妈妈也在我上高中时离婚了。""你爸爸得癌症去世了？我理解失去亲人的痛苦。"）你们可以继续挖掘过去的经历如何对现在的你们产生影响。

有一次，我请一位新同事喝咖啡。我们认识不久，刚刚建立起对彼此的信任。交谈中，他对我说他的朋友背叛了他，他十分难过。他的经历告诉我他是一个很重视诚信的人，他相信人要为自己抗争，为自己的理想而奋斗。

听完他的故事，我知道朋友背叛带来的持续伤害仍然困扰着他。尽管他没有直接说明，但是我知道如果想做他的朋友，我必须是非常诚信的人。

了解并与信任的人谈论自己所遭受的持续伤害是建立稳定、持久的人际关系的重要一步。你是否愿意倾听朋友谈过去的不幸经历，这一点也很重要。这些不幸的经历其实是他们情感历史的重要组成部分，请尊重它们。这些心与心的对话是建立稳定的情感沟通的基础。

一个人需要足够的勇气才能分析自己过去的不幸，剖析自己的家庭情绪观，回顾自己的情感历史，但是如果这么做可以提高我们的人际交往能力，这种努力还是值得的。分析过去的经历可以帮助我们看清过往云烟和现在生活的区别。在第 6 章中，我们将一起学习如何掌握情感沟通技巧。

人际关系要点

- 我们昨天的情感经历会直接影响今天的情感沟通能力。
- 忽视或压抑他人消极情绪的人也会错失同他人进行情感沟通、增进感情的机会。
- 我们在情绪管理方面的问题，并不是无法恰当地表达情绪那么简单。
- 害怕往往是人们选择逃避情感的主要原因。
- 自我剖析和审视过去往往能帮助人们找到问题的答案。

06

不经意的线索
捕捉人际沟通细节的技巧

不久前,一位朋友告诉我,她去看望了几周未曾见面的哥哥。

"我非常担心蒂姆,"玛丽说,"他刚刚跟女朋友分手。虽然他自己说状态还不错,可是昨晚我见到他后,还是有点为他担心。"

"你跟他谈过他和女朋友分手的事吗?"我关切地问道。

"当然了,但他没有多说什么。他只是说他很高兴这段恋情终于结束了,他和帕姆几年前就该分手了。"

"既然他觉得自己还不错,你为什么还要担心呢?"我问她。

"不知道,但他确实有些问题。"玛丽解释道,"虽然我们昨晚的谈话很愉快,但我能感觉到他的心情有些沉重,无论是从他的眼神、语调还是迟缓的动作中,都可以看得出他真的很伤心。"

"这也正常,尤其是如果他和帕姆之前的关系非常亲密的话。"我说。

"也许我得再给他打个电话,看看他是否愿意周末跟我们一起去看电影。我觉得他可能需要我们的陪伴。"

"好主意!"我说,"你还可以告诉他,如果他想找人倾诉,你会洗耳恭听。但他可能不会主动提出来。"

"是的，你说得对。"玛丽答道，"我会这么做的。"

玛丽离开后，我想蒂姆真的非常幸运，能拥有这样一个既细心又体贴的妹妹。有了妹妹玛丽，即使将来面临其他困难，他也不会独自一人悲伤。

在临床实践中，我发现世界上有很多像蒂姆这样的人，他们极不情愿开口讲述自己的情感。不幸的是，我们缺乏像玛丽这样的人——不但能洞察出别人未曾言语的痛苦，还能满怀同情地做出积极的回应。最重要的是，她能认识到避而不谈也是提出沟通邀请的一种方式。如果玛丽能够坚持下去，而蒂姆也能对她敞开心扉，这将密切他们的关系，也会提高他们的人生质量。

正如我们在前几章中所讨论的，人们通常在婴儿时期就开始学习情感沟通的各种技能。从第一次微笑到第一次约会，童年时期是训练人们觉察、表达以及回应情感的重要时期。成年之后，这种学习过程并未停止，很多人会继续发展情感沟通的技能，从而收获丰富而稳固的人际关系。

本章中，我们将会探讨情感沟通的各种形式，即人们如何表达情感、如何解析情感并做出回应。情感沟通的形式包括各种言语和非言语信号：

- 面部表情。
- 动作。
- 姿势。
- 触摸。
- 语调。
- 描述性词语。

- 隐喻。

此外，我们还会探究一些基本的倾听技巧，这些技巧能帮助我们更好地进行情感沟通。我们的研究有两个目标：第一，了解如何使用这些技巧表达自己的情感；第二，了解周围的人如何使用这些技巧，以便于我们在提出沟通邀请的过程中辨别他人的情感，并做出恰当的回应。

我们对于情感沟通的相关因素越熟悉，就越能提出恰当的沟通邀请，也越能对他人的沟通邀请做出积极的回应。

你将会发现人际交往过程中存在的问题，而这些问题阻碍我们提出沟通邀请。你也会察觉那些隐藏在愤怒或悲伤情绪下的沟通邀请并做出恰当的回应。你将能够培养自己的沟通技能，以开启崭新、稳固的人际关系。你也将学会如何解决人际关系中存在的问题。

心与心的情感沟通并不像看起来那么神秘，也不全凭直觉或自动形成。不管我们有没有意识到，人们总是不断地向对方发出情感沟通的信号。

艾伦·加纳（Alan Garner）在《谈话的力量》（*Conversationally Speaking*）中提到："你无法避免沟通。不管你是面带微笑，还是面无表情、双眼直盯着前方或是看向地板，伸手、触摸还是退缩，你都在进行沟通，对方会为这些沟通方式赋予不同的意义。"

通过面部表情、语调、姿势、词语选择等方式，我们不断向对方传达自己的真情实感。更重要的是，要善于观察并留意自己和他人行为中所发出的沟通信号。只要做到这一点，你就会有意识地完善自己提出沟通邀请的过程，并带来更好的情感沟通。

你的情感正在流露

人们往往选择压抑自我情感的表达，尤其是一些消极的情感，如悲伤、愤怒和恐惧，这情有可原，因为大部分人都想回避或抗拒不幸的经历，使自己远离苦恼。他们试图让事情向积极的方向转化，相信自己不必再考虑那些让他们备感悲伤、愤怒或恐惧的事情。有些人认为他们的情感过于令人恐惧或太让人烦恼，无法用语言表达；面对自己的情感，他们觉得羞愧或尴尬，不愿与别人分享。也有人不想拿自己的情感问题去麻烦亲朋好友；他们认为自己的情感不重要，不值得大家关注，或者他们觉得自己的问题会使别人心烦意乱。此外，还有的人不习惯表达情感，他们找不到合适的话语讲述自己的感受。当然，也有一些人因为重视自己的隐私，不愿意表露自己的情感。

但是正如蒂姆的事例所展示的那样，**即使人们试图隐藏自己的情感，也并不意味着他们的情感就不会表露出来**。几年前，俄勒冈大学对一些婚姻不幸的夫妻进行的研究证实了这一观点。研究人员告诉这些夫妻，他们的任务是"愚弄摄像机"，即在摄像机面前假装他们的婚姻非常幸福。他们要求这些夫妻假装刚刚得到一大笔钱，并商量如何去花这笔钱。我们阅读夫妻间对话的打印稿后发现，大多数夫妻都成功地伪装了幸福。打印稿上的对话表明他们之间充满了关爱和尊重，没有丝毫冲突。但是当我们观看视频时，却得到一个迥然不同的印象，他们的语气和面部表情背叛了他们的表演。诸如"亲爱的，听你的"和"你决定吧"这样的台词都充满了讽刺和轻蔑。夫妻间的互动像筛子一样，到处泄露出敌意。事实上，心理学家就是用"泄露"这个词来描述我们不自觉地流露的情感。这些研究证明，不管你如何努力隐藏自己，你的真情实感常常会变得显而易见。

我们的研究也表明，**比起语言，大多数人更愿意相信非言语信号**。研究者在实验中故意把极不相称的面部信号、语言信号、声音信号放在一起，以观察人们如何做出反应。比如说话人说着"祝您晚上过得愉快"却眉头紧皱，语气生硬。另一个人说"去死吧"，却友好地挥着手，面带温暖灿烂的微笑。当我们要求被试指出依赖哪些信息分辨讲话者的真正意图时，结果发现他们对语言的依赖只占7%，对语调和语速的依赖占38%，对面部表情和其他肢体语言的依赖则占55%。

现实生活中也是如此，一个人用语言描述某件事情，语调、姿势和面部表情却传达出相反的信息。人们总是不相信语言，而相信其他表述方式。当人们分享情感信息时，我们会密切地注视对方的面部表情和目光接触的方式。我们会观察对方的肢体语言，也很注意自己在人际交往中的行为习惯。

但这并不是说人们总是忽略语言。一项对于候诊室中父母和孩子的研究中，有些焦急的母亲面带微笑地严厉警告孩子要听话，这种微笑就像是母亲消极警告的积极面具。研究人员发现，孩子们并没有因为母亲表里不一的表现而困惑。研究者由此得出结论：大多数儿童会相信消极情感，不管消极情感是通过语言还是非语言的形式表达。

对于一些人来说，"阅读"情感信息并不吃力。一位女性看到她的朋友就知道他在生气，她并没有在想"汤姆眉头紧皱，双唇紧闭，说明他非常生气"。还有些人则很难凭借直觉读懂别人的情感，这些人需要加倍努力才能发现对方的情感信号。

不管怎样，研究人们如何通过语言、面部表情、语调等方式表达情感都是非常有益的。通过研究，你会发现人们在提出和回应沟通邀请时所传递的所有细微信号；你能确保通过肢体语言所传递的信息与通过口头语言所传递的信息是一致的；你还可以避免传达错误的信息，避免无意间的错误沟通，同时还可以提高对他人所传递的信息进行辨别、阐释以及做出回应的能力。

学习情感沟通技巧在很多领域都大有裨益。老板需要评定新员工在工作中是否尽职尽责。员工由于害怕老板批评，自然会努力掩饰各种问题。如果老板能够读懂员工的面部表情，并能发现员工所传递的紧张信号，他就可以确定该员工是否真正称职。

有位母亲总是担心儿子的成绩。她知道儿子学习任务繁多，很想帮儿子理清头绪，但她也明白，如果在谈话中儿子始终处于自我防御的状态，他们就永远无法达成共识。如果母亲在倾听儿子的话语时，能注意到他的肢体语言，那么她就有可能把谈话带往更加积极的方向。她将会明白自己何时会让儿子沉静下来，何时会让他焦躁不安；她会清楚何时他们意见一致，何时意见相左；她也将知道儿子何时真正明白她的话，何时是为了应付谈话而假装听懂；她还将会分辨儿子何时讲真话，何时是因害怕母亲而隐瞒真相。

辨别不同的情感并表达出你的理解是进行成功的情感沟通的重要步骤，而接下来要描述的沟通技巧会帮你提高情感沟通能力。

辨别不同的面部表情

我们的钱包里、家里的桌面或墙上，常会挂着一些亲朋好友的照片。请回忆一下这些照片，镜头聚焦的是他们的双手还是双脚？都不是！人们在拍照时更喜欢拍摄人的面部，面部也是我们最喜欢看的部分。面部能表露情感，这些情感与我们相关，与他们自己相关，还与周围的世界相关。

面部是提出沟通邀请和对沟通邀请做出回应的重要工具，因此了解我们的面部表情如何向他人传达情感是非常重要的。同时，学习他人如何使用面部表情传达情感也是非常重要的。

在身体的所有部位之中，面部是最适合表达情感的部位。除了与下巴连接的咀嚼肌，人的面部大约有33组不与活动骨骼相连的肌肉群，它们的主要任务就是传达情感信号。信息通过额头、眉毛、眼睑、面颊、鼻子、嘴唇和下巴等部位的迅速变形得以传达。

19世纪英国博物学家达尔文的研究表明，世界各地的人们使用相同的面部表情表达特定的情感。达尔文通过给世界各地偏僻地区的传教士发放问卷，调查当地居民如何表达快乐、悲伤、愤怒等情绪。如果他们的回答各不相同，就说明这些表情并不属于人类的基因遗传，而是由文化决定的。但是，达尔文的研究表明，世界各地的人们都使用相同的表情来表达相同的情感。因此，他假定人的面部表情是天生的，从生物学意义上来说，也是全体人类共有的。也就是说，我们高兴时微笑、生气时面部扭曲，是先天存在于神经系统的线路和面部肌肉组织中的，也是人类所特有的。

为了生存，人类的很多面部表情也在不断地演化。当人类暴怒或受到威胁时，会咬紧牙关，甚至龇牙咧嘴，这与我们的近亲——大猩猩、黑猩猩和猩猩在暴怒时的表情惊人地相似。大多数人在吃惊时都会瞪大双眼，这一动作会让你收到尽可能多的视觉信息。我们的史前祖先在夜晚听到突如其来的撞击声时，也会做出同样的反应。人们皱起鼻子表达厌恶。通过收紧鼻孔、眯起双眼，我们的鼻腔和眼睛能更少地暴露在有害气体中。

许多世纪以来，表情已经变得更加仪式化，越来越与生存无关。在大多数情况下，我们不用互相撕咬就能解决争论，龇牙咧嘴再也不是一种威胁，而是狂怒的表现，人们也能理智地对之做出相应的反应。那么皱鼻子呢？现在皱鼻子仍然是一种表达厌恶的表情，只是我们现在很多情况下都会用到它，并不仅仅局限于闻到难闻或有毒的气体。

有些面部表情是我们基因遗传的一部分，了解到这一点有助于我们更好地理解它们的普遍性和先天性。20世纪70年代，这些观点被人们重新研究，研究者有加州大学旧金山分校的心理学家保罗·埃克曼（Paul Ekman）和华莱士·弗里森（Wallace Friesen）以及马里兰大学的卡罗尔·伊泽德（Carroll Izard）。在早期研究中，他们展示了来自世界不同地方的人类面部表情的照片，他们的研究发现也支持了达尔文的理论：来自不同文化的人们使用并认可相同的面部表情，比如快乐、恐惧、愤怒、悲伤、好奇以及轻视或厌恶。但这不否定文化差异的存在。弗里森和埃克曼做过一个关于文化差异的实验。实验中，研究人员要求一些美国人和一些日本人观看一部有关工业事故的恐怖电影，并将观看者的面部表情拍摄下来。由于日本文化非常重视隐藏个人的情绪，因此研究人员预计日本被试的情绪反应会更少一些。事实上，当每一位被试在观看影片时，如果房间里有一位表情严肃、身穿白衣的实验人员在场，研究者能得到预期的结果：美国被试表现出更加丰富的痛苦表情，而日本被试如果有表情的话，也是以礼貌的微笑作为回应。然而，当被试独自观看电影时，他们以为没有人在观察自己，此时，来自两个文化的人们都表现出相同的痛苦表情。因此，弗里森和埃克曼得出结论：即使某种文化对在公众场合的情绪表达有着严格的限制，此种文化中的人们在私底下仍然使用相同的基本面部表情。

对于这一观点，尽管仍然有着极大的争议，但是现在大多数社会学家都认为，悲伤、愤怒、恐惧、高兴、惊奇、轻蔑和厌恶这7种表情是所有文化中的基础表情，而且惊人地相似。当然，这些基本情绪也有很多不同的变体，有时我们也能感受到多种变体同时存在。这7种表情就像是调色板上的七原色，正如不同的颜色可以调和成无尽的色彩一样，各种面部表情也能互相融合，表达各种情绪。

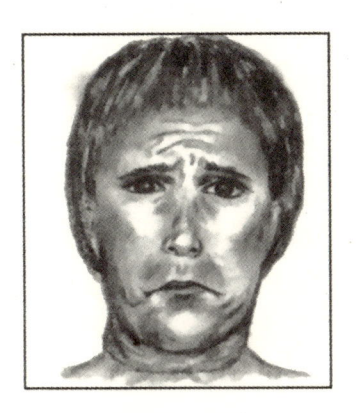

悲 伤

当一个人悲伤时，两条眉毛的内角挤在一起向上翘。额头的中间会形成一组颠倒的"U"形皱纹。在双眼之间还有一道浅浅的竖沟。双唇的外角朝下。

愤 怒

当一个人生气的时候，两条眉毛的内角挤在一起向下拉，形成一条突起的竖形皱纹。他可能将上眼睑睁开得更宽，露出眼白，也可能通过收缩下眼睑产生紧张的表情。双唇紧闭，看不见上唇粉红色的部分。

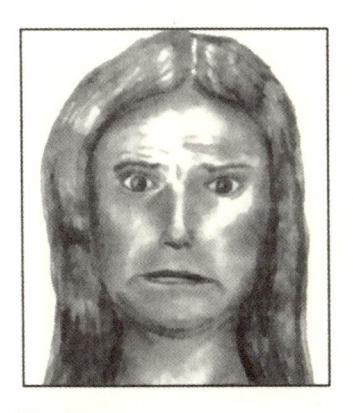

恐 惧

一个受到恐吓的人，眉毛可能显得几乎是水平的，皱纹沿着整条眉毛延伸。就像生气的人一样，由于上眼睑被抬起，受惊吓的人显露出更多的眼白。双唇的外角可能被扯向脸庞的两边，像一条绷紧的横线。

高 兴

高兴使面颊上的肌肉突起，双眼周围的肌肉收缩，在眼角处形成皱纹。嘴角弯曲向上，形成对称的笑容。观察眼角的皱纹是辨别真假笑容的主要方式。

惊 奇
当人们感到惊奇时，他们通常扬起上眼睑，暴露出眼白。嘴巴或下巴向下张开。

轻 蔑
当人们表露轻蔑时，左唇角被拉向一边，形成一个酒窝（或小凹）。一只眼睛也常常随着流露的轻蔑而转动。

厌 恶
当人们觉得厌恶时，他们常常皱起鼻子，仿佛闻到什么不好的气味。在双眼之间，鼻子的上端可能会出现水平的皱纹，上唇可能会向上提起。

通过面部表情"阅读"他人情感的时候，需要记住以下 4 点：

1. 熟悉人们毫无表情时的面部特征。也就是说，当没有微笑、皱眉或面部扭曲时，他的脸会是什么样子？然后观察他在面对不同的情感刺激时所发生的面部变化，并与面无表情时进行比较。当他高兴、悲伤、恐惧或惊奇时，他的面部肌肉如何反应？他给你的印象与你所学到的情绪表达理论是否匹配？考虑这些问题时，你还可以问对方一些问题，如"你现在感觉如何"或"你看起来很生气（伤心、厌恶、高兴、害怕等），我说得对吗"。

2. 记住，人们经常在某一时刻有多种情绪！ 我们经常会看到人们的脸上有着复杂的表情。他们的嘴唇正在微笑，双眼看起来却透着忧伤。有时我们还会在人们悲伤的表情中看到瞬间的愤怒，这在沮丧、消沉的人中非常普遍。

人们在试图隐藏自己的情感时，可能会表现出复杂的表情。一位筋疲力尽但又彬彬有礼的职员因为工作要求必须时刻保持微笑。整整 8 小时，她的双唇上扬，脸颊上翘，保持着微笑，可是她的眼中却没有丝毫的笑意。如果她今天过得实在很糟糕，你甚至可以看到她的眉毛里都蕴含着愤怒和紧张。

下面的 3 个信号能帮你判断人们的微笑是否真的源自快乐：

- 面颊上扬，眼角出现挤压或皱纹，即人们常说的鱼尾纹。
- 对称的微笑。假装的笑容通常是不对称的，左撇子的人会在右侧笑得幅度更大，而右撇子的人会在左侧笑得幅度更大。
- 适当的时间。真心的笑容通常来得非常迅速，持续时间更长，笑容褪去时也无规则可循。

如果这些特征都不存在，那么你所看到的笑容极有可能是刻意摆出的表情或毫无感情的假笑，就像拍照喊"茄子"时露出的笑容一样。

3. 不要把天生的身体特征误认为瞬间的情感表达。有些人的嘴角长得下垂，可能是遗传自父母或祖父母。第一眼看去，这种人仿佛总是闷闷不乐的样子，但是一旦你对他有了进一步的了解，就会知道这只是他嘴型的原因，他可能是个性格非常爽朗的人。

19世纪末期，人们一度对面相学这种伪科学深信不疑，认为有些面部特征能表现出人的性格。高高的额头被认为是充满智慧的象征，薄薄的嘴唇表示这人天生容易忧虑。这些观点没有丝毫科学价值，不久就被推翻了。与关注人的先天特征相比，更为重要的是观察人们的面部对不同的情感刺激如何做出变化：左侧嘴角向外撇是表示轻视吗？双眼圆睁是因为他很惊讶吗？

4. 多花时间观察。真正细致的观察需要时刻保持警觉，因为大多数有意义的面部表情都如昙花一现。事实上，很多有价值的信息通常是通过被心理学家称为"微表情"的动作表达的，这种微表情通常只持续不到1秒钟的时间，但是可能包括了表情发出者想隐藏起来的情感数据。即使是常见且有意与他人分享的表情最多也只会持续10秒钟。因此，我们必须进行细致入微的观察，否则将会错过这些表情。

不过，我们不能死死地盯着别人的面部。在许多文化中，包括美国和英国的文化，人们认为不断地注视或凝视他人是对他人隐私的侵犯。除非是特别大胆或富有进攻性的人，一般人是不会这样做的。

还有的文化认为直接盯着地位较高者的双眼是极不礼貌的。当我与亚利桑那的皮玛印第安人（Pima Indians）共事的时候，我了解到年轻人不应该直盯着长者，这被认为是非常无礼的。当两个皮玛印第安男人互相盯住对方时，表示一种挑衅，很可能会让两人挥拳相向。

很多人不愿意盯着对方看是因为他们不想承担这样做所带来的后果。他们害怕可能会发现对方非常沮丧或孤独、穷困或害怕，而且他们也不想费力去帮助对方。小时候受过虐待的人也常常避免看他人的面部，因为这会让他们想起自己受到的伤害。

有些人不愿目视他人，因为他们想保持高高在上的领导地位。在对话中，说话者看向对方的双眼，表示愿意倾听对方。但是如果说话者一直喋喋不休，那么听者只好避免眼神的接触。只要避开说话者的眼睛，听者就不用知道对方在说些什么，他就可以控制发言权。

当然，**避免眼神接触也会带来一些问题**，它会限制双方的沟通。如果不看对方的面部，很难与对方进行心灵层面的沟通。与听者进行眼神接触，你会发现对方对你的话语有什么样的情感反应。他是饶有兴趣、兴致勃勃，还是恼怒、吃惊、害怕？他同意你的观点吗？他的面部表情和其他肢体语言是否表明他尊重你的谈话并心领神会？在面对面的谈话中，如果不看对方，我们就无法给出上述任何一个问题的答案。

通过细致的观察，我们能够分辨出两个人是惺惺相惜还是貌合神离。比如，我近期治疗的一对夫妻，常常因为孩子的教育问题而冲突不断。丈夫感到妻子太过心慈手软，而妻子觉得丈夫太过严厉、苛刻。直到有一天，他们发现儿子和女朋友偷偷在家吸食大麻，这不仅违反了家规，也让夫妻间的矛盾彻底爆发。丈夫说他们在这件事上的态度一致："他破坏了我们的信任，我们非常生气。"妻子点头表示同意。但是，当他们继续谈论这件事的时候，我注意到他们的面部表情存在着细微差别。丈夫双唇紧闭，表示他确实十分生气，尽管妻子对丈夫的话点头表示赞同，但是她的眉毛却表露出不同的情绪。事实上，她眉毛的内侧向上耸起，这是一种典型而强烈的忧伤表情。

当我告诉他们我观察到的他们之间的差异时，他们大吃一惊。妻子开始谈起自己的失落感。她一直觉得儿子是一个天真无邪、无忧无虑的小男孩，但是现在一切都变了。她把这种感受告诉了丈夫，丈夫表示理解，但是他补充说，他的观点完全不同。他的心中充满了被欺骗和利用的感觉。他认为他们想尽办法为儿子提供一切条件，而儿子却用无礼不敬作为对他们的回报。

发现并承认夫妻之间的情感差异，虽然不能从根本上解决他们的矛盾，但是个良好的开端。正因为他们脸上的表情，他们之间的矛盾才被摆到台面上来。因此，对于面部表情的观察可以揭示人们不能或不愿承认的真实情感。

密切关注面部表情可能在一开始让人觉得有些尴尬或过于复杂，因为它需要你一心多用。你必须提醒自己，要不停地观察对方的面部表情，还要与对方进行正常的对话。在对话中，关注对话的内容比关注对方的身体表现要让我们舒服得多。

我读研时开始接触埃克曼和弗里森的面部表情观察和分析体系。此后，不管我去哪里，都会练习我的观察技能。我在校园里转悠，结果发现了比我的预期要多得多的愤怒表情。观察我的女朋友是一项非常艰难的任务。

"不要盯着我的眉毛！"她说，"不要看我的嘴！"
"但是，那里正传递出大量的情感信息。"我回答。
"不，不对，"她争辩道，"你想知道的一切都在我的眼睛里。看我的眼睛！"

是的，就是这样神秘。事实上，我学会了在她的脸上发现细微的信息，她的眼睛、眉毛、面颊、双唇、下巴都会告诉我她细微的心理变化。每有发现，我都会兴奋不已，有时甚至是意乱情迷！最终，我的观察技能得到了提升，而且我开始以更加不为人知的方式去观察他人的情感，而且变得越来越无意识。

随着时间的推移，你的技能也会日渐进步，发现情感信号将会成为你的第二天性。看到哥哥嘴边的轮廓或妹妹紧锁的眉头，你再也不用停下来想："那是什么意思啊？"你能自动地辨别出他们的内心情感，无须犹豫不决或自我怀疑。你会把这些作为探究他们内心想法、发现他们真实情感的信号。早上，你甚至可以看着镜子里的自己，发现镇静的表情下所流露的恐惧、愤怒或悲伤。"这是怎么了？"你可以自问，"我该怎样才能让自己更自信地去应对忙碌的一天呢？"

实践场　记录你的面部表情

你可以在情感日志中记录你对情感表达和面部表情的观察。久而久之，这些观察将帮助你逐步认识人们如何使用面部表情提出沟通邀请，并学会如何对他人的沟通邀请做出回应。

- 下面是写日志时需要思考的一些问题。做本练习时，你可能会想起以前与某个人之间的沟通，不管你们的沟通是非常顺利还是困难重重。请把你对这个人或自己的面部表情的印象写下来。
- 你近来注意到哪些有趣的面部表情了吗？
- 那是谁的表情？
- 这些表情看起来像什么？（如果可能的话，还可以画些简单的素描，或从报纸或杂志上剪下绘有各种表情的图片。）
- 这些表情如何展示此人的情感？
- 你意识到人们对你的面部表情所做的回应了吗？你注意到了什么吗？

关注肢体语言

尽管面部表情通常是我们寻找情感信息的第一线索，但是我们也可以通过身体其他部分来判断人的情感，如向下迅速挥手表明说话者激情澎湃，耸双肩表明某人感到非常困难或无助。有些社会学家指出，如果面部能表露出人的情感，那么身体则揭示了这些情感的强烈程度。

研究者发现紧张的人会坐立不安，常常变换位置，触摸自己的鼻子、下巴或嘴巴。一些心理学家认为，这种自我触摸与父母或恋人的抚慰如出一辙。但是在观察者看来，这种动作表明他们心中忧虑不安，甚至在试图欺骗他人。

人们有时通过手势来表达对对方毫无兴趣。社会学家欧文·戈夫曼（Erving Goff-man）分析人们心不在焉时的一系列行为后发现，他们会用双手触摸面部，通常是掩住嘴巴，玩弄自己的头发、胡子、眼镜或钢笔，咬着嘴唇或面颊内侧。这些漫不经心的行为传递出这样的信息：不管周围的人在说什么或做什么，都与他们毫不相关。

姿势也能表露出人的情感。当我布置实验观察室时，我故意选择了让人不舒服的椅子。研究对象因为感觉不适，每隔几分钟就要调整坐姿。每当他们做出调整时，我就有机会观察他们如何使用脊柱、肩膀、双腿和双臂来表达他们的感觉。一位妻子被丈夫激怒时，她略微背对丈夫。即使她出于礼貌而面朝前方，她的嘴唇、臀部、双膝和双脚都可能转向别的方向，仿佛她在潜意识中就已经时刻准备好逃跑。

谈话中，双手环抱在胸前也是一个常见的情感线索，它表示对于所发生的事情非常不满或持有反对意见。交叉双腿或双膝紧挨在一起则传递出你不愿意加入或凡事与你无关的信息。

开放式的坐姿，比如双臂放松，双腿略微分开，身体略微倾向谈话对象，这些动作包含了相反的信息：你非常尊重对方，对他全神贯注。这种姿势表示你乐于接受对方，而且愿意与其进行互动。

你也可以通过模仿对方的姿势来表达与对方的亲密关系。当你和一位好友坐在沙发的两端聊天时，你会发现你们的姿势几乎完全一样。你们的背部朝向对称，双肩、双臂、双腿和双手也保持着同样的角度。这种镜面姿势通常是无意识的，你也可以刻意模仿对方的姿势，释放愿意与对方保持亲密的信号。

即便是婴儿，也对姿势信号非常敏感。心理学家伊丽莎白·菲瓦-德普辛奇（Elizabeth Fivaz-Depeursinge）研究了父母与3个月大的婴儿之间的互动。她发现身体姿势对于婴儿与父母的亲密关系能产生很重要的影响。与转向其他方向相比，父母面向婴儿，婴儿快乐玩耍的时间会更长。

我们与对方之间保持的距离也能传达情感信息。当你对对方颇有好感或被对方深深地吸引时，身体上的亲密接触通常会让人身心愉悦。但是如果未经允许，便进入对方的私人领地，则会引起对方的反感，轻则令人微感厌烦，重则让人愤怒抓狂。研究人员对参加聚会的人进行了录相研究。实验中，一位实验人员故意去挤某位不知情的客人，他一直与这位客人保持过近的距离，结果迫使此人不断向后退缩，最后甚至退到房间的另一端。事后，研究人员问起这位客人的感受，他说这位实验人员很幽默风趣，但是太具侵略性。

对于关系不太密切的人来说，多近才算是太近呢？私人空间的概念在不同文化里也各不相同。来自中东地区的人代表了一种极端。在阿拉伯国家里，人们在公共场合总会看到小贩们在做生意时，鼻子几乎贴在一起。来自北美和英国的人们更喜欢较大的私人空间，陌生人之间是 1.2 米左右，朋友之间是 0.6 米左右。我还听说，美国人和英国人的这种标准被称作"鸡尾酒会距离"。这就像在鸡尾酒会上，当两个人面对面站着交谈时，手中举着酒杯，两个人的前臂便形成这样的距离。

一般说来，人们之间保持的距离因关系亲密程度、环境以及双方的心情而各不相同。我们不应该与对方靠得太近，这样会让对方感到很不舒服。但是也不能离得太远，这样看起来过于疏远对方或防御心太强。注意，当人们感到放松的时候，他们一般会接受更近的距离。当人们感到生气或紧张时，他们需要更大的空间。此外，一定要试着让自己的眼睛与对方的双眼保持一致的高度，所以跟孩子说话时，你需要蹲下或跪在地上。假如对方坐在椅子上，条件允许的话，你也可以拉过一张椅子坐下来。

实践场　记录对动作和姿势的观察

你可以在情感日志中记录对如何用动作和姿势表达情感的观察。在记录的过程中，你可以回想一下，近来与配偶或某个重要的人之间所进行的情感沟通。

- 你近来有没有注意到他人的有趣动作或姿势？
- 那是谁的动作或姿势？
- 这些动作或姿势看起来像什么？（如果可能的话，还可以画些简单的素描，或从报纸或杂志上剪下动作或姿势相似的图片。）
- 这些动作和姿势如何展示这个人的情感？
- 你意识到人们对你的动作或姿势做出回应了吗？你注意到了什么？

触摸，亲密关系信号

正如人与人之间需要保持一定的距离，通过触摸搭建起沟通的桥梁也非常重要。触摸也是提出沟通邀请和对他人的沟通邀请做出回应的重要工具。在不同情况下，触摸能传达隐藏的真情实感。你或多或少可能都经历过下面的情感体验：

- 与给你提供第一份工作的人握手。
- 握住第一个女朋友或男朋友的手。
- 大获全胜后与队友举手击掌。
- 把手滑进恋人的后口袋里。
- 给你的新生宝宝洗澡。
- 在好朋友的婚礼上轻拍他的后背。
- 孩子从夏令营回家时拥抱他。
- 老人临终前时而清醒，时而昏迷，你紧握他的双手。
- 晚上轻柔地抚摸你的爱人。

研究证明，人与人之间的触摸对人的身心健康大有益处。迈阿密大学的心理学家蒂法妮·菲尔德（Tiffany Field）从事的研究证明，即使心情沮丧的母亲的触摸也非常有利于婴儿的情感发展，这项发现非常重要。菲尔德在之前的研究中曾经提出，忧郁的母亲会妨碍婴儿的大脑学习处理各种情感。在菲尔德的一项研究中，如果婴儿的母亲过于消沉、沮丧，婴儿会一反常态地对周围的刺激保持警惕，尽管这些刺激是完全无害甚至是非常有趣的，如吹肥皂泡等。但是当研究者们教会母亲对宝宝进行触摸和按摩后，这种情况得以扭转。进一步研究表明，母亲的触摸对于婴儿有着持续的积极作用，这种积极作用甚至能弥补因母亲的沮丧所带来的消极作用。菲尔德的这些发现非常实用，她在几所大学中建立了触摸研究所，进一步研究触摸的治愈能力。

人们经常使用触摸表达彼此的亲密关系。在求爱和浪漫的恋爱关系中，触摸起着非常重要的作用。有位研究者对单身酒吧、餐厅和聚会上相互之间并无关系的男人和女人进行了研究。他发现女性的触摸对男性来说有着非常巨大的吸引力。女性用双手、膝盖、大腿或胸部去触碰男性，会对男性造成相当大的震撼。事实上，与女性的身材和外貌相比，这些求爱信号更能引起男性的兴趣。

　　触摸也是向他人表明两人亲密关系的重要途径。菲尔德把类似握手这样的行为称作"关系信号"。在她的一项研究中，一位研究者走近一些正在电影院排队等待观影的情侣，向他们询问一些问题。如果研究者是一位男性，当他向女性问一些比较亲密的问题时，与她一起的男伴将表现出更多的"关系信号"。研究也证明，情侣在公共场合的触摸行为的次数由情侣所处的恋爱阶段决定。在约会初期，男性的触摸行为要比女性多。当恋爱关系确定下来后，双方的触摸次数大致相当。婚姻早期，女性的触摸行为多于男性。

　　除了表达爱意或安慰，触摸也是力量和权力的象征。对工作场所进行的一些观察研究表明，人们更乐意触碰他们的下级而不是上级。老板轻拍助手的肩膀，助手对于老板的这一动作很可能有多种解释。不管老板的意图是什么，助手的理解可能是得到老板的认可或庇护，也有可能是恐吓，甚至是性骚扰。如果助手因这一动作感觉受到侵害，由于助手与老板的关系中权力的不平衡，助手很难对老板的行为做出反抗。同样的情况也发生在充满暴力虐待的家庭环境中。施暴者有权决定何时何地实施触摸行为，受害者在此情况下通常无能为力。

　　触摸会引起强烈的情感，因此很有必要关注不同的文化规范。在很多欧洲国家，人们通过互相亲吻面颊来问候对方。在美国，握手或轻轻地拥抱就足够了。在日本，人们会避免身体接触，微微点头就是最合适的礼节。

文化规范也因年龄、性别、宗教、职业等的不同而发生变化。了解这些规范，你就可以遵循它们，从而更好地与他人相处，同时也能避免引起他人的侧目。当然，有时你也不必遵循规范，如当你与某个新认识的人之间互有好感时，一个轻轻的触碰可能会带来你所期待的关注。

如果没有意识到这些规范的存在，可能会造成出乎意料的后果。我认识一位退伍的空军军官，他被聘为一家医疗器械公司的销售主任。他在新的职位上尽职尽责，但是他与顾客握手的时候总是太过用力，甚至让顾客感到疼痛。可能他的这种方式在部队里是一种可贵的财富，但是在医院和诊所的行政人员看来，这种方式太过古怪且具侵犯性，妨碍了和谐的人际交往。

规则总是根据环境的变化而变化。美国的橄榄球男运动员在比赛时经常会轻拍队友的屁股，人们并不认为这是性暗示。但是如果两个运动员在安静用餐的时候轻拍屁股，就会被赋予不同的理解。

记住，触摸这种传达信息的方式是非常强有力的，它能对他人产生巨大的影响。影响既可能是消极的，也可能是积极的。**当你触摸他人时，一定要留心你的触摸所要传达的信息。你的触摸会加强你们的关系，还是会削弱你们的关系？**如果某人对你的触摸让你备感困惑，问问自己为何困惑。下面的问题供你参考：

- 这个人对我热情吗？
- 这个触摸有什么目的？是充满爱意、安慰、善意、性暗示、侵略性，还是威胁？
- 这个触摸是要控制我吗？
- 我喜欢这样被触摸吗？

- 这个触摸让我不安吗？
- 我是否期待再次被触摸？

相信你自己的感觉，如果可能的话，你可以与对方谈谈你的感觉。

记住，触摸与被触摸对于我们的健康和与他人的亲密关系都很重要。如果使用得当，触摸可以表达情感、忧虑，表明你与他人的密切关系，并能帮助培养温暖、开放、充满信任的人际关系。

实践场　记录你对触摸的观察

你可以在情感日志中记录你对通过触摸表达情感的观察。下面是写日志时需要考虑的几个问题。做这项练习时，你可以回忆一下最近有没有同他人进行特别困难、舒适或愉悦的沟通。

- 近来你发现了哪些关于人们使用触摸来表达情感的情况？
- 包括哪些人？
- 这些姿势看起来像什么？（如果可能的话，还可以画些简单的素描，或从报纸或杂志上剪下相似的图片。）
- 这些姿势如何展示此人的情感？
- 你意识到人们对你的触摸做出回应了吗？你注意到了什么？

声音，流露丰富的情感信息

除了语言，声音也为我们提供了丰富的情感信息。深入研究声音可以帮助我们更有效地表达自己的感受，并能抓住听者的兴趣。我们还可以学会在他人的声音中听出情感线索。包含在声音中的情感信号包括语调、语速和音量的变化。

根据日内瓦心理学家克劳斯·谢勒（Klaus Scherer）的研究，当人们感到生气或害怕时，大多数人会提高音调。声音会从谢勒所称的"胸声区"转移到"头声区"，即低沉、放松、洪亮的声音变成尖细、紧绷的声音，语速也变得更快。如果某人天生说话很快，在生气的时候，他的语速反而可能会变慢。谢勒指出声音中的悲伤情绪比愤怒和恐惧更加难以辨别，但仍有证据显示，当人们感到悲伤时，音调会变得低沉，语速也变得缓慢。

根据谈话者分享内容的不同，他们的音调也会发生相应的变化。一个人说"下周我要去芝加哥开会"，如果他盼望着这次会议，那么他的声调很可能在句尾上升。如果他对这次会议忧心忡忡，那么他的音高就会降低。

心理学家琳达·卡姆拉斯（Linda Camras）观察到，在音调上升的同时，人的眉毛会上扬，而充满忧虑的低沉音调往往伴随的是双眉紧皱并下垂。如果想亲自验证一下，你可以试着用忧虑的语气说"我的婆婆要来了"，同时保持眉毛上扬；然后以轻松的语气说出同一句话，但是保持眉毛低垂。你会发现这真是太难了。

我们很难控制别人听到的自己的声音是什么样子，这也是声音能提供丰富情感信息的原因。除非你经常使用录音设施，否则，听到录音带上自己的声音，你会惊诧万分，因为它与自己的耳朵听到的声音确实差别巨大。如果你不知道自己的声音听起来是什么样子，那么你很难通过改变自己的声音来掩饰情感。

社会学家，尤其是致力于研究法律实施情况的科学家们，付出大量努力来分辨声音中的恐惧和紧张情绪。这些情绪包括的常见信号如下：

- 句子中途的变化（"我有一本书……我期末考试需要的那本

书是……")
- 在句子中途对单词和短语的重复("我经常……经常在晚上工作……")
- 口吃("你你你不想我离离离开……")
- 略掉某些单词或只说部分("我去图馆了……")
- 不完整的句子("他说原因是……不管怎样,他去不了了。")
- 口误("我去桑店买牛奶和鸡蛋。")
- 插入一些不合拍的音节("我真的不知道为什么……啊……我想去……")

如果你想用声音来更清晰地表达情感,就要注意自己说话时的语调、语速和音量。记住,缓慢、平静而又单一的调子是引不起他人兴趣的。如果你讲到重点内容时,对声调、语速和音量加以变化,你的话语才能引起听者的兴趣。

要读懂他人的声音,就要注意他们语调、语速和音量的变化。同面部表情一样,这些变化不会直接告诉你人们的真情实感,但是它们暗示着人们传达的某种重要情感。跟着直觉,不要有丝毫担心,可以询问对方你的感觉是否正确:"你说到去芝加哥的时候,声音非常低沉。我感觉你不想去,对吗?"或者:"你说得太快了,你对于芝加哥的会议是不是很担心?"这些问题可以促进人与人之间的情感沟通。

实践场 记录你对声音的观察

你可以在情感日志中记录你所观察到的他人的声音变化。下面是写日志时需要考虑的几个问题。你需要回忆一下最近一次你与他人使用声音传达情感的经历。

- 近来你注意到哪些有趣的用声音表达情感的现象?(比如语调或语速、讲话方式或音调的变化。)

- 谁在用这些声音表达情感？
- 这些声音如何表现此人的情感？
- 你意识到人们对你的声音所表达的情感做出回应了吗？你注意到了什么？

谈谈你的感觉

你应该密切地关注自己的情感，仔细地分析它们，然后找人聊聊你的感觉。

首先，人类辨别不同情感的能力由大脑中主管逻辑和语言的部分控制。当你辨别自己的不同情感，并用语言表述出来时，你就能更好地控制自己的心理过程，还可以帮你管理消极情感，比如恐惧、愤怒或悲伤。

其次，分析自己的情感并与他人谈论，这在人际交往中非常关键。如果你不把自己的真实想法亲口告诉周围的人，他们极有可能永远都不会知道。

当你帮助他人认识自己的情感时，你们之间的关系会迅速升温。有一个简单的例子：你的朋友告诉你他最敬爱的叔叔刚刚去世。如果你说"节哀，别太悲伤了"，你对朋友遭遇的理解将有助于你们之间的情感沟通。

如果一位朋友不确定他的感觉，而你又能帮他解决问题：

"珍妮昨天晚上没有说再见就离开了。"
"这太糟糕了。"
"是啊，我现在一片混乱。"

"当时你生气吗?"

"有点,但不光是生气,我们一向关系非常好。"

"你听起来有点失望、伤心。"

"是的,我真的很伤心,还有点害怕。如果她要离开我,我该怎办?"

有些人辨认情感并用语言表述情感的能力超强,这些人通常非常清楚自己的感觉,并能用丰富的语言表达自己的情感。

还有一些人一辈子都很难搞明白自己的感觉,更不用说与人沟通了。他们可能知道自己有某种感受,但是并不确定这是一种什么感觉。对于这种人来说,他们需要采用"细致分析法"来探索情感。如记住自己近来的一些行为,并考虑这些行为会给他人带来什么样的感觉。请看下面的例子:

卡尔下班回家,发现桌上妻子留的一张纸条。纸条上说她去参加家长会,儿子去看电影了,女儿与伙伴出去玩了。卡尔在冰箱里找到一些剩比萨,用微波炉加热后,坐在电视前,开始看新闻节目,节目的主题是"不稳定的经济"。

看完电视,卡尔躺在床上,发现自己隐约有种不安的感觉,却不知道具体为什么。事实上,他也不太想知道原因。不过,这种不安感一直折磨着他,让他难以忍受,最终他决定弄清真相。于是,他开始反思自己的这种感觉。

此时,他只能把自己的感觉描述为"不安"。他开始回顾今晚的事情:当他下班回家,满心期待见到妻子、孩子和炉子上热腾腾的饭菜时,等待他的只是空荡荡、黑漆漆的房间。他心里仿佛缺少了什么。他知道当人们缺失某些东西时,常常会感到孤独。因此他总结道:"我想与家人在一起,但他们又不在,这让我备感孤独,又孤独又失望。"

卡尔感到自己的消极情绪还有其他原因，他想到了电视节目。一直以来，经济发展一向不错，他与妻子也很有经济安全感。但是节目中却讨论到市场现在变得非常不稳定，投资者可能很快就会遭受巨大的损失。电视节目让他意识到，他的投资很可能会不安全。他知道当人们怀疑自身的安全时，会感到焦虑、担忧。"因此我不仅仅因为没有见到家人而感到孤独和失望，"他告诉自己，"我还很担心我的投资。"

现在卡尔知道了自己孤独、失望和焦虑的原因，他决定做点什么来缓解自己的情绪。他要告诉妻子今晚对她和儿女的思念，也许他们过几天可以安排全家出行。他可以和妻子一起与投资顾问讨论他们的投资问题，如果有必要，还可以对投资做些调整。

对于那些直觉敏感的人来说，像卡尔这样需要经过细致的分析才能了解自己情感的人，看似有些奇怪。但像卡尔这样的人缺乏处理情感的天赋，细致分析的方法对于他们确实非常有用。卡尔现在可以明确自己的感觉，再也不会稀里糊涂地生闷气，这可以帮他更好地表达自己的情感需求，并与他人更好地进行情感沟通。

实践场　认识自己的感觉

下面的练习能帮助你了解自己的感觉，并学会用语言描述自己的感觉。它还能让你成为一名更合格的倾听者，从而帮助他人认识自己的感觉。

首先，回忆近期让你觉得不舒服、不安，又很难说清楚的一件事。在情感日志中简单地描述这件事。

然后，请阅读下面的问题，这些问题能帮你大体上确定你当时的感觉。

明确了自己的感觉后，你是否发现更好地向对方表达情感的办法？你能否想出可以缓和不适情绪的方法？要解决引起不适的问题，你应该怎么做？在情感日志中记录你的看法。

你所体验到的情感是愉悦（积极）的？还是让你不快（消极）的？

如果你的感觉是积极的：

- 你是否觉得很想探讨一些话题，或想进一步了解某人？如果答案是肯定的，你当时可能对你们的沟通很感兴趣。
- 是否有好事发生？如果答案是肯定的，你当时可能感到高兴。

如果你的感觉是消极的：

- 你是否觉得生活中缺失了什么东西？如果答案是肯定的，你可能觉得悲伤。
- 你是否觉得努力尝试的事情遇到了障碍？如果答案是肯定的，你可能感到生气。
- 你是否觉得你的世界里一切都不安全？如果答案是肯定的，你可能感到害怕。
- 你是否觉得有的人或事配不上你？如果答案是肯定的，你可能感到不被重视。
- 你是否觉得自己再也无法忍受某事，或无法忍受当前的情形？如果答案是肯定的，你可能感到厌倦。

隐喻，内心想法的一面镜子

正如声音能表明说话者的内心想法一样，隐喻也有着类似的功能。

很多人在诗歌课上都学过隐喻，如阿尔弗雷德·诺伊斯（Alfred Noyes）的诗歌："道路是一条黑暗编织的缎带，飘落在紫色的荒野上。"我们知道，道路并不是缎带，但诗歌中把道路比喻为缎带，而且没有直接用到"像""好似"这些字眼。读到这句诗,读者就像诗歌《强盗》(*The Highwayman*)中的强盗一样看到了月光照亮的景色。我们仿佛身临其境,听着坐骑的马蹄声,感受夜风吹过。

在谈话中用到的隐喻也有同样的效果,它可以更清晰地传达情感。当人们谈起他们的情感时,我们要留心话语里的隐喻,并从他们的视角思考。

如果隐喻仅仅作为一种修辞方法,其比喻意象往往不会透露太多的情感信息。如果使用隐喻把现在的生活与过去的经历进行类比,那么隐喻能够为我们打开一条通往个人情感历史的通道。

总之,隐喻是我们提出沟通邀请和对他人的尝试做出回应的一种重要工具。

常见的隐喻可以透露内情。下面是我们在沟通中经常听到的一些包含隐喻的例子,我们可以获知其中包含的情感意义。虽然我们只能从隐喻中猜测其中的情感意义,但是这也能为我们提供探索对方情感的跳板,随后进一步了解对方的更多情感。理解对方的隐喻后,我们可以使用这些隐喻提出沟通邀请。请看下面的事例:

"我们的婚姻简直就是一场火车失事事故。"说话人认为自己的婚姻支离破碎,无法修复。如果直接说出来,会非常伤人,但把婚姻比喻成一场事故,结果就大不一样了。

"我爸爸喜欢扮演上帝的角色。"说话人认为父亲既独裁又专制,像一个善良的独裁者。她也认为父亲的善心举动缺乏诚信和承诺。他并不是上帝,仅仅想扮演上帝。因此,她不仅憎恶父亲的干涉,也对此毫不信任。

正如心理学家理查德·科普（Richard Kopp）在《隐喻疗法》（*Metaphor Therapy*）中写到的，隐喻不仅为我们提供丰富多彩的语言，也帮助我们创造出一个思考问题的构架体系。它影响着我们如何看待、思考并感知问题以及采取何种措施解决问题。

科普使用了"时间就是金钱"的例子。如果你把这个隐喻奉为真理，你就会把这一理念付诸实践。你非常在意如何"花费"时间，如果得不到回报，你不会把时间"给予"他人。你努力"节约"时间，并把时间"投资"在有价值的活动上。

如果你接受"时间就是河流"的隐喻，你的行为就会大相径庭。时间持续地"流淌"着，你不会担心它用尽，因为总有更多的时间源源不断地涌来。你让时间任意"漂流"，非常放松地享受漂流的过程。

想象一下，如果分别持有上述两种不同观点的人一起工作，他们的合作会产生多少冲突。在合作的过程中，一个人努力地"节约时间"，而另一个人却总想摆脱时间的限制。假如两个人能讨论各自信奉的"隐喻"，他们就能理解双方的差异所在。

隐喻的作用为何如此强大呢？科普认为隐喻能激发某种机制，这种机制与我们在婴儿时期看待世界的机制一致。婴儿时期的我们无法理解抽象的概念，如"安全""营养"或"养育"，但我们能把具体的物体与这些抽象的概念联系在一起，比如毯子、牛奶、母亲等。即使我们还不知如何用语言表达这些东西，但我们能够看到它们在现实中的意象。在大脑中我们认为毯子就是"安全"，牛奶就是"营养"，母亲就是"养育"。

具体的形象对于大脑的形成和思想的发展有着极其重要的作用。我们一生都在不断地寻找这些有用的意象，帮助我们学习和表达抽象的概念。如果我们想用新的方式理解某种抽象的概念，把它比作具体的事物会大有帮助。（时间是一列失控的火车，无法停住。时间是一个火炉，燃烧了我们的能量。时间是一个旋转木马，再转一圈时我们就会有新的机会。）这些崭新的视角帮我们建立起新的概念框架，让我们用新的角度思考，从而与他人进行更生动的沟通。

记忆同隐喻一样可以表达信息。隐喻包括过去（尤其是童年早期）所发生的事件或人际关系，能帮助我们理解自己的情感，审视我们的情感历史，了解我们的家庭情绪观和持续伤害给我们带来的影响。

如果每当你纠结于某个问题时，某种记忆就会突然出现，你需要探寻一下这个记忆是否在你的生命中有着某种隐喻含义，往事或过去的人际关系是否对现在的你还有影响。

安东尼和特丽萨是向我求助的一对夫妻。为特丽萨想换工作的事情，他们争吵不休。特丽萨认为这次工作变动能给她带来极大的满足感。如果失去这个机会，她一定会后悔不已。但是安东尼觉得这次变动会危害整个家庭的经济安全。夫妻两人总是共同做出经济方面的决定，因此没有丈夫的同意，特丽萨无法擅自安排。

他们一直争论了几个星期。在他们的争论中，安东尼提到了童年时期的两位亲人——母亲和祖父。他的母亲是一位善良但一直饱受煎熬的女性。她总是为了满足丈夫的要求压抑自己的需要。"父亲总是欺负母亲，总是愚弄她。"安东尼担心有一天他也会像母亲一样听命于人、懵懂愚昧而碌碌无为。

安东尼热爱祖父的睿智和慷慨。"他总是能看穿别人。"安东尼说，"他总是擦亮双眼，你永远无法愚弄他。他知道你的错误，但是，他总能为别人着想，不断地给予别人帮助。他就是个这样的人。"

到了安东尼和特丽萨需要做出决定的时候，事情发生了惊人的转变。尽管安东尼仍有些惴惴不安，但他仍决定支持妻子的梦想。

"我还是担心这件事会给我们带来危险，"他在接下来的治疗中解释道，"不过我知道这对她来说非常重要，所以突然间，其他事情都不重要了。"

"你能这样做真的是太大度了。"我对他说，"这件事让你想到了谁？"

他看着特丽萨，脸上洋溢着笑容："这不像我的母亲，对吗？"

"不像，"特丽萨也微笑着说，"一点儿也不像你母亲，更像你的祖父。"

"你不知道未来如何，"我补充道，"但是你不会手足无措，因为你非常了解特丽萨。"

"不过，我从未想过我会像祖父一样，"安东尼说，"我从未想过我能像祖父一样大度。"长长的沉默过后，他补充道："我为这件事担心了很久，现在看到它得到了很好的解决，我很高兴。我知道祖父是我生命中的楷模。我想任何事情都会非常顺利的。"

还有一个病例。有个病人认为自己总是意志消沉的原因是自己总是背着"一个装满了鞭子的篮子"。治疗师建议他想象自己拿着一个"装满了泰迪熊的篮子"，也许这会让他在面对压力时感觉好受一些。还有一个病人觉得自己的愤怒像"一个随时准备爆炸的茶壶"。治疗师建议他"把壶盖掀开一些"，然后他的愤怒看起来就没有那么危险了。

使用隐喻。倾听对话（尤其是涉及情感的对话）中的隐喻并做出回应，可以加强与他人的情感沟通。某些隐喻会激发你向对方提一些问题，这些问题能引出隐喻背后更多的情感信息。听到一个隐喻时，如果可能的话，你可以试着问一些开放式的问题或者对所听到的信息给予回应。这样对方就会明白你在试图理解他所说的内容，因此会更加放松。请看下面的例子：

> A：在工作中，我就是只迷宫里的老鼠。
> B：迷宫，嗯？什么样的迷宫？
> A：一个非常复杂的迷宫，我只能看到死胡同。
> B：听起来有些麻烦，你需要别人帮你找到出路。
> A：是的，我需要一些指导。
>
> A：你在朋友面前，总是把我放在舞台上。
> B：放在舞台上？什么意思？这里没有舞台啊！
> A：可是我感觉自己就像在表演一样，必须注意自己的言行。
> B：我不知道你会有这种感觉，我以你为傲，想让朋友们知道你是多么优秀。
> A：但是我感觉你总是在提示我该说什么，我觉得很有压力。
>
> A：萨莉走后，我没有了火花。
> B：火花？你指重新开始的动力？
> A：是的，我天天什么都不想干，整天坐着看电视。
> B：听起来有些无聊。
> A：比无聊还难受，有时我都不想去工作了。

问对方一些与他的童年往事有关的问题可以帮助我们了解他们的情感历史。这些问题能使亲密关系更加稳固。不过，问问题时我们不能过于刨根问底。你可以简单地问："这种事情在你童年时发生过吗？"或者："你的老板（哥哥、妻子等）这样做的时候，让你想起了什么？"对这些问题的回答可以深入对话内容，促进双方关系稳步发展。

听到某人使用隐喻后，你可以尽量使用类似的修辞。我曾经为一个电气工程师出谋划策。他总是用线路、电荷和电路隐喻自己的情感。我意识到如果我能使用同样的词汇，就能更好地同他沟通。

与朋友和家人相处，你也可以采取同样的方法。如果儿子喜欢自然，在让他收拾房间时，你可以告诉他要保持"生态系统"的和谐。如果老板喜欢棒球，你可以告诉他你的项目已经准备好"击球"了，你还可以让他知道你非常希望他在晋升问题上"替你拿起球棒"（即帮助某人做某事）。如果你哥哥想离婚，你可以告诉他从父亲那里继承到遗产的"概率"不大，除非他把老爸从养老院接回来。留心并使用他人的隐喻能帮助你建立一个平稳、亲密的关系。借用隐喻的说法，因为你们"在同一页上"（即观点一致）。

实践场　记录你听到的隐喻

在情感日志中记录你听到的隐喻。当你听到人们使用隐喻来表达自己的情感时，你可以考虑下面的问题：

- 近来，你使用过哪些隐喻？
- 这些隐喻如何表达你的感觉？
- 你用这些隐喻表达特定的情绪吗？
- 他人对你的隐喻做出怎样的反应？
- 近来，他人使用过什么隐喻？
- 想象最近与你发生冲突的一个人，他使用隐喻了吗？
- 这些隐喻如何表达这个人的情绪？

学会倾听最重要

理解隐喻和各种非语言形式的沟通方式可以提高我们与他人的沟通能

力，但如果没有良好的倾听技巧，只会事倍功半。掌握引导他人谈话的技巧，有助于提出恰当的沟通邀请，建立完美的人际关系。良好的倾听技巧不仅能帮助你在各种场合中事半功倍，还能帮助你建立起稳固的情感联法。

对他人感兴趣，而不是让他人对你感兴趣。这是卡耐基在1937年出版的经典作品《人性的弱点》一书中提出的忠告，这本书在出版60多年后仍很畅销。经过30多年的观察和研究，我不得不说这确实是一条非常好的建议。卡耐基曾写过一句颇有哲理的话："一个真心关心别人的人在两个月结交的朋友，比一个总想得到别人关心的人在两年内结交的朋友还要多。"

尽管卡耐基的建议主要针对友谊和推销，但是我们的研究表明，这一原则适用于所有的人际交往。每个人都想得到重视和欣赏，没有什么比真心关注他人更重要。

以问题开始。不要问那些用一个词就可以简单回答的问题。好问题通常给对方详细阐述观点的机会。比如"你为什么希望……"或"你怎么想的……"就是不错的问题。不过，也要注意避免过于开放的问题，如"最近怎么样"或"还顺利吗"。人们对于这样的询问往往会给出一些敷衍了事的回答，因为他们不太确定你是否真的想知道答案。但是如果你问更详细一些的问题，你肯定会得到更确切的答案，比如"你的新项目（或学校、公寓、房子）怎么样"或"你暑假过得如何，有什么度假安排吗"。

虽然详细的问题对于我们建立完美的人际关系很有益处，但最好不要太过刨根问底，也不要迫使对方说出他们不愿讲述的内容。另外，提出问题时让对方居于主导地位也很重要。

你刚刚认识的一位新朋友说他曾在大学时吸食毒品。如果你想继续深入对话，你可以问"你的学校里有很多人吸毒吗"，然后他可以根据自己的意愿，选择讲述自己的个人经历，或者选择讲述当时的一般现象。这比直截了当地问"你曾经吸毒上瘾过吗"要好很多。过于直接的问题也许能让我们更快地得到答案，但是对方也有可能停止与我们继续沟通。

询问他人的目标及对未来的看法。这种问题很容易沟通。我们让参加研究的夫妻以自己看到的窗外景色为内容开始对话。"看看那条船，"一位丈夫说，"如果你能驾着它驶往世界上的任何地方，你会去哪里？"还有一个人问道："如果你有足够的钱，你会怎么花？买一艘船、山间小屋，还是买什么？"利用此类问题开始沟通让你觉得非常轻松。

寻找共同点。人们常常被与他们相似的人吸引。在沟通的过程中，让对方知道你们有一些相似的观点或背景非常重要。同时，不要让自己成为谈话的焦点，应当多谈论双方的共同点。还有，一定要记得一起分享你们的观点。

如果你想获得他人的信息，可以首先讲讲自己的生活细节，不过要注意找准平衡点。过早地分享个人信息有可能不利于关系的正常发展。对方可能对你分享的过多信息应接不暇，或对你过于亲密的表现感到压力重重。

与青少年或孩子们分享自己过去的经历时也要有所保留。孩子们很难想象长辈们也曾经像他们一样年轻，他们也很难想象长辈们也曾经历过他们面临的挑战。这种想象力的匮乏并不是他们的错，这是年轻人的普遍特征。不过，我们仍然可以让孩子们知道我们非常理解他们所经历的困难，最好的方法就是与他们来一次友好的对话，谈谈自己的经历，恰当地问一些问题，并做出积极的反馈。请看下面的事例：

你去看望12岁的小侄女，她刚刚戴上牙箍。

你可以说："我在你这个年纪的时候也戴着牙箍。"

她可能会回答："哦。"

然后你可以说："我们那时候可没有颜色这么好看的牙箍呢！"

她可能会回答："哦。"

你也可以问她有没有特别的经历，这通常会带来更加直接的情感沟通。你们的沟通很可能会这样进行：

"你戴着牙箍感觉如何？"

"现在还好，不过刚戴的第一天晚上挺难受的。"

"那是肯定的，你吃什么药了吗？"

"是的，吃了点布洛芬。"

"第一次戴着牙箍去学校是什么感觉？"

"我觉得自己太古怪了！"

"我知道那种感觉，很不自然吧？"

"对。"

"你的朋友嘲笑你了吗？"

"我的朋友没有，但是数学班上有个家伙总是对我说'嘿，铁牙'。我心里一直在喊'天哪'！"

"你觉得尴尬吗？"

"嗯。"

"不过你刚才说起他的时候是笑着说的。他注意到你，你是不是很高兴？"

"嘿嘿，我想是的。因为他很有意思，也很聪明。我想他都不知道我的名字。"

"但是现在他可以叫你'铁牙'了。"

"哈哈，很酷吧？"

上面两段对话的区别在于关注点不同。谈话的焦点如果一直在孩子身上，那么孩子就会明白大人理解她的感受。女孩知道自己有一位充满同情心的听众，因此她会不断地讲述自己的生活。

用心去倾听。成功地鼓励某人开口谈话后，下一步就是倾听，用心去听。这听起来很简单，可是很多人在谈话中总是习惯地想自己下一步该说什么，而没有留心倾听对方的话。你可以把你们的对话看成是一次共同的旅行，而且你很乐意同他一起旅行，并对未来的旅程充满好奇。

偶尔点头或用声音进行回应。这表示你对对方的话非常关注。研究表明，在面试中经常点头的应聘者，比那些从不点头的应聘者得到工作的机会要大。诸如"嗯""是的"这样的回答，甚至是简单地哼一声，也有相似的作用。

不时地改述对方的话。这样做能让对方知道你一直对他的谈话内容很感兴趣。重述谈话中的重要部分也表明你完全理解对方的话。改述的最佳时间是当你引入一个问题的时候："刚才你说你很想去非洲，你为什么想去非洲呢？""听起来这个春天学校真的让你很烦恼。与上学期相比，这学期的困难有哪些呢？"

保持一定的目光接触。请允许说话者与你进行眼神沟通。研究表明，我们在倾听时会注意看着对方，但我们在讲话时对对方的留意就比较少了。开始讲话时，我们一般会看向别处。对方讲话时，我们把目光再次收回来。不过要注意避免直视，直视是充满敌意或具有侵略性的表现。不过，也不要紧张地不敢看对方。完全避免目光接触会让人觉得你漠不关心、紧张焦虑或者缺乏自信。注意，与对方目光接触时，如果持续微笑超过几秒钟，有可能会被对方当作调情或引诱。

放弃自己的控制。当你努力试图引导谈话的结果时，你就不是一名合格的倾听者。倾听要求你放弃对谈话的控制欲。这时，你最好"什么也别做，就站在那儿"。真正做到被动地倾听并不容易。当亲人感到烦闷时，我们觉得自己有责任帮助他们解决问题，让一切好起来，其实这种想法有很多弊端。首先，这种想法错误地假定人们有权决定他人的生活。其次，它让我们认为自己必须帮他人找到解决痛苦的所有办法。这种负担让很多人回避那些身陷囹圄的人，还有的人甚至直接回避或拒绝他人的消极情感。但是，情感问题很少能通过外界得到解决。解决情感问题的最佳答案往往只有自己通过努力寻找才能发现。

尽管我们不能消除亲人的痛苦，但是真诚而富有同情的倾听可以为他们提供无限的支持。停下忙碌的步伐，倾听亲人的心声，对他们说"我理解你现在的感觉"，这些就是最好的支持。

关上电视。电视常常会阻碍人们倾听对方。在婚姻实验室中，我们多次观察到很多人提出沟通邀请的目的非常简单，就是为了吸引沉迷于电视节目中的人的注意力。

电视也会影响儿童的沟通能力。1999年凯泽家庭基金会（Kaiser Family Foundation）的研究表明，美国儿童平均每天看电视的时间为2小时45分钟。大约17%的孩子每天看电视的时间超过5小时，而孩子每周与父母交谈的时间仅为40分钟。

凯泽家庭基金会的研究还表明，在8岁以上的孩子中，有超过三分之二的孩子表示在家吃饭的时候电视机是开着的，而用餐时间本应是父母与孩子进行沟通的时间。此时，父母被电视机深深地吸引，与孩子沟通的质量便大打折扣。研究表明，儿童内心不满的表现，如与父母关系不好、在学校过得不顺或常常惹麻烦，其实都与电视之类的媒体使用过度有关。

为了你的家庭和睦，一定要对看电视加以限制。当电视妨碍到你对他人的沟通邀请做出回应时，尤其要留意。如果你确实非常喜欢看电视，请选择适合大家一起观看的电视节目，然后与家人一起讨论。你可以提一些开放式问题，如问问家人在这个节目中最喜欢什么或最不喜欢什么？或你对这个节目感觉如何？它是否让你想起生活中类似的场景？这个场景是怎样的？也就是说，你可以把电视作为与家人沟通的工具，而不是因为电视而相互疏远。

实践场　情感沟通游戏

良好的情感沟通不仅需要恰当的话语，也需要传递并接收非语言的信息。在下面的游戏中，你将练习使用不同的语调和身体语言表达不同的含义。你可以独自一人，也可以与配偶、朋友、亲人或同事一起玩这个游戏。

如果你与他人一起玩，指定其中一人是传达者，另一人是接收者。每次回答一个问题，读出这个问题以及3种不同的语境。

传达者从3种语境中选择一个，大声说出问题，并使用语调和手势让对方明白自己所传达的确切含义。接收者要猜测传达者想传达的是哪个意思。这些问题是依据关系类型进行分类的，如果你愿意，可以尝试所有的不同类型。练习完每个问题，双方可以变换角色，再做一次。

如果你独自玩这个游戏，你可以选择传达者的角色，练习用3种不同的方式说出问题，表达3种不同的含义。

不管你是独自一人还是与同伴一起，这个游戏都能帮你了解传达和接收情感信息的方式。

同事之间：

1. 你确定你能完成吗？

含义A：你的同事习惯于答应做某事，但是又总拖着不做。你很担心他是否能如期完成。

含义B：你的同事答应帮你完成这项工作，你既高兴又惊奇、感激。

含义C：你仅仅是询问信息。

2. 你觉得我今天的报告怎么样？

含义A：你尽力了，但是不太确定你所传达的复杂信息是否被大家理解。你想让你的同事给你做出真诚的反馈。

含义B：你觉得你的报告很糟糕，你希望得到别人的赞成和肯定。

含义C：你当时非常紧张，觉得可能给别人留下了很差的印象。你需要别人的安慰和支持。

父母与子女之间：

1. 你要收拾你的房间吗？

含义A：你发现孩子要自觉地打扫房间，感到既高兴又惊奇。其实，你完全可以不问这个问题。

含义B：你觉得孩子该收拾房间了，因此婉转地提醒他。

含义C：你多次让孩子打扫房间，但他总是无视你的提醒。现在你很生气。

2. 你想要你的零用钱吗？

含义A：如果孩子不听话，那么他可能得不到零用钱。你想让孩子记住这点。

含义B：孩子的祖父刚刚给了他很多钱，你想问孩子这周是否还需要零用钱。

含义C：你马上要去上班了，突然想起来还没有给孩子这周的零用钱。你掏出钱包拿出一些钱。

朋友之间：

1. 你要穿着它吗？

含义A：你觉得朋友的衣服很难看。

含义B：你想知道你们要一起参加的聚会是正式还是非正式的，你正留心看着朋友的衣服当作参考。

含义C：你觉得朋友的衣服很酷，非常有创意。你很佩服朋友大胆的着装风格。

2. 你今晚想干什么？

含义A：你在询问信息。

含义B：朋友拒绝了你的所有提议，你很生气。

含义C：你厌倦了每晚都重复同样的事情，于是今晚想尝试点新鲜的。

3. 你还好吗？

含义A：刚刚接到的那个可怕电话让你很难受吗？

含义B：你这个计划太离谱了，你疯了吗？

含义C：你准备好应对即将到来的体能挑战了吗？

夫妻之间：

1. 你觉得会下暴雨吗？

含义A：你希望会有暴雨，这样你们俩就可以一起欣赏电闪雷鸣了。

含义B：你希望不会有暴雨，否则它会破坏你今晚外出的计划。

含义C：你只是询问信息，想问对方是否看过天气预报。

2. 你周四晚上要工作吗？

含义A：你计划周末在家招待客人，因此希望对方帮忙收拾屋子。你不希望配偶那天晚上工作。

含义B：你很焦虑，因为你那天晚上要工作，必须有人照看孩子。

含义C：你提醒配偶要在周五之前完成某项任务。

3. 这里冷吗？

含义A：你想知道房间是真的冷，还是你感冒了。

含义B：你想把暖气调高一些，但你想让对方去做。

含义C：你想与对方亲热一下。

在本章中，我们一起探讨了情感沟通的不同方式，包括面部表情、动作和姿势、触摸、声音和隐喻等。在玩情感沟通的游戏时，你可能已经注意到我们很少单独使用某种方式。我们通常无意识地把几种方式组合使用，表达我们的心中所想。你可以留意自己如何通过声音、动作等方式进行沟通，这样可以提高你传达与接收情感信息的能力。如果做到这一点，你就可以更好地提出沟通邀请，并对他人提出的沟通邀请做出恰当的回应。

人际关系要点

- 即使人们试图掩藏自己的情感，也并不意味着他们的情感就不会表露出来。

- 比起语言，大多数人更愿意相信非言语信号。

- 人们在试图隐藏自己的情感时，可能会表现出复杂的表情。

- 避免眼神接触会限制双方的沟通。

- 如果面部表露人的情感，那么身体则揭示了情感的强烈程度。

- 对他人感兴趣，而不是让别人对你感兴趣。

第三部分

建立完美的
人际关系

THE
RELATIONSHIP
CURE

站在对方的立场上理解彼此的想法，
并在理解的基础上对话。

The
Relationship Cure

07

寻找共同意义
建立信任和支持的基石

　　几年前，布莱恩和罗恩各自把家搬到了同一个小区，当时他们谁也没有想到会在这里找到新的好朋友。就算他们确实想找朋友，也没想到会找到彼此。布莱恩是一家石油公司的高管，他常把环保主义者蔑称为"紧抱树干的树袋熊"。而罗恩是一个环保组织的律师，他经常谴责石油行业对于环保问题的漠视，认为这些高管们"太过卑鄙"。十分凑巧，两人的儿子成了好朋友，所以在很多场合，比如生日聚会、童子军集会以及足球比赛等，布莱恩和罗恩总有机会并肩坐在一起。

　　随着时间的推移，他们发现双方还是有些共同语言的。两人都喜欢间谍小说，喜欢做木工，还迷恋乡村音乐。更重要的是，两人在教育孩子方面有很多共识。他们都认为应该多带儿子去看棒球比赛，要帮助他们学习电脑知识，同时要控制他们看电视的时间。他们对如何当好父亲所见略同，因此两人更容易容忍对方在其他方面的不同。他们确实在环保政策方面分歧很大，但这并不妨碍他们共同为孩子创造一个理想的社会环境。这种共同意义不断地激励他们向对方发出沟通邀请。"你读过约翰·勒卡雷（John Le Carré）新出的间谍小说吗？""我手里富余一张乡村音乐节的票，你想不想去？""来我家看看我正在做的柜子吧。""你觉得小熊队（Chicago Cubs）最近表现怎么样？"

在生活中发现共同意义是建立感情联系的第五个步骤，也是最后一步。发现共同意义可以使我们与朋友、家人和同事的关系更为稳定，还能帮助我们解决矛盾，并努力追求共同目标。这些目标包括养育一个健康的孩子、创建一家成功的企业或帮助老人在家中安然离世。当两人找到共同意义后，他们会愿意支持彼此的梦想，即使他们自己无法从中获得什么实际的好处。这些对于保持完美的人际关系都很有帮助。

共同意义促进人际关系的例子比比皆是。以政界人士为例，他们之间的关系是我能想到的最容易引起争论的。但每年他们都会聚到一起协商一些至关重要的问题，并找出解决方案。这些方案保证了学校、法庭、交通、军队等公共设施的正常运行。他们为什么要这样做？有人会冷嘲热讽地说他们是为了自己的权和利。但从另一个层面来说，立法者和议会成员一直认为他们的工作是有意义的。他们认为讨论问题、找出解决方案并将这些方案以法律形式公布，能对人们的生活产生积极的影响。

在积极的工作环境和健康的家庭环境中也是如此。如果人们认同他们之间的良好关系会对他们的生活有积极的意义，他们就会不断地走到一起，主动与彼此沟通，加强相互联系，即使在产生矛盾冲突时也不会放弃。

如何能够在人际关系中找到共同意义呢？方法之一是，要意识到矛盾冲突往往发源于人们的理想主义。如果能够在矛盾冲突中洞察对方的个人理想，我们就可以找到共同意义。另一种方法是沟通各自的梦想与抱负，养成相互理解、相互支持的习惯。最后一点，还可以经常参加一些有意义的活动，使我们在感情上更为接近。

"异"中求"同"

在我们的文化中，很多人相信与别人发生冲突意味着两人之间的关系已经出现了严重问题。婚姻就是一个很好的例子。一对矛盾甚深的夫妇来到心理治疗室，情绪十分低落。他们对治疗师说："我们之间的关系糟透了，搞不明白为什么要为那些荒唐的事情争吵。"治疗师也许会想："他们说的不错，两人之间的关系确实很糟。"可能是丈夫不够成熟，或者妻子的控制欲过强。也可能是由于丈夫过于强势，或者妻子过于小气、自私。他们身上确实存在着一些问题，我们需要帮他们做些调整。

这种治疗方式没有认识到，在我们的生活中出现看似不可调和的矛盾是很常见的现象。研究显示，在所有婚姻矛盾中，有69%的矛盾会一直存在。如果一对夫妇经常因某事而产生冲突，可能是关于金钱、家务或者是性爱，这些都很正常，而且这种冲突会在他们的整个婚姻生活中一直延续下去。如果从一开始丈夫的花销就是两人关系的痛处，那么20年后他们仍会为此争论不休。如果两人在1982年就经常为家务争吵，2022年时他们的争吵很有可能还在继续。如果夫妻中的某一方认为他们性爱的次数过少，而另一方不承认，在以后的很多年中，这种争论很有可能一直持续下去。

我认为矛盾产生是由于人们对同一种情况赋予了不同的含义，这使得他们无法提出恰当的沟通邀请，也无法对别人的沟通邀请做出积极的回应。但是如果他们能够不断交谈，描述他们在各自位置如何寻找生活意义，两人很有可能找到共同点。基于这些共同点，他们各自寻找的意义可以融合，并找

到折中的解决方案。请看下面几个关于意见不合的事例:

  职员:我今天晚上不能加班,我女儿有演出。
  老板:也许你还不理解这个项目对我们的重要意义。
  母亲:我一直希望你能娶一个同类人。
  儿子:妈,她就是我们的"同类人"。她是人类的一员嘛!
  丈夫:你怎么可以要求我去参加你表弟的婚礼?那天我要去看棒球赛,我已经买好票了!
  妻子:理由很简单!家庭应该比棒球更重要!

  这些意见分歧基于很多因素,包括截然不同的感情经历或者对于不同的情绪指令系统的依赖。但是仅有这些区别并不意味着他们的关系就一定会很糟。这些不同只意味着他们都试图按照自己认为有意义的方式来生活。他们都是理想主义者,只是根据各自对现实情况的不同理解而选择了不同的立场。在第三个例子中,妻子相信对家庭的重视会使生活更有意义,而丈夫则认为支持自己喜爱的棒球队才是生活意义的来源。尽管他们的想法不同,但他们都可以被看作理想主义者。

  站在对方的立场上理解彼此的想法,并在理解的基础上对话,这对建立稳固的情感联系非常重要。如果处于冲突双方的人可以这样说:"我知道我们在这一点上有分歧,但我理解你对自己梦想的不懈追求。从这一点上说,我尊重你。"他们之间的关系自然会有所改善。

  所有的理解都来源于对各自梦想的了解。这种了解使人们意识到他们冲突的根源正是他们各自的理想,这种相互认同会引导他们相互靠近,并在情感上进行沟通。

成为梦想发现者

研究指出，如果人们互相鼓励对方去实现彼此的理想抱负，他们就更有可能形成积极、正向的情感联系。此时，共同意义提供了共同的情感基础，这一基础会激发人们改善关系、努力工作，尽管有时这些关系会因为矛盾冲突而遭到损害。人们会"坚持下去"，也就是说人们会不断发出沟通信号，并对别人的信号做出回应，因为他们珍视这些关系。

探寻梦想还可以帮助我们找到隐藏在矛盾冲突中的共同意义。我们要少关注矛盾本身，把注意力转向导致矛盾冲突的每个人的特定梦想、目标或者愿望。有些人把这些梦想称作"隐藏的动机"。确实，这些事情很值得争论，却很少被人重视。我们用前面例子中提到的公司职员来举例。他想早点儿下班去看女儿的演出。他也许有一种隐藏的动机，或者叫隐藏的梦想，那就是在工作和家庭间找到平衡。但是他不敢明说，怕老板会认为他懒惰而不给他加薪的机会。同时，老板也有自己隐藏的动机或梦想，即提高公司生产力，让公司蒸蒸日上，这样公司中每个人都会从中受益。但他也不愿公开说出来，怕的是给员工造成过多压力，导致优秀员工辞职。

处于矛盾冲突中的人们应该积极地尝试从对方的角度去想问题，这样做的理由很充分：**发掘彼此潜藏的动机和梦想会为彼此的亲密关系提供无限潜能。**启动这种潜能的秘密就是不要再想如何解决矛盾冲突，而是谈谈你的立场对你的特殊意义。

比如，上面提到的那位公司职员也许可以告诉老板，去听女儿演奏钢琴对他来说意义重大，他甚至可以讲一两个故事来支持这一点。也许这位职员小时候喜欢踢足球，但他的父亲总是因为工作太忙而无法来看他的比赛，这使他感觉很失落。所以，自己当上父亲后，发誓一定会在重要的场合支持孩子。如果他给老板讲讲这个故事,老板也许会理解女儿的演出对他的重要性。

分享这样的故事可以避免单纯地讨论事情的利弊。当你面临矛盾冲突时,自己先想一下:什么样的故事会让别人更理解这件事对我的重要性?关于这件事我心里有什么样的情感?这些情感中包含了怎样的梦想、目标和愿望?

我们发现,当处于矛盾冲突中的人们开始分享关于这些问题的答案时,他们就不再固执己见。双方的谈话会演变成个人梦想的展示会,这是拉近彼此之间距离的绝佳机会。人们会很自然地说出"现在我明白了""我现在明白你为什么会有这样的感受"或者"如果我是你,我也会这样想的"之类的话。

南希和阿曼达都是一家会计公司的行政助理,她们共事三年多。共同的经历使她们成了好朋友。

尽管这样,她们也经常争吵,问题一般集中在阿曼达脏乱差的坏习惯上。阿曼达经常把垃圾邮件、公司的日常用品或者汽水罐随处乱丢,这简直要把南希逼疯了。"把这些东西放在原来的位置能多花你几分钟呢?"南希经常这样小声抱怨。

但同时,南希不断整理东西的癖好也让阿曼达抓狂。"我刚把东西放下,马上就没影儿了!"阿曼达也是牢骚不断。"我感觉自己是在和费利克斯·昂格尔(Felix Unger)[①]一起工作!"这种对比当然让南希感觉不爽。有一次,为了报复,南希给老板写了一份备忘

[①] 费利克斯·昂格尔是电影《单身公寓》(*The Odd Couple*)中的人物,有严重洁癖。——译者注

录,称阿曼达是"邋遢汉"。事情由此开始变得严重起来。

这样的唇枪舌剑经常发生,两人都陷入了自己的立场而难以自拔,她们固执己见,听不进别人的任何意见。她们对别人的言行越来越戒备,而她们的攻击行为也越来越明显,越来越伤人。我在对婚姻的研究中发现,如果夫妻双方到了这个地步,最终的结果一般是离婚。当然,你不可能和同事离婚。南希和阿曼达所在的公司规模不大,把两人分到不同的办公室不太现实,所以两人只能在争吵和抱怨中忍受对方。

不久,发生了一件让人惊奇的事情。只是为了好玩儿,南希选择去一所社区大学学习室内装修。其实,这并不是我所推荐的解决矛盾的方式。但必须承认的是,这使得两人的关系有所改善。南希开始用一种新的方式表达自己在日常生活中对视觉美的喜爱。换句话说,她开始告诉阿曼达自己潜藏的梦想。她喜欢艺术,喜欢设计,她想要看到自己的热情反映在日常生活中。她希望能够在杂乱的工作场所中创造出这样的艺术效果。

幸运的是,阿曼达理解了她的梦想。她明白了南希真正的目的不是控制自己,也不是打败她或让她多干活儿,真正的原因是具有美感的工作环境能够满足南希长期以来深埋着的心理需要,即从视觉艺术中实现自我表达。

当然,这并没有让阿曼达马上变成另一个洁癖患者,但这确实让双方在争吵中避免了再度受伤。过去,南希一开始抱怨,阿曼达会自动地把她的话看作批评。实际上,南希的抱怨经常会唤起阿曼达儿时的记忆。阿曼达的妈妈经常因为她把东西乱放而训斥她:"你真是又邋遢又粗心。"而阿曼达会把妈妈的训斥理解为"我一无是处,一点儿都不可爱"。这是儿童常有的心理。事实上,如果你问阿曼达,在争吵中她为什么会那样儿,她会说:"我也不想把工作场所搞得那么乱，但我也不想有人那么尖刻地指责我。"

阿曼达决定把自己的想法和南希分享。现在，不管什么时候，一旦南希的抱怨听起来有些伤人，阿曼达就会要求她把语气放缓和些，好让她感觉好接受一些。

通过分享争吵背后的个人梦想，阿曼达和南希已经在脏乱差这个话题上建立了共同的情感基础。现在阿曼达可以对南希说："我理解整洁的环境对你非常重要，我会努力帮忙的。"南希也会对阿曼达说："我知道你不希望别人对你那么挑剔，我会全力改正。"

个人梦想，请不要躲闪

我们可以很容易地看到南希的梦想和阿曼达的邋遢之间的矛盾。但不幸的是，这种梦想与冲突之间的联系有时并非这么清晰明确。因为人们经常将某些梦想和愿望隐藏起来，有时隐藏得连自己都很难察觉到。而这些未被察觉的梦想仍然可以影响人际关系，造成关系紧张，引发厌恶、仇恨或者怒火。

在人际关系中，如果某些人的梦想是被隐藏起来的，你就会发现双方会经常关于一个话题争吵不休，翻来覆去却找不到让人满意的处理方法。你们可能会尝试运用各种解决问题的技巧，却徒劳无功。你们也许能协商出一个解决方案，却发现两人根本无法执行这套方案。

一旦你不再单纯地试图解决问题，而尝试揭示那些隐藏起来的个人梦想时，也许会有新的进展。突然之间，你有机会去关注那些与梦想有着千丝万缕联系的各种感受。这些感受也许以前从未被重视，却是深埋心底的个人财富。举两个例子：兄弟二人也许会发现，他们长期以来关于家族产业的争吵其实和金钱没有多大关系，真正重要的是其中一人梦想着能够得到父亲的爱。一位母亲和她十几岁的女儿可能最终会懂得，她们关于钢琴课的争吵和女儿的钢琴技能没有太多关系，这一冲突实际上反映的是母亲当初想成为艺术家的愿望。

如果梦想一直处于潜水状态，矛盾双方就不会真正理解他们之间产生分歧的真正意义，同时他们也丧失了建立情感联系的机会。那么，人们如何能够意识到这种潜在的梦想呢？正像我们在第6章中讨论过的，密切注意人们在谈话中使用的隐喻会有一些帮助。在讨论矛盾冲突时，你和对方会使用怎样的故事或符号？这些故事或符号下隐藏着怎样的愿望和抱负？他们的这些信息揭示了人们怎样的自我认知以及在生活中的地位？

发掘并谈论这些是需要勇气的。不过一旦我们开始谈论，就会发现潜藏在每个人心中的生活意义，这会有助于解决所有人际关系中出现的问题。

倾听他人的梦想

迈克尔和莱斯莉是一对年轻的军旅夫妇。我们初次见面时，他们的婚姻岌岌可危。他们在是否要卖掉房子的问题上分歧明显，更让我担心的是他们在情感上早已疏远了彼此。

他们一开始就谈论起各种费用和现有的财产。结婚没几年，他们已经拥有了一座新房子、两辆汽车、一艘小船和一个喷气滑雪板。他们的客厅里挤满了各式家具，可是他们却债台高筑。现在，他们要经历人生中一个艰难的转折——迈克尔从军队退役了。他们计划搬到另外一个州去开始新的生活。但他们该如何还清债务，支付各种费用呢？迈克尔建议卖掉房子，用这些钱支付各种费用，并购买一辆旅行拖车，以后他们就一直住在拖车里，直到还清所有债务后再买新房子。但莱斯莉认为这个计划实在不怎么样。

他们来向我咨询时各执己见，但他们从没有探讨过支撑他们各自立场的梦想是什么。我问他们："卖掉房子买拖车，这件事对你们有什么意义？抛开这项投资是否明智不谈，这项提议会对你们的生活产生什么影响？"

对迈克尔来说，答案简单明了：这次搬家可以使他在几年的挥霍无度后真正开始掌控家庭的财务状况。"不管怎样，我们一定要还清贷款。"他说话时语气不容置疑。我问他做这个决定时是否考虑过丈夫和未来父亲的责任，他表示肯定。为了这种责任感，他们可能要做出一些暂时的牺牲，但他相信，假以时日，他一定可以实现财务稳定的梦想，使两人重新回到收支平衡的理想状态。

但这事对莱斯莉却没那么简单。莱斯莉幼时家境贫寒，她把这次转变看成是生活质量的大滑坡。她说："我最担心的是，一旦我们卖了房子，就再也买不起了。"迈克尔向她保证他们不会在拖车里住太长时间，但莱斯莉根本听不进去。尽管她说自己会努力成为"好妻子"，并支持迈克尔的决定，但她怀疑这个决定是否明智。然后她开始把这件事和两年前的一件事进行对比。两年前，迈克尔卖掉了她的跑车。

"那辆车对我非常重要，因为我曾经一贫如洗。"莱斯莉说到这里非常动容。她转向迈克尔说："这是我开始成功的象征，结果你却把它换成了家庭用车。我觉得这是对我的攻击，这是你控制我的方式。"

"我可没有攻击你的意思。"迈克尔回应道。但他承认他确实想控制莱斯莉。"我想找一个能和我过一辈子的人……但你经常对我说分手之类的话，还说要为自己留条后路。我想斩断这些后路。"

"不管怎么说你都是想控制我。"莱斯莉坚持自己的理解。

"有时候我很犹豫，有时候我回头想想那辆车……但那是你自由的标志，是你可以离开我的凭证。"

忽然间，一切变得清晰起来，两人最迫切的问题不是关于房产或是汽车，他们更需要谈的是莱斯莉的自由梦想、迈克尔想与她厮守一生的梦想以及这两种梦想的矛盾。不管他们住在什么样的房子里，只要他们还没有找到尊重对方梦想的方式，他们的婚姻就不会幸福。另外，很明显，他们不太会表达个人情感，不然就不会在两年后才说出"我觉得这是对我的攻击"这样的话。

在以后的几年里，迈克尔与莱斯莉就此进行了深入的探讨。最后一次听到他们的消息时，他们还生活在一起，婚姻生活相当美满，而且已经准备要孩子了。

信任和支持

当我们遭遇矛盾冲突时，很多人不会想到可以讨论彼此的梦想。也许这是因为当我们遇到反对意见时，我们受的教育告诉我们要固守一种狭隘的绝对事实。如果你相信在每一次冲突中都有赢家和输家，那你就会竭尽全力地让自己的论点、论据客观、准确，不然你就会被别人证明是错的。我们因这种狭隘思维而损失了很多，包括寻找共同意义和建立情感联系的能力。不过，只要我们拓宽讨论的范围，把梦想和希望包含其中，就可以找到折中、妥协的解决方案。

请记住，谈论关于生活的梦想并表明它们对你的重要意义需要一定程度的信任。这样的谈话会提及一些非常重要，但深藏在内心的东西，这会让你感觉一切都被暴露在外，自己已经没有什么隐私可言。这种行为风险极大，但也正因如此才有可能带来更大的收益。所以，如果你喜欢冒险，谈论梦想是一种很好的沟通邀请，它会使你与周围的人建立更紧密的情感联系。

另外请记住，你可以用很多方式表示对别人梦想的尊重。你可以表现出支持和敬意，甚至完全接受他们的梦想，这要看你自己的选择。下面是一些不错的建议：

- 问一些与他们的梦想有关的问题。我最喜欢的一种问法是："这背后有什么故事吗？"一般来说，梦想背后都有一段动人的故事。
- 产生共鸣。类似下面的说法会对你有所帮助："我可能在这一点上不同意你的看法，但我理解为什么这件事会对你的意义如此重大。"或者说："根据我对你的了解，我能明白你的感受。"
- 表示情感上的支持与认同。你可以说："你对这件事有如此高的热情，我为你感到骄傲。"或者："也许我无法和你一同实现这个梦想，但我会百分之百支持你。"
- 参与到别人的梦想中，比如读一读相关资料，帮助别人制订计划或者提供建议。
- 提供财务或者其他方面的资助，比如帮忙照顾孩子或者提供交通便利。
- 尝试加入梦想构建的过程。
- 完全加入梦想构建的过程，并把它作为你个人梦想的一部分。

下面这些例子可以更充分地证明谈论梦想能化解矛盾冲突，引导人们找到更好的解决办法并改善人际关系。

事例一

矛盾冲突

鲍勃和吉尔是一对兄妹，他们的父亲不幸得了癌症。他们最近了解到父亲最多还能活几个月，于是鲍勃建议兄妹两人和父亲讨论一些善后事宜。鲍勃想和父亲谈谈关于遗产、葬礼以及是否有必要采用某些治疗方法延长生命等问题。但吉尔坚持说："爸爸不想和我们谈论这些，他不想让我们经历因他的离去而带来的痛苦。"

个人梦想

鲍勃解释说，他想在事后回忆起父亲的最后岁月时，每个人都可以感到轻松、安宁。他知道整个家庭会经历一些艰难时刻，但他相信如果每个家庭成员都能够事先了解父亲的遗愿，在做相关决定时大家都会心平气和。

吉尔说她的梦想是尽量减轻父亲的痛苦。但她也意识到如果没有奇迹发生，她不太可能实现自己的梦想。尽管如此，她还是想让这场谈话变得更为轻松。她想到也许他们可以向咨询机构寻求帮助。

解决方案

吉尔最后同意和鲍勃一起和爸爸进行谈话，但首先他们要先去晚期病人安养院咨询一下。

事例二

矛盾冲突

拉斯是一个深受宗教影响的人。他努力把自己的儿子杰森教育成自由天主教会成员。但杰森到了中学阶段后却越来越倾向于一些更为保守的宗教思想，而且经常参加相关教会在每周三晚上举办的专门针对年轻人的活动。现在杰森希望父亲允许自己今年夏天跟随相关团体前往市中心的社区进行传教，大约为期一个月。拉斯强烈反对，因为他害怕这次活动会使杰森背叛家庭和天主教会，但杰森坚持要去。

个人梦想

拉斯希望不管杰森遇到什么样的艰难选择和困难时刻，天主教会都可以为他指明方向，提供安慰。他还梦想着天主教会和其中的领袖人物能够不断给杰森灵感，帮助他成为富有同情心、思想开放的成年人。

杰森在谈论梦想时说自己在跟随上帝的"召唤"，他要把慈悲和宽容带给那些有需要的人们，并从充满罪恶的世界中把他们"拯救"出来。

解决方案

拉斯最后同意杰森参加传教，但要求他一定不能放弃两点原则：第一，要有同情心；第二，要头脑开放。他还坚持要杰森回来后每周日都去参加天主教会的礼拜活动。杰森答应了。

事例三

矛盾冲突

梅琳达和黛比是某诊所的全职医药助理。她们都很热爱本职工作，不过因为她们都已经当了妈妈，所以她们希望能够缩短工作时间。于是她们想能不能两人轮休。她们把这个想法告诉了诊所经理迈尔斯，但迈尔斯不同意，因为如果这样，诊所就需要再雇用一个医药助理。虽然工资不会多发多少，但管理成本却会明显增加。

个人梦想

梅琳达和黛比告诉迈尔斯，她们都希望有一个相对平衡的生活方式。她们希望能够有足够的时间陪伴孩子。两人感觉最理想的状态是到达诊所后能够心无旁骛，一心一意地聆听病人的问题。

平衡也是迈尔斯的出发点。他相信，平衡是一个优秀管理者的标志。优秀的管理者应该知道如何平衡病人、职员、医生和管理层的各种需求。

梅琳达、黛比和迈尔斯都谈到他们的梦想是拥有一个人人都能够相互谅解的工作环境。在这里，人们既关心经济收益，也关心各自的精神健康。

解决方案

迈尔斯同意重新计算如果她们轮休会带来哪些额外开支。"也许我们可以精心安排，让每个人都从中受益。"他说。梅琳达和黛比说她们愿意重新评估一下她们的得失，以便轮休时不会对诊所产生太多影响。

下面的练习可以帮你说出深埋在某种矛盾冲突之下的个人梦想，从而为找到解决方案打下基础。

实践场　在矛盾冲突中寻找个人梦想

当你与身边的人产生矛盾冲突时，下面的练习可以帮助你。练习的目的是寻找隐藏在矛盾冲突下的个人梦想，并向彼此的梦想靠近。如果你在完成练习后依然无法找到解决方案，请看本书后文的组练习："结束停滞状态"。

最好能够和与自己有矛盾冲突的人一起完成下面的练习。你也可以独自完成，借鉴你的情感日志，想象对方可能会给出何种答案。然后你可以寻找合适的时机与对方进行一次谈话，谈谈你们各自的梦想以及这些梦想在冲突中扮演的角色。记住，将谈话重点放在梦想而不是冲突上。也许你可以给对方讲一个故事，说明你的梦想对你有多重要。你可以鼓励对方给你讲讲关于他的梦想的故事。

1. 和对方一起找出导致冲突的根本问题。用5分钟时间想一想哪些人生梦想会与你在冲突中固守的立场有联系。这些梦想可能是现今依然存在的，也可能是曾经存在而现在已经渐渐淡忘的。下面的情况仅供参考：

- 拥有自由的感觉。
- 心灵的安宁。
- 亲近自然。
- 享受权力带来的满足感。
- 了解自身价值。
- 寻求冒险的刺激感觉。
- 体验美感。
- 体验精神之旅。
- 获得公平。
- 赢得别人的尊重。
- 把自己当前的生活与过去联系在一起。
- 体验康复的过程。
- 了解自己的家庭成员。
- 发挥自身的潜能。
- 享受优雅的老年生活。
- 展示自己富有创造性的一面。
- 增加对自己能力的信心。
- 体验别人对自己的关爱。
- 愈合过去所受的伤痛。
- 求得上帝对自己的宽恕。
- 探索自身几乎已经被遗忘的能力。
- 克服某个难关。
- 享受整洁所带来的满足感。
- 提高效率。
- 享受即兴所带来的快乐。

- 能够真正放松下来。
- 反思自己的生活状态。
- 知道哪些事情是自己真正需要去做的。
- 完成真正对自己重要的事项。
- 了解自己的身体。
- 具有竞争力。
- 体验旅行的乐趣。
- 享受独处时光。
- 与别人和解。
- 有所创建。
- 结束一段不愉快的经历。
- 满足自己的需要。

请看下面两个关于在冲突中寻找个人梦想的例子：

夫妻二人在退休后如何生活这个问题上产生了分歧。妻子想卖掉房子买一辆旅行拖车，然后出门旅行，因为她的梦想就是"去旅行"。丈夫想要待在家里，把车库改成一个陶艺工作室，因为他的梦想一直是"展示自己富有创造性的一面"。

两个商业合作伙伴在是否扩大企业规模的问题上产生了分歧。想要扩大的人承认自己的梦想是"有所创建"，而不想扩大的人的梦想是"能够真正放松下来"。

2. 轮流讲述你们之间的矛盾冲突以及它和你的人生梦想有什么样的联系。每个人讲述20分钟，另一个人用心倾听，然后互换角色。

当你讲述时，记住你的目的是阐明自己的梦想，让对方理解自己。不要试图在谈话过程中解决矛盾，只要真诚地说出个人梦想就可以。不要检讨自己，或者为了取悦对方或避免对方的反驳而降低自己梦想的地位。你应该像对好朋友谈话一样用心讲述。

当你倾听时，记住你的目的只是理解对方的梦想，不要在倾听时试图解决主要矛盾，不要去想如何反驳，鼓励讲述者详细地描述他的梦想。你可以提一些问题，目的是澄清疑问或表示出对讲述内容的兴趣。不要急于做出任何结论，倾听时要把对方看作自己的好朋友。

下面这些问题可供讲述者参考：

- 你的哪些人生梦想与这次的矛盾冲突有关？
- 你对这次的矛盾冲突以及与之相关的个人梦想有什么看法？
- 你到底想要什么？
- 你到底有什么样的需求？
- 面对我们现在所面临的各种选择，你的个人感受是什么？
- 这次事件对你有什么重大意义？
- 你所面临的各种选择对你有哪些意义？
- 你现在所坚持的立场对你有何意义？
- 你的梦想背后有什么故事吗？能够详细地讲述一下这个故事吗？这个故事是从你生活中的哪一部分来的？
- 这次事件对你来说有什么象征意义？
- 你认为你的目标在这次事件中如何能够实现？
- 你认为在这次事件中你还有什么隐藏的梦想吗？这些隐藏的梦想到底是什么？

3. 在你们各自表达了自己在这次矛盾冲突中涉及的梦想后，你们需要各自考虑下面的问题：

- 你能够认同对方的梦想吗？
- 你是否害怕对方梦想中的某一部分会真正实现？
- 如果你并不认同对方的梦想，那么你能够支持其中的某一部分吗？
- 现在各自用10分钟时间回答上述3个问题。一个人讲述，一个人倾听，然后互换角色。在讨论这些问题时，请记住：

- 不要为了两个人的关系和睦而放弃自己的梦想。
- 表达出你自己真正想要的是什么。
- 如果你感觉对方的梦想会对你造成难以忍受的影响，请一定说出来。

如果你们发现通过这组练习依然不能解决你们之间的问题，可以进行下面这组练习。这组练习的目的是让双方从停滞状态进入对话状态。

实践场　结束停滞状态

如果双方发现无论如何都无法达成和解，这是因为矛盾所涉及的问题比当初想象的更严重，冲突所涉及的问题关乎双方最重要的自我认同。一般来说，矛盾越难解决，两个人关系变得更亲密的潜力将越大。

开启这种潜能的关键是通过一些暂时的解决方式来处理问题。这需要双方"试着接受"对方的观点。下面的练习可以逐渐增进双方的理解。另外，冲突中的每一方都有机会看到对方对自己梦想的尊重，这是结束停滞状态的重要一步。同样地，你可以独自完成练习，将过程写进情感日志中，同时想象对方的反应，然后将你的发现在适当的时候以轻松、愉快的方式和对方分享。

- 找出造成冲突持续下去的根本问题。
- 列一张自己的"底线"清单。"底线"是影响你们真正达成和解的问题。这张清单不宜过长，里面只能包含那些你绝对不能忍受的事项。
- 列一张"变通事件"清单。"变通事件"指那些经过努力，你可以认可的事情。只要你认为可以改变的事情都可以写入清单。记住，你能够改变得越多，你就越能够劝说对方做出相应的改变。
- 把自己的清单给对方看。
- 共同想出一个暂时的解决方案，使双方可以在某种程度上坚持自己的梦想。

请看下面的事例，它可以帮助我们理解上面的练习如何对一个家庭产生影响：

- 肯和伊芙琳都来自高加索地区，是一对中产阶级夫妇。他们的女儿名叫玛德琳，两人在送玛德琳上学的问题上产生了分歧。伊芙琳坚持要让女儿上林边中学，这是一所收费较为昂贵的私立学校，伊芙琳小时候上的就是这所学校。她认为这所中学的教学水平要比其他公立学校好很多。但是肯认为这所中学过于注重物质利益和精英价值观，这是他非常反对的，而且他还担心学费的问题，怕如果他们在中学为女儿花费太多，会影响女儿上大学的学费。

- 伊芙琳和肯在他们的"底线"清单上都只有一项内容。对于伊芙琳来说，那就是教学水平。"只要有机会，我们就应该给玛德琳最好的教育，让她能够进入她自己理想中的大学。"她在上面写道。而肯侧重的是女儿应该多接触不同种族和不同经济状况的孩子。他写道："我不想让玛德琳的交际圈子里只有那些有钱的白人孩子。"

- 在"变通事件"清单上，伊芙琳说她愿意看看除林边中学之外其他学校的情况。而肯认为在学费问题上是可以商量的。

- 两人交换了清单，然后进行了讨论。伊芙琳告诉肯："我承认自己在选择林边中学时带有感情因素，确实会有学费较为低廉而教学质量同样很好的学校。"肯对伊芙琳说："我们真的负担不起林边中学高昂的学费，不过，如果我们可以找到环境不错的学校，我愿意想办法多挣钱来支付学费。"

- 他们找到了另一所学校。这里的教学水平同样不错，而且生源比较广泛，学费也比伊芙琳的母校低一些。伊芙琳说："虽然它不如林边中学，但我相信玛德琳在这里也会有不错的表现。"

事后，肯说道："我以前从来没有想过把孩子送进私立中学，但经过这段时间的考察，我发现女儿在这类学校中可以收获很多。"

伊芙琳和肯决定让玛德琳进那所中学，同时表示他们会在女儿第一学期结束后重新思考他们的决定是否明智。

充分利用已有的常规活动，创造新的常规活动

分享各自的梦想能够带来更亲密的人际关系，而充分利用常规活动进行沟通同样可以帮助你建立紧密的联系。带有情感沟通的常规活动为我们提供了定期沟通的好机会。包含情感沟通的常规活动可以保证你能够与你最在乎的人交换意见。定期和家人共进晚餐、夫妻浪漫短途行以及办公室同僚每个季度都要进行的聚会是我们进行情感沟通的好机会。常规活动的种类很多，它可以很随意，比如每天早晨和同事打招呼；也可以很正式、很复杂，比如豪华的婚礼。

就像日常惯例一样，常规活动会不断重复，是可预测的。每个人都知道我们在期待什么，每个人都明白自己在这场活动中的责任。但是，常规活动和日常惯例有一个重要区别，那就是常规活动具有符号意义。早晨刷牙是日常惯例，而当你出门时和孩子们吻别就是常规活动。吻别向他人传达了某种信息，而刷牙则没有。吻别传达的信息是："我爱你们，就算我不在你们身边，我也会时刻想着你们。"

常规活动一般出现在不太正式的场合中，比如一起吃午餐，或者在工作一天后向同事告别。当然也会有一些比较正式的常规活动，比如生日宴会、舞会或者庆功宴。另外还有一些更为正式而不容有任何改动的常规活动，比如婚礼、葬礼、圣诞节、犹太人的逾越节、伊斯兰教徒的斋月等。

常规活动对于任何人际关系都非常重要。父母与初生婴儿的常规活动就是喂奶、喂饭和安抚孩子睡觉，这些常规活动有利于双方建立更加紧密的联系。如果能够精心安排策划，这些活动可以一直延续到孩子的青少年时期。夫妻二人也可以建立类似的常规活动，比如在固定时间亲昵、一同度假或者在周末一起喝杯小酒。大家族一般会在庆祝生日、感恩节、圣诞节或者其他

宗教节日时举办常规活动。

常规活动同样可以帮助你和更广阔的社区成员建立联系，比如学校、运动队、老板、同业公会或者政治机构。在中学的足球队里，大家经常会一起唱队歌，这就像是说："我们永远共同战斗！我们为此感到无比自豪！"

人们还会在各种教堂和寺庙中举行常规活动，这些常规活动显得更为意义非凡，因为它们可以让个人有强烈的集体归属感，恭敬地拜倒在他们的宗教领袖脚下。很多人发现这些常规活动对他们帮助非常大，特别是在人生的转折期、家庭成员去世后或者面临灾难时。

为什么常规活动会对我们的人际关系产生如此重大的影响？原因有很多，这里一一叙述。

常规活动代表了一种文化价值和文化认同感，这种价值和认同感是我们维持与家庭、朋友、工作团队或者社区之间关系的基础。当两个或者更多的人走到一起参加共同的活动时，常规活动会为他们提供一个关注点。人们可能会宣称他们有相同的信念，而常规活动给予了他们一种方式来把这些共享的信念付诸实践。

我们先来看看罗思一家在每周六早晨可供选择的一些常规活动：

- 他们可以早早起床，收拾滑雪器材，装上汽车，然后开车上山。如果是这样，孩子们就会想："我们是罗思一家，我们全家人都喜欢野外冒险活动。我们喜欢滑雪，特别是全家人一起去滑雪。"
- 他们也可以在周六去犹太教堂做礼拜活动，这样孩子们就会想："我们是罗思一家，我们家人重视犹太传统。我们在共同信仰上帝中寻找到了生活的意义。而且，我们是在社区内进行这样的活动。"
- 如果一家人在周六早晨去购物中心买东西，孩子们也许会这样想："我们是罗思一家，我们一家人都喜欢买好玩、新鲜的东西，而且我们不介意把好不容易赚来的钱和攒下的时间花在这上面。"
- 如果在周六早晨，大家都分头各自行动呢？也许全家会在其他时间聚集在一起，参加其他常规活动，比如睡前给孩子们讲故事、周日共进晚餐，或者在周末一起吃早饭。但是如果全家根本就没有机会聚在一起参加类似的常规活动，他们就错失了很多情感沟通的机会。

常规活动能够保证人们抽出时间进行情感沟通。很多人都会以没有时间为借口，为他们无法与家人、朋友以及社区成员建立更深的情感联系辩护。常规活动能够帮助解决这一问题，因为常规活动具有可预测性，我们可以做相应的计划安排。如果能够真正投入时间和精力去定期参加一些情感沟通的常规活动，我们就不太可能与我们最亲近的人关系疏远。举例来说，"我们找个时间一起吃午饭吧"和"我们以后每周三下午去散散步怎么样"，这两种说法是有本质区别的。

常规活动的特点是可以被预见，而且经过了"事先安排"，所以执行起来更为简单。如果我们每次都在同一地点做同一类事情，大家就不用再花费时间寻找新的聚会地点，而且也不用每次都想聚在一起后干些什么。

但是如果我们的日程已经安排满了怎么办？解决办法是创造一些除日常活动之外的非正式活动内容，如一起看电视、一起上下班、一起锻炼、帮助孩子做功课或者当别人生病时用心照顾。很多父母发现他们每天在车上花费很多时间，送孩子去练球、上芭蕾课等。你可以充分利用这段时间。"今天学校里有没有发生什么比较好玩的事儿?"妈妈可以这样问,让孩子讲故事。孩子也许会讲出那一天发生的"最棒的""最糟糕的"或者"最让人伤心的"事儿。

另外要记住,**常规活动不一定非常复杂,也不需要耗时耗力,它们只要定期重复,可以被我们预见就可以了。**有位丈夫每天早晨都给赖床的妻子端上一杯热咖啡;有些老板在周例会开始前总要对工作出色的员工表示感谢;有些教堂在周日的礼拜活动结束后,都要为最近过生日的教徒唱上一首"生日快乐歌"。所有这些都是简洁而意义深远的常规活动。(更多如何利用常规活动沟通情感的方法,请参看第 8 章。)

有些常规活动能够在人生转折点上帮助我们梳理情感变化。这些转折点有些没那么重要,如妈妈每天离开幼儿园的时候;有些却意义重大,比如婚礼。不管它们是否重要,这些常规活动都能让我们意识到事情已经有所变化,而且我们要表达出自己对此的感受。

一些较为简单细小的常规活动,如晚上回家前和同事道别或者哄孩子睡觉,也许当时看来无足轻重,但这些活动可以给人们一种对自己、对他人以及对周围世界的信任感。孩子安心地睡去,因为他很满足自己与父母的亲密感;同事们感到融洽的关系,他们可以在互帮互助的环境中工作。一些大型的公共常规活动,比如犹太人成人礼、毕业典礼、结婚典礼或者葬礼,在我们人生重大转型期会起到很大作用。这些变化包括长大成人、离开家庭、建立自己的家庭或者面对生命中重要的人离开。通过与家人或者朋友一起庆祝这些人生转折点,我们可以获得亲朋好友的情感支持。

常规活动可以使我们不受矛盾冲突的影响,继续保持某种联系。你是否有过下面的经历:在准备出门前的几分钟和配偶、孩子或者父母大吵了一架。

当时你很有可能仍然没有从吵架的气氛中解脱出来，但这时你面临一个选择：A. 像往常一样，在出门前和他们拥抱或者吻别；B. 什么也不说，什么也不做，直接出门了事。如果你选择A，离别前的这种包含情感沟通的常规活动，会为你们提供一个向对方发出友好信号并开始恢复关系的机会。即使在争吵的过程中，你的这种常规活动也可以传达这样的信息："我现在可能对你很生气，但我们之间的感情依然值得珍惜。我相信我们能够解决这些问题。"如果你不去这样做，也许真的需要很长时间才能把自己的感受表达出来。

我们的文化中充满了类似的例子。想一想，为什么在比赛结束后运动员们要互相握手，不同宗教派别要聚在一起进行沟通，世界各国的运动员都到奥运会上来竞争，尽管他们之间存在着巨大的政治和文化差异？

在美国的政治竞争中，每次竞选结束，失败者都要发表一个选后演讲。在演讲中，他会承诺要帮助全体民众重新团结一致地支持新的政治领袖。在2000年乔治·布什和阿尔·戈尔的竞选结束后，戈尔发表了一次有名的选后演讲，这次演讲被认为是让这个国家重新团结一致的重要一步。这就是常规活动的价值。不管争论涉及的双方是一对夫妻、一个家庭、一个工作团队，还是整个国家，这样的常规活动能够帮助人们在尖锐的矛盾冲突中保持原来的关系。

不要忽视情绪指令系统

当我们考虑在生活中应该如何充分利用常规活动时，要记住：**不同种类的常规活动适用于不同人群**，这要由他们大脑中的情绪指令系统来决定。举例来说，"筑巢鸟"情绪指令系统活跃的人喜欢的常规活动一定要明确地表达出归属感和情感支持。恰当的常规活动应该能满足所有参与者的兴趣爱好。

"司令"情绪指令系统活跃的人喜欢能帮助整个团队完成共同任务的常规活动。很多工作团队都会在年终聚会。聚会时，他们回顾一年的工作，并制订下一年的目标和策略。如果这个团队中有一位"司令型"人士，这种为了不断推动工作向前发展的活动就能够很好地进行下去。

"开心果"情绪指令系统活跃的人比较喜欢带有消遣娱乐性质的常规活动，而"探险者"们则希望能为团队找到新的探索领域。"能源总管"们喜欢能让他们放松的活动，而"哨兵"们则希望在常规活动中体验到安全感。"好色之徒"们注重感官享受，他们会喜欢诸如按摩或者可亲身体验的艺术活动。如果你想创建能够建立情感联系的常规活动，最好考虑一下大家的情绪指令系统。

调整常规活动

常规活动能够在人们的关系中起到积极作用，但有时也会有负面作用，尤其当有人企图利用某些常规活动控制别人或者制造不和谐气氛时。

> 一对犹太夫妇向我寻求帮助。丈夫不断指责妻子没有严格遵守犹太人正统的生活方式。尽管他自己做得也很差，但强烈要求妻子能够完全遵守规范。妻子努力做到完美，但丈夫却总能挑出毛病来。不久，妻子感到自己很难让丈夫满意，这给他们的婚姻带来了很多痛苦。

如果过分苛求人们在常规活动中严格遵守各种行为规范，常规活动很有可能破坏正常的人际关系。也许你看过这个可口可乐的广告：

一个五世同堂的大家族在举行家庭聚会。当摄影师正要按下快门为他们拍摄全家福时,年龄最长的一位老妇人向她的重重孙女要可乐喝。小女孩一脸歉意地说:"对不起,老奶奶,我们的可乐喝光了。"这时,老妇人立刻大发雷霆,喊道:"什么?!我都101岁了,这可能是我们最后一次家庭聚会。怎么能没有可乐!"她敲打着自己的轮椅,把桌子掀翻,同时狂吼着:"滚!都给我滚!"

这条广告让我感到既可笑又伤心。它用夸张的方式表明,如果有些人固守一些传统,这种常规活动只能损害人际关系。另一种悲剧是一个人为准备常规活动承担了过多的责任。如果一位行政助理需要在年终时独自为所有员工准备盛大的聚会活动,她会在准备过程中压力重重,并由此产生愤恨。更为重要的是,整个工作团队失去了准备的乐趣。

为了避免这些问题,我经常鼓励人们认真地审视一下他们生活中的各种常规活动,看看它们在自己的生活中有什么重大意义。我会建议他们回忆一下小时候的一些常规活动,比如一起吃午餐、一起度假等。很多人都能够回忆起让他们非常不愉快的场景,比如在共进晚餐时因孩子挑食而引起的争吵、在节日聚会时有些亲属喝多了大吵大闹、亲人忘记自己的生日,当然也包括一些又长又无聊的宗教活动。

审视过去的常规活动,回忆是否存在尚未解决的情感问题,可以帮助我们创造更恰当、合理的常规活动。有位女士是家里的独生女,她记得每次圣诞节的晚餐都索然无味,年长的亲戚总是喝得酩酊大醉,然后倒头便睡。为了保证自己的孩子不再有这样的经历,她会邀请很多和自己女儿年龄差不多的孩子,并组织了很多以孩子为中心的活动。一位男士记得自己在小时候经常听着父母的争吵睡觉,为了避免自己的孩子有同样的经历,他会努力在睡前营造安静平和的气氛。他总是先给孩子洗个热水澡,然后一边吃点小零食一边给孩子讲故事，最后看着孩子安心地进入梦乡。

如果你想改变某些现有的常规活动，请一定事先和其他成员讨论，并谨记你的目的是通过常规活动密切大家的情感联系。如果你擅自做一些改变却没有得到其他人的支持，这将违背你的初衷。

如果有人反对你的提议，不要奇怪，这就是人性。十几岁的孩子或者二十出头的年轻人一般都会对改变有抵触心理，特别是当改变可能会影响他们的自由时。有一种方法可以尽量减缓矛盾的产生，那就是建议把要进行的改变尝试一次。"我们下周吃晚饭的时候把电视机关掉怎么样？看看是什么感觉。""我们今年尝试一下，不再互相交换礼物了，而是把准备买礼物的钱捐给慈善组织。如果你们喜欢这种方式，以后我们就这样办。如果你们不喜欢，明年我们就恢复原来的做法。"

实践场　检查你的常规活动

下面列举了一系列可以建立常规活动的方法。请在情感日志中记录你的想法，运用头脑风暴创造新的常规活动，并且找到正确处理现有常规活动的方式。在本书第8章中，大家可以找到各种帮助我们加强人际关系的常规活动。

你也可以和与你一起参加活动的人们共同完成下面的练习。轮流回答这些问题，在别人回答时一定要用心聆听。

各种类型的常规活动：
- 起床时把和自己同住的人一起叫醒。
- 享用三餐。
- 享用零食。
- 睡前活动。
- 分别前的仪式。

- 重逢时的仪式。
- 共同管理账目。
- 在自己家中请客。
- 一些特殊的日子（生日聚会、纪念日以及其他各种庆祝活动）。
- 在别人生病时悉心照料。
- 一起度假或旅游。
- 各种娱乐活动。
- 约会或者其他充满浪漫气息的夜晚。
- 出席体育活动。
- 参与体育活动。
- 看电视或电影。
- 听音乐会、看演出或者参与其他文化活动。
- 宗教节日。
- 日常的宗教仪式。
- 人生转折时期的仪式活动（葬礼、婚礼或者成人礼等）。
- 参与共同的兴趣爱好。
- 创造艺术品。
- 为别人跑腿。
- 做家务。
- 参与社区活动或者政治活动。
- 参与慈善活动。
- 在别人遭遇变故时安慰别人。
- 在争吵后道歉或者试图缓解双方的紧张关系。
- 到达工作地点时。
- 工作期间。
- 下班时。

需要考虑的问题：

- 你小时候，家庭中或者朋友间的这种活动经常是一种什么情景？
- 当时，围绕这种活动有没有一些常规活动？
- 那些常规活动一般是什么样的？
- 你喜欢那些常规活动中的哪些部分？
- 你不喜欢哪些部分？
- 你认为那些常规活动如何可以变得更好？
- 你现在的生活中，这种活动是什么样子的？
- 围绕这种活动有没有一些常规活动？
- 这些常规活动一般是什么样的？
- 如果确实有常规活动，你对这些常规活动的满意度如何？
- 这些常规活动具有哪些象征性的意义？
- 这种常规活动能否帮助你和他人建立更好的情感联系？
- 这种常规活动带来的是积极影响还是消极影响？
- 如何能够使这些常规活动为你和他人带来更为积极的生活体验？

人际关系要点

- 所有理解都源于对彼此梦想的了解，在冲突中寻找个人梦想。

- 鼓励对方去实现自己的理想抱负，更有可能形成积极、正向的情感联系。

- 请记住，谈论梦想需要一定程度的信任。

- 常规活动不一定非常复杂，也不需要耗时耗力，它们只要定期重复，可被预见即可。

- 过分苛求人们在常规活动中严格遵守各种行为规范，很可能破坏正常的人际关系。

08

无处不在的沟通
学以致用的人际关系法则

婚姻问题咨询师、调解员和幼儿园老师都知道一条真理：只要两个以上的人在一起完成任何有意义的工作，他们迟早会产生矛盾冲突。虽然更多地进行情感沟通并不能改变这种现实，但可以帮助我们保持快乐、稳定的人际关系，因为我们知道该如何尊重别人与自己的不同。

本章中我们将回顾本书前面章节中谈到的5个使人际关系更为和谐的步骤，并在具体事例中学习如何把它们运用到各种特定的人际关系中，包括夫妻关系、父母与子女的关系、朋友关系、成年兄弟姐妹之间的关系以及同事关系。

夫妻，获得幸福婚姻的法则

第一步，审视向爱人提出的沟通邀请

研究表明，沟通邀请作为情感沟通中最基础的因素对提高婚姻质量来说

至关重要。请记住：婚姻幸福的夫妻提出沟通邀请和积极回应沟通邀请的频率要比婚姻不幸福的夫妻高很多。他们已经养成经常提出和回应沟通邀请的习惯。这种习惯回报丰厚，它可以使夫妻之间充满爱意，并保持对彼此的兴趣和各自的幽默感，即便双方产生冲突之后，也比普通夫妻更容易恢复关系。

实践场　寻找机会亲近爱人

真心生活在一起的夫妻会发现有多种方式亲近彼此，进行情感沟通，其实，这个过程也是提出和回应沟通邀请的过程。在日常生活中，夫妻二人可以主动创造机会亲近对方。下面的清单列举了一系列具体而便于操作的沟通机会。

这张清单上的内容分为两部分：一部分是你为对方所做的事；另一部分是你能和对方一起做的事。大家可以不定期地做这些事情，也可以把这些事情转变成一种常规活动。

首先读一下清单，看看你在上周做过的哪些事项。有哪些事项是你想去完成的？你想把哪些事项作为生活的一部分？列出其中3项，然后一起决定你想在下周的什么时候以什么样的方式从事这项活动。

一周结束后，评估一下你这样做的效果。你是否把这项活动融入了自己的生活？如果你做到了，你是否感到它帮助你改善了与周围人的关系？这项活动是否从某些方面改变了你对爱人的感觉？你能否感觉到家中的情感氛围发生了变化？如果你还没有把这项活动融入生活，那就考虑一下其中的障碍是什么，如何能除掉这些障碍。重读一下清单，然后用一周的时间重复里面的练习。

你可以一个人阅读并思考清单上的事项，但如果有机会，一定要让你的爱人参与其中。这样，每个人都有机会表达自己的需要和愿望，从而提高建立情感联系的潜能。

做练习时请注意：

- 不要对爱人向你表现出的亲近程度抱太高期望，接受对方做出的任何努力。相信一条基本原则：只要有亲近，必然更亲近。你会发现当关系出现改善后，这种改善会不断积累。
- 不要把对方要求的亲近表示理解成他对你之前行为的一种责备。要把它看成一种表扬，因为对方想有更多时间和你在一起。
- 双方不要竞争彼此的亲近行为，因为这样就无法达到预期目标。我们要做的是努力让亲近行为循环往复。

如果双方在短期内没有看到任何实质性的进展怎么办？这在实际生活中并不少见。有时候，双方在讨论清单时可能会引发矛盾冲突。不管怎样，也要坚持下去，努力寻找各种方式与对方建立情感联系。如果双方都在不断努力，大家的努力最终会产生回报。

可以为对方做的事：

- 为对方冲一杯咖啡，准备些零食，或者亲自下厨为对方做饭。
- 对方生病时在身边照料。
- 称赞对方事业上的成就、工作中的努力或者对方的外貌。
- 询问对方有没有什么重要的日子。
- 表扬对方为家庭生活做出的任何努力。
- 表示感谢。
- 倾听，倾听，用心倾听。
- 为对方跑腿。
- 在对方的午餐盒或者包包里放一张爱心纸条。
- 为对方做一件本该由对方来完成的工作。
- 为对方的朋友或者家人做些好事。
- 为对方买一张看上去很傻、很搞笑的卡片或者其他礼物。
- 为对方写一首歌曲或者小诗。
- 为对方画一幅画或者做一件工艺品。
- 送鲜花或者彩色气球。

- 写一封情书。
- 为对方按摩或者搓背。
- 询问对方在童年时的重要记忆，用心聆听。
- 询问对方最怕什么，用心聆听。
- 询问对方的梦想、目标或者愿景，用心聆听。
- 像兔八哥那样问对方问题："嗯？怎么了，伙计？"这就像是说"你最近怎么样"或者"请告诉我这些天你内心的感受"。用心聆听，甚至可以用笔记下来。

可以一起做的事：
- 拥抱。
- 亲吻。
- 牵手。
- 依偎在一起。
- 打雪仗。
- 在上班前坐下来共进早餐。
- 在周末时一起吃早餐，然后一起在床上读书。
- 一起读报纸。
- 两人分别时莫忘亲吻，亲吻的时间不要少于6秒钟。
- 重逢时也一定要亲吻对方。
- 在工作日的中午安排一起吃午餐。
- 在一天快要结束时聚在一起，聊聊这一天的感觉。
- 一起做饭。
- 烤面包。
- 打扫房间。
- 整理洗好的衣服。
- 列购物清单。
- 一起去买日用品。
- 一起制订旅行计划。

- 一起去买衣服、家庭用品或者礼物。
- 一起准备在家中招待客人。
- 共同学习一门新语言（然后一起计划去相应的国家旅游）。
- 一起给孩子洗澡，然后哄孩子睡觉。
- 一起带孩子外出（博物馆、电影院或者动物园）。
- 一起参加学校活动。
- 为孩子举办生日聚会。
- 参加孩子的体育比赛或者演出活动。
- 锻炼身体，加入健身俱乐部。
- 学习某种课程（比如交谊舞）。
- 做庭院工作或者照顾家里的花草。
- 修理家里的各种用具。
- 维护保养汽车。
- 缴纳各种费用，管理财务。
- 照顾生病或者年老的亲属。
- 一同上下班。
- 遛狗，照顾宠物。
- 为社区做义务劳动。
- 去野餐、远足或者露营。
- 度假。
- 出去吃早餐、中餐或晚餐，或者去你最喜欢的酒吧。
- 在一个充满浪漫气氛的地方过夜。
- 在家中准备情人节大餐。
- 计划如何度过假期。
- 看电视或者电影，然后沟通观后感。
- 一起看戏、听音乐会或者读书，然后谈论各自的感受。
- 去看体育比赛，然后对比赛进行评论。

- 去美术馆或者博物馆，然后沟通感受。
- 一同参加喜欢的娱乐活动（如打保龄球、滑冰、钓鱼、滑雪等）。
- 一起默默地读书，然后沟通读后感。
- 参加棋牌类游戏。
- 一起上网或者打电脑游戏。
- 回忆往事。
- 制作家庭相册。
- 点起壁炉，然后读书或者交谈。
- 闲谈，不要议论别人，而是要试着理解对方。
- 进行哲理性的谈话。
- 重新装饰家居环境。
- 购买新房。
- 试驾新车。
- 唱歌或者演奏乐器。
- 向对方以及孩子高声朗读戏剧、诗歌或者小说。
- 制作艺术品（例如绘画、雕塑或者木工）。
- 听音乐。
- 洗浴。
- 为对方洗头发。
- 做爱。
- 一边谈话一边喝点儿什么（酒、咖啡或者茶）。
- 去酒吧跳舞，或者去茶馆听相声。
- 参加社区活动（拍卖、大众论坛或者政治会议）。
- 为人生的重大事件准备庆祝活动（生日、毕业或者升职）。
- 双方互相帮助建立一套自我提升计划（关于职业、健康或者健身活动）。
- 为将来做计划，或者梦想未来的场景。

- 参加宗教仪式。
- 沉思或者祈祷。

第二步，了解情绪指令系统在婚姻中的重要性

在本书第 4 章中，我们通过一套练习确定了自己的情绪指令系统。我们知道，不同的人情绪指令系统的活跃度不同，在与他人进行情感沟通时也会呈现出不同的特色。

夫妻之间可以采取多种方式进行沟通，所以了解自己以及对方的情绪指令系统就显得尤为重要。请注意，这里没有放之四海而皆准的标准模式，每对夫妻都需要在两种类型间找到平衡点。处于婚姻关系的夫妻双方，有 3 种情绪指令系统的活跃度比较高："筑巢鸟"情绪指令系统、"司令"情绪指令系统和"好色之徒"情绪指令系统。

"筑巢鸟"情绪指令系统在婚姻中的地位非常重要，它掌管人们对于自由和独立的态度。夫妻在回答如下问题时会涉及此系统：在婚姻中，我们应该表现得多么亲密，或在多大程度上相互依靠？我们每个人需要多少自由和独立的空间？其他人能否亲近我们？如果有人亲近我们中的某一位，另一位是否妒忌？

如果夫妻两人的答案不一样，这就意味着他们的"筑巢鸟"情绪指令系统的活跃度不同，而这些差别是导致矛盾的主要原因。了解到这些矛盾后，我们就可以尽量避免问题，或者采取措施解决问题。

另一种容易引起婚姻问题的是"司令"情绪指令系统，它掌管权力和控制欲。如果夫妻之间的矛盾与权力和控制欲相关，请回答如下问题：谁在婚

姻中应该更具有影响力？谁应该具有更多的领导权？这种领导权应该体现在哪些方面？我们能否做到在不同领域分别享有领导权？我们在做一些重要决定时能否用公平的方式分担责任？我们是否已经习惯由一个人说了算？

夫妻在这些问题上很容易出现争端，特别是双方的"司令"情绪指令系统都很活跃时。但不管怎样，能够意识到这一点就有助于我们避免或者解决与权力和控制欲有关的问题。

了解你们在感官享受方面（"好色之徒"情绪指令系统）的不同也可以帮助双方建立和谐的夫妻关系。问题经常出现在大家对于性爱的不同需求。如果能够意识到对方的反应与他们大脑中的"好色之徒"情绪指令系统有关，我们就不会再轻易地指责对方过分冷淡或者过分热情，问题的解决也会变得比较容易。

第三步，不要忽视情感历史对夫妻关系的影响

在第5章中，我们探讨了情感历史、家庭情绪观以及持续伤害，所有这些都可以影响你与爱人进行情感沟通的能力。注意到爱人的这些情感经历会使这些不再是秘密，还可能让对方同样尊重你的与众不同。

实践场　测测你的过去对婚姻的影响

为了更深刻地理解这一点，大家可以重新看一下第5章中的练习，如果当时你没有完成，现在去做。完成后，利用情感日志回答下面的问题。这些问题都涉及情感历史对现有婚姻的影响。你可以和爱人一起来做，也可以自己完成，但自己完成时最好想象一下爱人会怎样回答。不管采用哪种方式，都要尽量寻找机会和爱人进行讨论。如果能更好地理解情感经历对婚姻的影响，就可以提高自己

提出与回应沟通邀请的能力。

1. 回顾第5章中"测测你的情感历史"这项练习，确定当时你的完成情况怎样。仔细看一下你在每项中的得分，想一下你在向爱人表达每一种情感时的舒适程度，然后回答下面的问题，把每一种情感独立出来进行思考。

- 你在表达每一种情感时的舒适程度对你与爱人亲近的能力有什么影响？
- 当你在经历这种感受时，你能否向你的爱人解释清楚你的感受？
- 你感觉你的爱人能否理解你当时的感受？
- 在表达这些情感时，你是否有负罪感或者感觉不自然？
- 当你在表达情感时，你的爱人倾向于亲近你、远离你还是反对你？
- 当你在表达自己的感受时，你希望你的爱人做出怎样的回应？你能否向对方表达清楚你想要的这种回应方式？

现在想想你在听对方表达情感时自己的舒适程度。然后回答下面的问题，请把每一种情感独立出来进行思考。

- 当你在倾听对方表达情感时，你的舒适程度会对你与对方进行情感沟通的能力产生什么影响？
- 你能否在对方表达情感时产生感同身受的感觉？
- 当对方在表达情感时，你是否会感觉尴尬、恐惧或者生气？
- 当对方在表达情感时，你会亲近、远离还是反对对方？
- 你认为怎样可以提高与爱人分享感受的能力？

2. 回顾第5章中关于"测测你的家庭情绪观"的练习，然后回答下面的问题。

- 你的家庭情绪观属于"情绪管理训练型""忽视型""放任型"还是"压抑型"？
- 你的家庭情绪观对你在婚姻中的情绪观产生了什么影响？
- 在与爱人进行沟通时，你的情绪观是什么类型？这对你的婚姻有什么影响？

- 在与你沟通时，你爱人的情绪观是什么类型？这对你的婚姻有什么影响？

第四步，提高与爱人进行情感沟通的能力

单纯地靠语言不能完全表达我们所感受到的一切。这就是夫妻之间要懂得根据对方的面部表情、身体动作、手势姿态以及语速语调等因素来协调关系的原因。在第6章中，我们介绍了很多人们表达情感的方式以及读懂他人情感表达的方法。下面我们通过情感沟通游戏应用一下这些技巧。

实践场　婚姻中的情感沟通游戏

如果你准备和爱人一起来完成这个游戏，请先静静地读完题干以及3个可能的解释，按照自己的理解进行选择。然后你们轮流读每个题目，互相猜测对方选择的是哪一个。你也可以自己完成这个游戏，但建议请尽量与爱人一起来做，这可以帮助彼此了解各自表达情感的独特方式。

1. 你是要去洗盘子吗？
   A. 这时你很生气，因为上周每晚都是你洗盘子，你觉得该对方洗一次了。
   B. 你感到有些惊喜，因为对方似乎已经做好准备，要去洗盘子了。
   C. 你只是随便问一句，因为你记不清该轮到谁洗了。

2. 你能接一下电话吗？
   A. 这时你不想接电话，所以你想让对方帮你接一下。
   B. 你现在很忙，不想被打扰，而且你看到对方对电话铃声置若罔闻，有些恼火。
   C. 你很想去接电话，但因为正在揉面，手上沾满了面粉，所以希望你的爱人帮你一下。

3. 五一假期时我还得加班。
    A. 你有些失望，因为你们都希望在假期时能出去玩一下。
    B. 你感到很高兴，因为你能拿到3倍的加班费，而且你们确实需要这些钱。
    C. 你只是跟你的爱人说一下，并未带有任何的感情色彩。
4. 我们吃的是砂锅金枪鱼吗？
    A. 你喜欢吃砂锅金枪鱼，所以感到又惊又喜。
    B. 你很失望，因为这道菜上得太晚了。
    C. 你只是随便问一下，没有任何感情色彩。
5. 我妈妈要来住几天。
    A. 你害怕你母亲会与自己的爱人发生一些不愉快的事，所以希望爱人能更多地给予理解和支持。
    B. 你因为妈妈的到来而感到特别兴奋。
    C. 你既不害怕也不兴奋，只是跟对方说一声。

第五步，在婚姻中寻找共同意义

我们的研究表明，如果夫妻双方能在生活中寻找到共同意义，他们一般会有更幸福、稳定的婚姻。这需要夫妻双方能观察与思考彼此的梦想和愿景，然后表达出各自关于这些共同价值的看法。我们也可以利用常规活动帮助我们实现这一目的。

下面的一系列问题能帮助大家寻找婚姻中的共同意义。之后给出了一些可行的常规活动，它们能帮助我们提高追求共同意义的意识。

实践场　婚姻对你的意义

下面的问题有些是关于婚姻本身的，里面涉及了你在婚姻中扮演的角色。其他一些问题谈及你在婚姻中为自己和家庭设定的目标。还有一些涉及比较敏感的话题，如性爱、金钱和宗教信仰，这些问题需要我们在婚姻中不断地与对方商谈协调。

建议夫妻二人一次只选择一部分问题来讨论。我们的目的不是达成一致，而是尽量表达个人感受，并带着宽容之心聆听对方的表达。这样做能帮助双方更好地理解彼此的立场观点。为了相互理解，我们可以组织一些促进情感沟通的常规活动。

我们不可能一次回答所有问题，这有些太难，可以用几周的时间完成所有题目。在以后的日子里，我们需要不断地研究这些题目，审视自己的立场观点是否有所变化。最重要的是，创造双方对话的机会，这样的促膝而谈会成为我们构建美好生活的基石。

- 你对自己在婚姻中作为丈夫或者妻子的感觉如何？这种角色对你的人生意味着什么？
- 你的父母如何看待他们在婚姻中扮演的角色？你和他们的看法有何不同？
- 你是否想过对你在婚姻中扮演的角色做些改变？可以进行怎样的改变？
- 除了要在婚姻中扮演丈夫或者妻子的角色，你还要扮演一些其他角色，比如孩子的父母、公司的职员、别人的朋友以及父母的成年子女，你认为自己的各种角色是否能够取得平衡？
- 家庭对你意味着什么？你理想中的家庭是什么样子的？回想一下你青少年时期的家庭，你希望现在的家庭与当时的家庭有什么异同点？
- 金钱对你意味着什么？对你来说，挣多少钱才算够？赚钱这事儿在你的人生中应该居于什么位置？回想一下你在成长时期的家庭经济状况，你希望现在家庭的经济状况与当时有什么异同点？
- 你的整个大家族对你意味着什么？你想与其他家族成员保持什么样的关系？另外需要考虑的还有你爱人的整个家族。回想一下你在成长时期的整个家族状况，你希望现在与过去有什么异同点？
- 伦理、道德、精神以及宗教在你的生活中占据多么重要的位置？它们是否能成为你生活目标的一部分？这些因素在你成长时期的家庭中占据什么地位？在你现在的家庭中又是怎样的地位？

- 性爱在你的婚姻中有多么重要？它有什么特殊的意义？你和爱人的性爱是否让你感到满意？有没有使它更为惬意的方式？
- 在你的生活中，你为自己、爱人和孩子各自设定了什么人生目标？
- 在未来的5～10年中，你想做出什么成就？
- 能否举出一个你在有生之年想完成的人生梦想？
- 你的婚姻是促进还是阻碍了这些目标的实现？有没有什么改进的方法？
- 假设你可以看到自己的墓志铭和讣告，你希望上面怎样写？你希望为后代留下怎样的遗产？你需要对现今的生活做出怎样的改变才能使这一切成真？
- 也许像很多人一样，你现在的大部分时间都在用来处理一些看似很重要的事情，但是你现在做的这些事情真的意义重大吗？哪些事情才是你真正的能量、快乐、归属感和人生意义的来源呢？你是否跟爱人说过这些？你在日常生活中经常能完成这样的事情，还是不断地被拖延、挤占？你们夫妻二人能否抽出更多时间来做这些真正给你快乐的事情？

婚姻中能加强情感联系的常规活动

在本书第7章中我们讨论过，常规活动是一些不断重复且可以被预见的活动，它们具有一些象征意义。常规活动可以非常简单，比如你在匆匆上班前给爱人的一个吻，也可以比较复杂，比如盛大的婚礼。

如果在婚姻中我们能充分利用常规活动加强夫妻之间的情感联系，这些活动就可以帮助双方在不断地尝试与收获中体会两人的亲密关系。下面这些常规活动就是给大家的一些建议，它们可以对家庭关系，特别是夫妻关系，产生不可估量的积极影响。

早晨的常规活动。早晨的时间一般比较紧张，为了避免慌乱，建议在前一天晚上准备好第二天要穿的衣服，要带的午餐、背包等物品。这样我们就会有更多的时间来做一些增进感情的事，比如为爱人冲一杯咖啡，或者谈谈在电视上看到的奇闻逸事。

下班前。离开公司前，至少想一件你的爱人在当天可能会遇到的事情，这样你就可以在回家后与对方找到共同话题。

分别或者重逢时的深情拥吻。在分别或者重逢时，爱意的流露最好能付出更多的激情与热力。这深情一吻可以传达很多含义，比如"我会每时每刻都想你"或者"生命中最重要的事情就是每晚与你在一起"。

打电话或者发邮件。简短的电话聊天或者有趣的邮件内容都可以传达出"你时刻在我心中"的含义。

用餐时间。一起坐下来享用美餐。关掉电视，尽量让用餐氛围充满浪漫情调，如温柔的灯光、蜡烛和轻柔的音乐。用餐时谈论的话题也应该尽量轻松、愉快。谈谈这一天里让人心情愉快的事情，尽量避免谈论一些可能产生争执的话题，这些话题可以留到以后。

餐后的咖啡时光。这种常规活动特别适用于有孩子的家庭。在全家人用餐后，孩子们一般会去玩耍、做功课或者看电视。这使得夫妻二人有相对独立的时间来伴着咖啡或者热茶进行一对一的谈话。心理学家威廉·多尔蒂（William Doherty）在他的《有意识的家庭》（The Intentional Family）中详细地描述了这种常规活动，他认为这种活动对家庭关系至关重要，所以在孩子们长大离家后，应该依然坚持这项活动。他建议在谈话时应该准备热饮，因为热饮需要一定的时间才可以冷却饮用，这样就保证两人有足够的时间交谈。还有，饮料总有喝完的时候，这样大家就可以起身忙别的事了。

外出用餐。到喜欢的餐馆用餐是庆祝某些特殊日子的好方式，如生日、纪念日或者升职庆祝等。这种活动也可以让一个平常的夜晚变得与众不同。这就像是说："我们应该稍微享受一下，这是我们应得的。"如果手头比较紧，可以只在餐馆品尝甜食或者喝一杯。重要的是用这种形式来促进两人的关系，花钱多少无所谓。

睡前时间。大家可以想一想，什么时候夫妻二人会感觉最亲近？当然是两人同床共枕的时候。这种带有仪式感的常规活动仿佛是夫妻关系的庇护所。所以，此时，一定不要让白天的各种消极情绪干扰这一神圣的时刻。就算白天你对爱人有种种不满，睡前也应该尽量把这种情绪抛在脑后。大家可以把睡前时光看作停火状态，这时应该轻松感受二人同床的乐趣。

约会。夫妻二人独处一段时间，不带孩子，也不允许其他人干扰。要保证约会期间大家有足够的时间谈话。对于有孩子的夫妇，建议每周要有一个晚上作为约会时间，每年要有三次独处的时光，即使是周末也好。为了保证约会的时间、地点，最好提前预订，这样就会防止在这上面浪费时间。和所有的常规活动一样，它应该定时定点且非常自然地发生。如果不容易找到保姆来照顾孩子，可以和其他家庭建立互助关系，也可以在孩子上学时抽时间约会。

当爱人生病时。人们在生病时都需要别人的照顾和关爱，这时候是验证感情的最佳时机。当然，人们在生病时需要照顾的方式不太一样，有些人希望一个人静静休养，而有些人则需要不断有人在旁边嘘寒问暖，周围的人越多，他们心里越舒服。一定要了解你的爱人属于什么类型，这样才能让对方感到舒心。另外，也可以问问爱人小时候生病时的情景。是不是有什么特别的食物、特殊的偏方、特有的情感表达会让对方感觉更好受一些？现在你应该做些什么会更有效？

事业成功的庆祝活动。一定要为你爱人的成功举办庆祝活动，不管当时你手里拿的是彩色气球、大幅标语、上好的香槟还是旅行机票，这样就可以逐渐养成为对方的成功而庆祝的习惯。不管对方的成就是大还是小，你的赞扬和鼓励都会促进婚姻的和谐。这就像不断地和对方说："我为你感到骄傲，你真的为此付出了很多，我会永远是你最忠实的崇拜者。"

围绕坏运气、失败和疲倦而创建的常规活动。在极度的悲观和失望中，如果可以感觉到爱人始终在支持你，那种宽慰感会让你特别舒心。有时，这种表达可以非常简单："我给你准备了热水，好好洗个澡吧。""趴在床上，我给你按摩一下背部，放松放松。""亲爱的，今晚早点儿睡吧，我来给孩子们洗澡。""我们今天点外卖，然后上网看电影，忘掉那些不愉快的事情。""我们把手机都关掉，好好享受一下二人世界。"这样做的目的是让爱人明白，无论外面的世界多么险恶、让人失望，家庭与婚姻永远是安全而宁静的港湾。

关于性爱的常规活动。很多夫妻都认为性爱是自然发生的，不需要什么仪式或者提前准备。其实，夫妻二人在共同生活一段时间后，都会面临沉重的家庭和事业压力，所以，如果不能提前为性爱做好充分准备，两人就不太可能有和谐的性生活。如果两人只是选择在晚上进行，由于双方可能都已经非常疲惫，所以不会有太多激情。所以建议夫妻二人应该把性爱看作夫妻生活中的重要仪式，保证定期进行，而且一定要激情四射。

回想一下在你们享受性生活的早期，是通过什么方式让性爱魅力无穷的。也许是某种音乐、香水、内衣或者光线，这些都能使你们进入状态。如果你们已经忘掉了这些活动，希望可以重新把它们找回来。如果你发现了一些更为有效的方式，不妨和爱人探讨一下并尝试一次，看效果如何。

请特别关注你的爱人觉得兴奋、刺激的性爱方式，然后不断尝试。其实学习性爱和学习按摩是一个道理。也许开始的时候你只愿意采用你认为刺激的方式，但通过不断积累经验，你会对自己的方式做出一些改变，以便更适合对方。真正的性爱高手懂得如何开启对方的激情开关。

你能否在日常生活中找到二人定期独处的时间？如果你们可以找到共同的时间，而且两人都精力充沛，一定要抓住这难得的时刻！不过如果你们不太容易找到这样的时刻，也不要过于焦虑，不要让这件事成为你们的心病。

有时谈论性爱同样会对性爱本身有帮助，尤其是对于那些对这个话题讳莫如深的人。很多夫妻在做爱的过程中会中途休息一下，这时的谈话一般都"不宜公开"，但正是这种谈话能透露出他们各自对于性爱的美妙幻想。当然，要想满足对方的一切幻想有时会力不从心，但要懂得，最让双方满意的性爱都是从双方愿意展示自己最隐秘的想法开始的。

夫妻双方在长期的性生活过程中一般都能形成独特的信号系统，用来向对方表明自己的感受。心理学家朗尼·巴尔巴赫（Lonnie Barbach）建议夫妻可以用从1到9来表示自己向往性爱的程度。9表明你特别向往，1表明你根本没有兴趣。这样，你就可以跟对方说："今晚我的状态大约是8，你呢？"对方可能回答"我是9"或者"我只有2"。这样双方就可以了解彼此的性欲指标，而不会把对性爱不敏感误解为拒绝。

度假。两人在成为夫妻后做的第一件事会是什么？当然是去度蜜月！度蜜月的意思是：两人单独去一个充满浪漫气氛的地方度假，让婚姻关系有一个好的开端。建议夫妻应该不断重复这一过程，找一个浪漫、惬意的地方，忘掉孩子、宠物和其他亲属，当然更要忘掉工作的烦恼。

家庭理财。金钱问题常会引起夫妻间的各种纠纷,所以如果你们二人能心平气和地协商关于日常花销、银行储蓄和投资理财的事情,这表明你们的关系处于相当稳定的阶段。两人应该懂得如何利用金钱完成人生梦想。下面是两本很不错的相关图书:乔·多明格斯(Joe Dominguez)与维基·罗宾(Vicki Robin)合著的《要钱还是要生活》(*Your Money or Your Life*),还有马歇尔·格利克曼(Marshall Glickman)写的《用心管理金钱》(*The Mindful Money Guide*)。

在争吵后,向对方道歉或者用其他方式修复感情。有些夫妻会用一些常规方式来向对方说"对不起""我错了"或"我们还可以用其他方式解决问题"。比较常见的方式包括鲜花、糖果或者明信片。实际上,贺曼公司(Hallmark)已经为各种情景设计了一系列的明信片。前面提到的一些每日常规活动能使道歉和请求原谅等行为更为有效,这就是在婚姻生活中引入常规活动的好处之一。这些活动可以保证在事情变得不好收拾而感情也受到伤害后,两人可以走到一起表达各自的感受。假设你在出门上班前刚和爱人因为电话费的问题吵了一架,如果你们有在出门前吻别的习惯,一定要抓住这个机会。两人郑重地站在门边,其中有一位可能会说:"对不起,刚才我脾气太暴了。"对方可能会说:"没事儿了,我能理解,刚才我脾气也不好。"

父母与子女,培养亲密关系的法则

第一步,审视向子女提出的沟通邀请

在与子女沟通的过程中,请先记住一点:在儿童时期,孩子天生懂得如何提出沟通邀请。他们生来就知道如何能吸引父母的注意力。孩子能从婴儿期一点点长大,靠的就是这种让父母注意到他们的能力。如果孩子不能通过

正常途径与父母沟通，他们会用自己特有的方式，如调皮捣蛋。对于年龄较小的孩子，他们会因为一点点小事儿而哭个没完，或者选择其他让人特别心烦的方式。而年龄稍大的孩子会表现得非常固执，或用一些挑衅性的语言或动作引起父母的注意。但是如果父母对于子女提出的沟通邀请总能去积极回应，孩子就不太会这样胡闹，他们知道父母永远是他们在情感上可以依靠的人，不需要做那些太出格的事情去试探父母。于是，与孩子沟通的关键就是不断寻找机会亲近你的孩子，并不断与他们保持情感联系。下面这些建议可供参考。

别着急，慢慢来。孩子处理情感问题的过程要比成人慢很多。所以，当你与孩子讨论相关问题时，要多给他们时间思考，不要急于获得答案。

孩子的话大多是诚实的。研究表明，大部分孩子都不太会撒谎。大部分孩子要在11岁之后才能掌握"善意谎言"的技巧——即如何在说话时隐藏事实，以避免引起父母或他人的消极情绪。举例来说，当你询问孩子对你做的某件事有何看法时，他们的回答大多是诚实的。

要提出清楚、明白的沟通邀请。发出信号时要尽量清楚、明白，因为年龄较小的孩子不太理解隐晦的说法。下面这个例子在我们成人看来已经很明确了，但9岁的杰里米还是没有领会。

爸爸：想去打保龄球吗？
杰里米：不想，我现在想读《哈利·波特》。

9岁的杰里米还是一个只会用具体形象来思维的孩子，他把爸爸提出的沟通邀请只是看作征求意见，所以也就诚实地回答了。他并没有意识到在打保龄球的过程中，爸爸不仅是一个玩伴，还是一个在情感上可以亲近的人。如果爸爸能把意思表达得更明确一些，杰里米就会意识到爸爸并不是为了和自己打球，而是想和自己有更多的时间待在一起，他的回答可能会更为积极。

如果爸爸说得更明确些，对话也许是这样的：

爸爸：这一周我们待在一起的时间太短了。你想在周末的时候一起去干点儿什么吗？我们可以去打保龄球啊。你觉得这主意怎么样？

杰里米：我正在读《哈利·波特》。我们明天去行吗？

爸爸：没问题，我们明天吃完晚饭就去！

杰里米：太棒了！

抓住孩子情感外露的机会进行教育或安抚。如果孩子明显地流露出了恐惧、伤心或者生气的情绪，一定要抓住机会，告诉他你可以理解为什么他会有这样的情绪，然后和他一起找出导致这些消极情绪的原因。

请注意，孩子的情绪有时会非常强烈。这是因为他们还缺少生活经历，不明白这种情绪会很快过去的，他们以为这样的坏情绪会一直持续。在和孩子沟通时，不要低估这些坏情绪对他们造成的影响，不然，你很可能失去和他们建立情感联系的机会。

对于孩子的消极情绪，首先引起注意，其次证实，然后为其定性。先帮助孩子用语言表达出他们的内心感受，然后不要说"这没什么"之类的话，而是提供一些应对这些情绪的意见和建议。（"劳蕾尔没请你去参加溜冰聚会，你是不是很失望？""我敢说这种被排斥的感觉一定不好受，我们要不要聊聊？""我想，你可以在周六请妮科尔去看演出，这样会不会让你感觉好一点儿？"）

要为孩子因为坏情绪造成的负面行为设定界限。正像儿童心理学家海姆·吉诺特（Haim Ginott）说的："允许所有的感受，但不允许所有的行为。"①

实践场　寻找机会亲近孩子

下面的活动可以提供和孩子亲近的机会，它们看似平常，却非常重要。这张活动清单可以分成两部分：一部分是你能为孩子做的事；另一部分是你能与孩子一起做的事。读清单时请回想一下：上周你做过哪些类似的活动？还有哪些活动是你想在下周尝试要做的？你是否想把某些活动变成日常沟通的一部分？把这些活动内容圈出来，然后在下周尝试一下。当下周结束时，回头看看你都做了些什么。考虑一下这些与孩子亲近的新尝试对你与孩子的情感联系有什么帮助。

可以为孩子做的事：

- 注意一下孩子所在学校或者日托中心的一些动态。多与老师进行沟通，表现出你对这些事情的关心。
- 参加孩子的体育活动或者演出。
- 参加学校的活动、家庭招待会以及家长会。
- 和孩子一起用餐，包括早餐。关掉电视，随便聊点儿什么。
- 为孩子准备在学校吃的午餐，同时和孩子聊聊关于科学饮食之类的话题。
- 为孩子拍照。
- 用特殊的方式表扬孩子好的表现。比如孩子画了一张画，与其泛泛地说"你画得真棒"，不如具体描述一下这幅画带给你的感受："这幅画好像把我带到了茂密的森林里。"
- 经常轻轻地拍打孩子，以表达你对他的爱意。对于年龄较小的孩子，可以时常抱抱他或者抚摸他。对于年龄稍大的孩子，只要他

---

① 关于"行为界定"的更多细节，可参见作者的另一本著作《培养高情商的孩子》。该书中文简体字版已由湛庐引进、浙江科学技术出版社出版。——编者注

不抵触，可以经常性地拉着他的手。让拥抱成为家庭的习惯。当孩子表现好的时候，可以轻拍他的胳膊、头部或者背部。

- 时刻为孩子提供选择的机会。在允许的范围内，让孩子自己选择吃什么、穿什么，以及参加什么类型的活动。
- 注意孩子的好恶。如果他喜欢吃松软的饼干而不是硬脆的饼干，那就买松软的饼干好了。
- 时常问问孩子今天过得怎么样，用心聆听。
- 询问一下孩子的朋友的情况。不是质问，而是带着兴趣了解。
- 认真对待孩子的朋友们。
- 关注孩子的一些创造性思维方式。
- 寻找机会对孩子表示感谢。
- 问问孩子长大了想做什么，用心聆听。
- 问问孩子平常比较怕什么，用心聆听。
- 问问孩子有没有最想实现的愿望，用心聆听。
- 如果父母做错了事情，要勇于向孩子道歉。这可以教育孩子：犯错误没什么，只要敢于承认并懂得道歉就好。
- 关注孩子的日常行为。
- 时刻了解你的孩子此刻在哪里。
- 经常询问孩子的日常经历和想法。
- 和孩子一起做的事：
- 玩耍。
- 散步。
- 小睡。
- 编故事。
- 做饭。
- 吃零食。
- 讲笑话。
- "群抱"，就是一家人抱在一起。
- "蝴蝶吻"（通过眨眼用眼睫毛轻触对方的皮肤）或者"碰鼻鼻"。

- 互相挠痒痒或者追逐打闹。（但一定注意千万不要用力晃动年龄很小的孩子，因为这有可能造成脑部损伤。）
- 一起看孩子小时候的照片。给孩子讲他小时候有趣的事情，让孩子知道他出生时你们多兴奋。
- 一起用餐。
- 看孩子最喜欢的电视节目，并和他聊聊看完后的感受。
- 朗读报纸并聊聊读后感。
- 朗读连环画报并谈谈读后感。
- 大声读书，就算你的孩子已经能自己阅读了也可以这样做。
- 传球、投篮或者在空地上踢足球。
- 做手工。
- 扮演各种人物。
- 重新装饰孩子的房间，让他自己选择喜欢的颜色和风格。
- 饭前一起摆餐具。偶尔可以享受一次"特别晚餐"，比如点上蜡烛、摆上最好的餐具等。
- 布置花园，为孩子留一块他自己的区域。
- 为孩子买衣服，尊重他的选择。
- 开一个储蓄账户，一起去存钱并计算利息。
- 为孩子买些股票，每天关注价格变化。
- 玩电脑游戏。
- 上网搜索孩子喜欢的网络资源。
- 和孩子去他最喜欢的餐厅用餐。
- 去公园、运动场或儿童博物馆，和孩子一起在运动器械上活动。
- 去儿童剧院看演出，谈谈对演出的感受。
- 去电影院看儿童电影，聊聊观后感。
- 去休闲健身，比如游泳、滑冰、远足、露营或者打保龄球。
- 去艺术博物馆，根据绘画作品编故事。
- 去本地图书馆或者书店参加"故事角"活动。

- 点上壁炉一起烤棉花糖。
- 关上电灯，点上蜡烛，讲鬼故事（但不要过于恐怖）。
- 一起度假。
- 度假归来后一起制作一个关于假期美好时光的剪贴簿。
- 唱歌，或者弹奏乐器。
- 跳舞。
- 在院子里搭帐篷，过一天露营生活。
- 做让人身心放松的体育活动。
- 主动申请参加孩子班级组织的外出旅行。
- 主动要求参加孩子所在教室的装饰活动或者清扫工作。
- 需要的时候，帮助孩子一起完成功课。
- 制订假期计划。
- 安排生日聚会。
- 整理远方亲戚寄来的信件、赠送的各种礼物。
- 翻看家谱。
- 玩拼图游戏。
- 为整个家庭或者孩子个人制作"纪录片"。
- 整理家庭相册。
- 在当地的儿科医院或者计生部门和孩子一起参加性教育培训。
- 制作"成长尺"并时常查看孩子长高了多少。
- 一起参加社区志愿活动。
- 参加宗教活动。
- 冥想或者祈祷。

实践场　绘制孩子的爱心地图

　　这是另一项帮助大家亲近子女的练习，它能帮助大家了解孩子在日常生活中的方方面面。你对孩子的经历、感受以及好恶了解得越多，就越能找到机会亲近孩子。

你可以独自完成这项练习，但建议大家最好能与孩子的其他重要的监护人（你的配偶或者你的父母等）一起完成。如果两个人都不知道某些问题的答案，可以把这些问题标出来，事后向孩子了解。当然，大家要努力完成每一个问题，让这张爱心地图尽量完整。不要把这项练习看成是两个人之间的竞争，这样会让双方产生敌对情绪。要把练习看作一种游戏，通过玩游戏你们可以加深对孩子的了解，并对他的人生产生积极影响。

随着孩子的不断成长，家长也应该不断回来重新做做这项练习。大家可以选择在孩子每年生日临近时来完成，这样可以了解孩子在一年中经历的一些重要变化。

1. 列举出孩子最喜欢的两种食物。
2. 列举出孩子最不喜欢的两种食物。
3. 列举出孩子最喜欢的两种音乐类型。
4. 列举出孩子非常喜欢的歌手。
5. 列举出孩子的兴趣爱好和课外活动。
6. 说出孩子所有的朋友。
7. 说出所有孩子不喜欢的人。
8. 列举出孩子心目中的两位英雄形象。
9. 列举出孩子最喜欢的两部电影。
10. 列举出孩子最喜欢的两个电视节目。
11. 列举出孩子喜欢和不喜欢的动物，各两种。
12. 列举出孩子最喜欢的度假地点。
13. 列举出孩子最喜欢的两支乐队。
14. 列举出孩子最喜欢的体育项目。
15. 列举出孩子最喜欢看的体育比赛。
16. 说出孩子曾经迷恋过的一个人。

17. 列举出孩子觉得无聊的运动项目。

18. 如果孩子有一大笔钱，而且可以去任何地方购物，他最想买哪三样东西？

19. 列举出孩子最希望你能做出的一些改变。

20. 列举出孩子喜欢和不喜欢穿的服装类型。

21. 列举出孩子不喜欢的亲戚。

22. 如果孩子屋中挂有人物海报，一般是哪两个人？

23. 列举出孩子最喜欢的亲戚。

24. 今年孩子想用什么方式过生日？

25. 列举出孩子最喜欢的甜食。

26. 如果让孩子设计家居环境，他会设计成什么样？

27. 你希望孩子身上有哪些改变？

28. 列举出三项孩子在晚上最喜欢的活动。

29. 孩子最不喜欢用什么方式过生日？

30. 外面天气不好时，孩子理想中的室内活动是什么？

31. 列举出孩子最近喜欢的三本书。

32. 列举出孩子最喜欢和最不喜欢的老师，各三位。

33. 列举出三项孩子在周末最喜欢从事的活动。

34. 列举出孩子最喜欢的两首歌或者两部音乐作品。

35. 哪些主要问题阻碍孩子过上幸福、快乐的生活？

36. 列举出孩子最喜欢的两种乐器。

37. 列举出孩子到现在还没有实现的两个梦想。

38. 说出孩子长大后想从事的两种职业。注意，不是孩子随便说说的，而是认真考虑过的。

39. 有没有什么职业是孩子将来永远不会考虑的？

40. 列举出孩子最喜欢的两种颜色。

41. 列举出孩子最喜欢的三种游戏。

42. 说出孩子眼睛的颜色。

43. 孩子最喜欢去哪儿旅游？为什么？

44. 列举出孩子最喜欢的两家餐馆。

45. 孩子是否喜欢读书？

46. 什么情景或者地方会让孩子感觉不舒服？请各列举两个。

47. 孩子生病时最希望你做些什么？

48. 孩子在心情不好时喜欢吃什么？

49. 孩子经历过的最难过的事情是什么？

50. 孩子是否喜欢数学？

51. 孩子经历过的最灰暗的阶段是什么？

52. 孩子是否喜欢写作？

53. 孩子对于犯罪这件事持怎样的观点？

54. 孩子睡前喜欢什么活动？

55. 列举出孩子最喜欢的两种锻炼方式。

56. 孩子理想中的生日礼物是什么？

57. 列举出两件让孩子感到恐惧的事情。

58. 孩子对于战争有什么看法？

59. 孩子希望怎样过周末？

60. 描述一下孩子经历过的最高兴的一天。那天发生了些什么事？

61. 列举出两件让孩子特别生气的事。

62. 孩子是否喜欢旅游？

63. 孩子是否能分清什么是善，什么是恶？你是怎么了解到这些的？

64. 最近是否有与孩子促膝谈心的经历？描述一下当时的情景。

65. 孩子最喜欢带什么午饭去学校？最不喜欢午餐盒中有什么？

66. 列举出最近两次孩子感到紧张、有压力的情景。

67. 如果孩子有撒谎的经历，请举出两次。

68. 孩子对于捕杀动物有什么看法？

69. 孩子是否喜欢警察？

70. 列举出三项让你感到担心的孩子身上的个性弱点。
71. 孩子在最近一年的学校生活中有哪些让你高兴和担心的事情？
72. 列举出孩子最喜欢的三位成人。
73. 孩子对于金钱的态度是怎样的？
74. 孩子对于政治的看法是怎样的？
75. 孩子对某些动物的感觉是怎样的？为什么会有这样的感觉？
76. 孩子对于学校考试的感受是怎样的？
77. 孩子对于取笑别人的看法是怎样的？
78. 孩子对于穷人的态度是怎样的？
79. 孩子是否有感到羞愧或者丢脸的时候？描述一下当时的情景。
80. 说出孩子经历过的最好的时光。为什么？
81. 列举出两件让孩子感到担心的事情。
82. 说出孩子最喜欢的画家。
83. 说出孩子认为最酷的汽车。
84. 说出孩子对于暴力的态度。
85. 你做什么事可以促进和孩子的关系？
86. 孩子会认为生活中最棒的经历是什么？
87. 孩子最喜欢和朋友们在一起玩什么游戏？
88. 孩子感到难过时一般会用什么方式来调节心情？
89. 说出孩子过得最好和最坏的暑假。
90. 孩子想要如何布置自己的房间？
91. 孩子一般会用什么方式引起你的注意？
92. 孩子对于家庭作业的态度是怎样的？
93. 说出孩子感到特别自豪的两件事。
94. 描述一下最近孩子过得不愉快的一天。那天发生了些什么？
95. 孩子会选择什么作为给你的生日礼物？
96. 孩子最喜欢的老师是哪位？为什么？

97. 描述一下你孩子曾做过的一次噩梦。

98. 孩子对于大自然的感受是怎样的？

99. 孩子对于慈善事业的看法是怎样的？

100. 孩子会认为生活中最不愉快的经历是什么？

第二步，不要忽视情绪指令系统的影响

一位年轻的父亲想给 3 岁的儿子穿上新买的风衣。这时，正好有个邻居过来做客。他儿子看来一点儿都不喜欢这件衣服，一直哭闹着不肯好好穿。

后来，那个邻居问："是否介意我给孩子穿上？"父亲有些尴尬，但还是很感激邻居伸出援手，于是说："好的。"

这个邻居把风衣铺在地上，开始摆弄上面的拉链以及手腕部位的粘扣带。他一边摆弄一边问男孩儿："你想不想知道这些玩意儿怎么用？"男孩儿点了点头，也走过来一起鼓捣。过了一会儿，邻居问小男孩儿："你想不想一个人把这件衣服穿上，完全一个人？"男孩儿再一次点了点头，然后就真的在邻居的口头指导下一步步把衣服穿上了。成功后男孩儿兴奋地大喊："耶！我做到了！"

我很喜欢这个故事，因为它恰好表明了孩子与父母在运用不同情绪指令系统时的情景。父亲这时运用的是"能源总管"情绪指令系统，他想的是"一定不能让孩子冻着"。而这时孩子运用的却是"司令"情绪指令系统，他想"其实我可以自己穿上"。同时，他还运用了"探险者"情绪指令系统："瞧！我发现其中的秘密了！"

邻居正是因为充分了解这一点，他才能成功地帮孩子穿上衣服。他看到了孩子急切地想要独立以及想要施展才能的欲望。他从孩子的角度来看这个

场景:"这个孩子不喜欢被动地接受一切。他想展示给大家看自己能够穿上衣服,特别是当他看到这件风衣如此漂亮的时候。"

对于大部分孩子来说,独立、展示技艺、冒险以及力量感都是他们的梦想。所以孩子们一般都喜欢动画里的超级英雄。另外,他们也会特别喜欢电影《泰坦尼克号》里面男主人公站在船头喊的那句话:"我是世界之王!"这也是很多时候孩子与父母产生争执的根本原因。孩子还小时,这些争执多数集中在何时睡觉、怎么吃饭以及用什么方式出门旅行等方面。当孩子逐渐长大后,矛盾就会转移到家庭作业、穿衣风格、朋友关系以及何时回家等问题上。

孩子需要的不仅仅是独立性和力量感,他们同样渴望安全、保护以及归属感。他们缺乏生活经验,所以需要成人的指导。他们需要确保,在危险的情况下我们能够为他们设定界限,并设法保护他们。我们要给予他们各种支持,帮他们养成各种好习惯。所以在他们展示"探险者"和"司令"情绪指令系统的同时,我们也需要运用自己的"哨兵"和"筑巢鸟"情绪指令系统。我们还需要发挥"能源总管"情绪指令系统的作用,保证孩子有充足的营养和睡眠。作为成人,我们应该向孩子传达这样的信息:孩子,我们对你有充分的信任,愿意看你做各种尝试,但我们要保证你的安全。一旦有危险,我们不得不插手。

如何保持这些系统之间的平衡呢?最好的办法是:只要有机会,就让孩子自己做选择。如果你的孩子比较小,可以利用类似下面的方式:带他去一家超市,找出 3 种不同的牛奶,然后对他说:"自己来挑一种吧。"尽量让孩子自己选择穿什么颜色的衬衫、读什么书、玩什么游戏。给孩子选择权会让他产生极大的满足感。随着年龄的增长,我们可以给他更多的选择机会。比如,给他一些零花钱,让他自己决定怎么花;让他选择上什么辅导班,参与什么运动项目或者课外活动。这些都可以让他有更多的独立性，并让他逐渐意识到自己将来想成为什么样的人。这种渐进式的责任感让他受益匪浅。这会让他明白：父母尊重他的选择，了解他内心的想法。这是相互理解的开始，有助于不断巩固情感联系。

第三步，情感历史的影响

大家是否有过这样的经历？你正在与孩子谈话，忽然你意识到这些话好像不是从你嘴里说出来的，而是很多年前你的父母对你说过的。你与孩子建立情感联系的方式多少都会受到父母的影响，这些影响可能是正面的，也可能是负面的，这就是我们要重视情感历史的原因。情感历史包括儿时你听到父母表达情感的方式、家庭情绪观以及过去经历所带来的持续伤害。

理解自己的情感历史非常重要，因为情感历史能解释你发出和接受沟通邀请的独特方式。举例来说，如果你的父亲性格固执，经常责怪你没事儿闷闷不乐，那么当你看到自己的孩子情绪低落时，你会感觉不知所措。而如果你的父亲非常能体谅别人，总是能敏锐地观察到你的消极情绪，并帮助你解决这些问题，那么你在解决自己孩子的类似问题时也会感到游刃有余。

实践场　情感历史对你与孩子的情感联系的影响

下面这些问题探讨的是你的情感历史对你提出和回应沟通邀请的影响。在回答这些问题前，请回头看一下第5章中的相关练习。如果当时你没有完成这些练习，请现在就拿起笔来做一下，因为它们密切相关。

建议把这些问题的答案写在情感日志中。另外，如果有机会，与孩子的其他监护人或者自己的好朋友讨论一下这些问题的答案，这将对你与孩子的情感联系有莫大的帮助。

1. 回顾一下前文"测测你的情感历史"这项练习，看当时你完成的情况怎么样。仔细看一下你在每项中的得分：自豪、爱意、愤怒、悲伤或恐惧。想一下你在向孩子表达每一种情感时的舒适程度，然后回答下面的问题，把每一种情感独立出来进行思考。

   - 你在表达每一种情感时的舒适程度对你与孩子产生联系的能力有什么影响？
   - 当孩子经历这种情感时，你一般是否理解？
   - 当孩子表达这种情感时，你会有什么感受？是尴尬、恐惧还是生气呢？
   - 当孩子表达这种情感时，你一般倾向于亲近他、远离他还是反对他呢？
   - 当孩子表达这种情感时，你想如何提高倾听和回应能力？

2. 回顾一下前文"测测你的家庭情绪观"这项练习，然后回答下面的问题。

   - 你的家庭情绪观属于"情绪管理训练型""放任型""忽视型"还是"压抑型"？
   - 这对你与孩子的情感沟通产生了什么影响？
   - 在与孩子进行沟通时，你的情绪观属于哪种类型？

第四步，提高自己与孩子情感沟通的技巧

父母与子女的情感沟通早在孩子还没有学会说话时就已存在，而且将贯穿双方的大半生。第 6 章中提到的"情感沟通游戏"是训练这种技巧的好方法。下面的练习会进一步提高你在与子女进行情感沟通时的应变能力。

实践场　针对父母与子女的情感沟通游戏

你可以和别人或者自己的孩子进行这个游戏，当然前提是你的孩子能读懂这些内容。先把题干和选项通读一遍，这次不要读出声。然后轮流把每一部分内容朗读出来，让对方做出选择。当然，

也可以独自完成这个游戏，但是，和自己的孩子共同进行，能帮助你了解孩子表达情感的独特方式。

1. 你打算马上练钢琴吗？

    A. 你看到孩子正在准备练习，感到很惊喜。

    B. 你觉得孩子早就应该练琴了，不然琴技会荒废。

    C. 你只是随便问一问。

2. 你现在是不是想把它吃掉？

    A. 你的孩子非常顽皮，一直不好好吃东西，你有些生气。

    B. 你理解孩子不太喜欢这种食品，所以暗示他可以不把它吃完。

    C. 你只是随便问问，并没有任何感情色彩。

3. 你那些玩具都还在院子里，要是在那儿放一晚上，会受潮，那可就不好玩儿了。

    A. 你觉得孩子不好好对待玩具，对此你很生气。

    B. 你知道孩子很喜欢这些玩具，不想让孩子因为玩具受潮了而伤心。

    C. 你只是提醒孩子玩具在院子里，而且晚上潮气会很大。

4. 你的朋友杰米刚才喊你了。你们这周末又要一起玩吗？

    A. 你很喜欢孩子的这个朋友，所以希望他们能多在一起玩。

    B. 你觉得孩子和杰米来往太多了，你有些担心。

    C. 你只是随便问问。

5. 你给马克斯喂食了吗？

    A. 孩子总是忘记给宠物喂食，你对他这种不负责任的做法很生气。

    B. 你发现孩子已经开始主动照顾宠物了，对此你感到异常惊喜。

    C. 你只是问问谁该为宠物喂食。

第五步，寻找作为父亲和母亲的共同意义

养育下一代对我们意味着什么？我们可以与孩子周围的人讨论这个问题，这样做可以为孩子创建一个稳定而可以信赖的社会环境。

当父母或者其他监护人在养育孩子的问题上达成共识后，他们之间的情感联系会更紧密，而产生矛盾的概率也会减小，当然会对孩子产生积极影响。他们之间会互帮互助，同心协力地实现彼此对孩子的期望。而且，探讨这些话题会让你更强烈地意识到：孩子从他人身上学来的价值观对其成长非常重要。

下面这些问题能帮助你了解自己到底想成为什么样的父母。之后是一些常规活动，这些活动可以帮助大家与孩子以及孩子周围的人建立更好的情感联系。

实践场　家长这个角色对你的意义

下面是一些问题。你可以把这些问题的答案写在情感日志中，也建议你与孩子的其他监护人分享、讨论你的这些答案。

如果你的孩子年龄较大，你也可以和他共同讨论这些问题。这样双方就可以从不同角度审视你们之间的关系，从而拉近你们之间的关系。

- 成为父母对你意味着什么？
- 你对好父母是怎么定义的？
- 你对好父母的理解与你的父母对好父母的理解有什么不同？
- 如何为孩子营造一个健康而有利于成长的环境？
- 孩子身上需要具备什么品质才能在以后的生活中幸福、快乐？你所成长的家庭是否在你身上培养出了这样的品质？你希望孩子的

成长环境在哪些方面与你成长的环境相似，在哪些方面有差异？
- 谁应该是在孩子生活中产生最大影响的人？如何能保证孩子与他有充分的时间相处？
- 教育应该在孩子的生活中占据什么位置？如何可以保证孩子接受到这样的教育？
- 在孩子的生活中，电视、网络、广告和其他媒体形式应该扮演什么角色？你如何能帮助孩子诠释和理解他从各种媒体中学到的东西呢？
- 你希望孩子对于伦理、道德、精神和宗教这些问题有怎样的认识？这些问题对于孩子有什么重要意义？孩子应该通过什么渠道学习到这些东西？
- 你希望孩子对于下面这些问题有什么观点和看法，包括友谊、婚姻、家庭、性行为、金钱以及谋生？孩子应该通过什么渠道了解这些？
- 在孩子的生活中，行为规范具有什么意义？起到什么作用？为孩子设立行为规范的最好途径是什么？你现在的行为规范有哪些不妥当的地方？如果有的话，你想如何改变现状？如何可以保证孩子能持续不断地接受行为规范的教育？
- 假设你的孩子已经长大成人，而你早已去世，你希望孩子在提到你时会把你描述成什么样的父母？你现在想做哪些改变以期获得这种评价？

与孩子建立联系的常规活动

常规活动能促进任何关系中的情感沟通，特别是对于孩子。因为如果孩子知道接下来将会发生对他有益的事情，他们很容易感到安全而舒适。常规活动可以让年龄较小的孩子感到平静。对于青少年来说，常规活动就像是变革期的精神依靠。

而对于任何年龄的未成年人来说，常规活动都可以用来传递家庭价值观和归属感。

下面的常规活动能促进父母与子女之间的情感联系。有些项目，比如洗澡，适用于年龄较小的孩子，而其他一些适用于各年龄段的孩子。不管你选择什么样的常规活动，一定要保证这些活动适合孩子的年龄和发展阶段。请记住一个原则：**孩子年龄越大，他就越愿意承担责任。**

早晨的常规活动。如果孩子要步行去学校或者托儿所，可以稍微早点儿叫他起床，这样他就有充足的时间穿衣服、吃早饭。一起坐在餐桌旁，用相互鼓励的方式谈论这一天可能发生的事情。如果你们强调精神价值，可以一起做祷告，或者读一段启迪人心灵的诗歌。

告别时刻。离开年龄较大的孩子时可以送上一个飞吻、一个拥抱或饱含情感的话语。而对于年龄较小的孩子，一定要告诉他你很快就回来。在告别的最后时刻，可以用显得傻乎乎的挥手或者逗趣的语言来为之添彩。

重聚时刻。热情地和他打招呼，让他感受到你见到他有多高兴。询问一下当天发生的事情，注意要用一些相对具体的问法。"你们这次郊游怎么样？""课间休息时你都干什么了？""班里有谁拿零食来了？"而像"今天在学校过得怎么样"这样的问题一般只能换来非常模糊的回答。如果你能问得更深入一些，如"今天学校里发生什么傻事儿了"，你就有机会与孩子建立更深的情感联系。

另外请记住：学龄前儿童在与家长分开一天后，需要一段时间的转换期，所以，如果你看到他并不想立刻跟你回家，不要感到奇怪。在这一天结束前，如果他能在自己熟悉的世界里稍微多待上一段时间，他会感到更为舒服。

用餐时间。每个人都需要吃饭，所以最好能把用餐时间变成大家共享的快乐时光，这是每天固定的相聚时刻。如果孩子能参与其中，就会得到更多的快乐，从做饭、准备餐具到收拾碗筷。每天应该保证有一次共同用餐的经历。如果由于工作大家无法聚在一起，试着寻找其他时间。确定另一个可以聚在一起的时间，比如放学后或者上床睡觉前，而且一定要坚持下去。这时可以在一起吃点儿零食、喝杯牛奶或热茶。如果这也不容易办到，那至少要做到每周有几次相聚的时间。

谈谈这一天中各自都遇到了什么事，要保证每个人，无论年龄大小，都有说话的机会。这时，我们的目的是沟通，所以关掉电视以及其他干扰源。要把家庭聚餐看成绝好的机会：这是一天中教育孩子的最佳时机，这时可以表现出你是多么尊重和关心他。

要保证餐桌谈话的轻松自如。如果有产生矛盾冲突的苗头，一定要马上停止或者转换话题，然后另找时间谈论那件事。

在很多家庭的餐桌上，经常会引起关系紧张的事件是孩子的饮食习惯。为了解决这一问题，我们可以用一下很多营养专家推荐的一个简单方法，即家长决定吃什么，而孩子自己决定吃多少。有些家庭为了避免这一问题，会给挑食的孩子提供一种相对健康的"默认选择"。（"如果你不喜欢我们准备的东西，你可以去吃自己喜欢的花生酱、果冻三明治和水果，但是这些需要你自己准备，不许抱怨。"）

洗澡时间。 洗澡是年龄较小的孩子特别喜欢的活动。你可以让这段时光变得更为有趣，可以通过增加一些唱歌以及小游戏的环节来实现。每天定时给孩子洗澡可以消除他的一些恐惧感。另外，为了避免在洗澡时因为孩子不愿入水或者洗完不愿出水而可能带来的争执，应该允许孩子有充足的时间入水以及在洗完后玩耍。

家庭作业。通过建立一些与学习有关的常规活动，你可以让孩子了解教育对他的重要性。这些常规活动可以多种形式进行，比如，每天找一段固定时间完成家庭作业。要让家里的各种事情主次分明。比如，有些家庭会规定在作业完成前不能看电视或打电话。另外，孩子做作业的地方应该舒适、安静、光线充足。有时你也可以适当帮点儿忙，但一定不能帮忙过多，孩子应该养成自己完成作业的习惯。

睡前时光。睡前时间也是与子女建立情感联系的好机会。如果处理妥当，可以让孩子体会到与父母暂时分离不是什么大不了的事儿。这就像是父母与孩子将会分开旅行，进入各自的梦境。睡前时间如果安排得当，孩子就能为这次旅行做好充足的准备。所以，在这上面花点儿时间非常值得，而且，很多孩子可能每天睡前都喜欢进行类似的活动，不要为此感到奇怪。睡前的常规活动包括给孩子讲故事，或者听孩子讲故事。有些孩子喜欢在睡前吃点儿零食，比如饼干或者糖果。其他形式包括和孩子一起玩毛绒玩具、絮絮叨叨地说着"晚安，爸妈都爱你"之类的话。还可以为孩子一边轻轻按摩，一边一起祷告或唱一首歌，还包括深情拥抱、亲吻或者特殊形式的握手等。最后我们想强调的是为孩子读书的重要性，读书可以与孩子建立情感联系，向他渗透对读书的喜爱，共同体验书中的世界，然后慢慢进入梦乡。就算孩子年龄已经很大了，这些睡前常规活动仍可不断进行。我曾经看到有很多家庭坚持在睡前为孩子读书，直到孩子十几岁时依然如此。

孩子生病时。就像睡前时光一样，孩子生病时也是父母表达爱意的黄金时刻。这里推荐一种简单而有效的方式：父母可以让孩子在客厅沙发上休息，也可以读书或者看电视，当然要为他准备好枕头和毯子。这样孩子就处在了家庭的中心位置，每个家庭成员都可以随时向他表示关心和爱护。其他应该准备的包括温度计、电热毯、橙汁、鸡汤以及很多孩子平时喜欢读的书。不要担心孩子会因此养成"装病偷懒"的毛病。如果孩子知道自己在生病期间可以得到很好的照顾，他反而不会这样做。这时我们应专注于孩子发出的各种沟通邀请，倾尽全力地帮助他尽快恢复健康。

在体育、艺术或者学业方面提供支持。在孩子的足球赛结束后，有些父母会用手臂弯成拱门形状让孩子从下面跑过去。每年春天，作为"乐队帮手"成员的父母们都会举办一次老式的校园狂欢活动，其中一定要有踢踏舞表演和小鸭池塘游戏，目的是筹款购置新乐器。每年秋天，父母会涌入孩子的教室，坐在孩子的小椅子上参加家长和老师的联席会议，热烈地讨论孩子的学习问题。这些活动都可以向孩子传递一个信号：你在任何方面的表现我们都很关心。如果孩子看到自己的父母在与其他成人谈论与自己的成长和发展有关的话题，他会意识到并非只有父母才关心这些，整个社区都高度关注。

假日庆祝活动。假期能在各种人际关系中提供情感沟通的机会，特别有利于父母向子女传递家族传统和父母的人生观、世界观。我们要小心的是，不要给自己太大的经济压力。有假日的时候，商人们想从每个人身上赚钱，千万不要因此给孩子传达错误信息，那就是节日是用来购物的，而不是用来进行情感沟通的。怎么解决这个问题呢？大家应该重新审视一下自己过节的习惯，尽量清除那些让你感觉花了冤枉钱的活动。而对于那些能促进家庭成员情感沟通的环节，不仅要坚持，而且可以扩大规模，变换花样。

有两本书都能提供与此相关的好建议：一本是威廉·多尔蒂写的《有意识的家庭》，另一本是乔·鲁宾逊（Jo Robinson）与琼·科波克·斯特赫里（Jean Coppock Staeheli）合著的《拔掉圣诞节的电源》（*Unplug the Christmas Machine*）。两本书都强调：不要把假日庆祝活动的准备工作推给某一个人（一般会是妈妈），所有人都应该参与其中。由于孩子小，没有经验，也许反而会让准备时间更长，让妈妈更忙碌，但这却有利于家庭成员间的情感沟通。在此过程中，父母应该鼓励孩子发挥想象力和创造力。这样的话，随着年龄的增长，他自然就会承担起很多为假日活动做准备的工作，而父母则可以稍微歇歇了。

还有一条建议：在创建假日常规活动时要明确表明你们家特有的好恶。这会让孩子感到他参与假日活动就是与家族传统亲近的过程。（"我们家不喜欢在圣诞节的时候买棵死树就完了。我们会提前种一棵圣诞树，等到圣诞节时长得差不多了，我们再打扮它。""我们全家都喜欢动物，每年逾越节时都会到动物园里看有没有新出生的小动物。"）有些家庭还会形成自己独特的度假习惯，比如在每年秋天去郊外看红叶，或者夏至时去赶海。

成人礼。在有些文化中，子女成人时会有相应的仪式活动。比如犹太教的成人礼就是很好的例子，这是一种公开而正式的成人仪式。这样的活动就像父母在说："我们的儿子已经长成了男子汉，女儿也长成了大姑娘。在他们人生的这一重要时刻，我们作为父母对他们充满了美好的期待。我们希望他们成为有责任心、幸福、快乐的成年人。我们会在他们成长的过程中提供无私的支持和帮助，让他们的人生转型更为顺畅。但我们也知道他们同样需要社区中其他成年人的教导，所以提前感谢大家的帮助与祝福！"

很不幸的是，对于很多青少年来说，没有类似的成人礼，而父母也没有表达过这样的心情。他们只能在没有情感支持的情况下独自走过这一段路。孩子们也许已经模糊地意识到父母已经把自己当作了成年人，但没有机会对此事进行沟通。

不管是否具有宗教意识，你都会希望为孩子创造一种特殊的仪式，在他人生的关键时期建立情感联系。作家西莉斯特·弗里蒙（Celeste Fremon）就曾为她的儿子（非犹太人）举办过一个成人礼。她邀请了很多亲戚朋友，其中也包括孩子自己的朋友，来参加活动，并要求他们每人带一件礼物，而这件礼物需要具有一定的象征意义，象征着他们对孩子未来的期望。礼物五花八门，有瑞士军刀，也有新式电钻，而且每个人都要说出一句祝愿的话或者一句忠告，以帮助孩子健康成长。弗里蒙后来在《优涅读者》(*Utne Reader*)上写道，这个仪式从表面上看来并非意义重大，"但在我看来却是一件大事，那么多在威尔（孩子的名字）生活中发挥着重要作用的人来到这里，告诉孩子他有多么重要。每个人都郑重地向他保证，只要他有什么真正的需要，这些人一定会尽力满足"。

其他父母也举行过非正式的仪式活动。有位父亲教孩子怎么刮胡子，然后一起出去吃冰激凌庆祝儿子成人。有个家庭在孩子小学毕业后带孩子去海边，点上一堆篝火，把很多没用的书本都烧掉了；当然，孩子自己创作或者喜欢的东西没有烧。有位妈妈在孩子第一次来例假时和孩子一起共进晚餐。还有一位妈妈带女儿住进了一家高档酒店，洗了温泉浴，还做了美容。其实每位父母都珍惜这样的时光，因为他们都想寻找机会深情地对孩子说："孩子，我就在你身边。"

做家务。洗盘子、收衣服或者打扫屋子，这些平常小事也可以成为沟通的机会，关键是要让孩子从中体会到乐趣。干活儿时，可以随便和孩子聊一些有趣的话题，同时，要不断表扬孩子。（"你把衣服叠得真整齐。""我们两人干活儿效率就是高。"）一开始也许要花点儿时间来哄骗孩子参加劳动，但只要他从中体会到了劳动的乐趣和沟通的愉快，他的抵触心理会慢慢消失。

纪律严明。当孩子不听话时，你的反应非常重要，这能告诉孩子你真正想教给他的是怎样的为人处世原则。所以，一定要认真考虑自己训诫孩子的方式，并做到持之以恒。

对于年龄较小的孩子，明确纪律的过程可以从一个短暂的"游戏暂停"开始，进行一次促膝谈心，讨论一下如何在今后解决类似的问题。这种反应能教给孩子如何相互理解，以及如何从错误中吸取教训。对于年龄稍大的孩子，明确纪律的过程中还应包括说明由于不遵守纪律所带来的一些严重后果以及惩罚措施。注意，这些所谓的后果或惩罚是应该让孩子有机会参与到家庭活动中来，而不是把他排除在外或者孤立起来。（"当时我们说好了，你答应6点回家吃晚饭，可你却晚了1小时。所以，明天你需要5点就回家，帮我做饭、摆放餐具。"）

下面我想稍微扯远一点儿：在英文中，纪律（discipline）和学徒（disciple）都来自拉丁文，它们的词根都是"discere"，意思是"学习"。你的孩子就像是你的徒弟，他会不断地需要你的指导，以便懂得如何更好地生活。

道歉与原谅。跟婚姻关系一样，父母与子女的关系同样可以从有情感治疗作用的常规活动中受益。有没有什么词句或者表情举止隐含着"对不起""我们谈谈吧"以及"我可以原谅你"之类的意思？具有道歉和原谅意味的常规活动当然包含这些词句或者表情举止，而且可以更微妙一些，比如一句俏皮话，或者提出一起吃点儿什么之类。具有道歉意味的举止包括亲吻、拥抱以及轻轻地抚摸。

举例来说，你的女儿某天大发雷霆，急匆匆地跑回自己房间，砰的一声把门摔上。这时，你不要感到失望或者无奈，也许屋内的女儿正在期待着5分钟后房门能悄悄打开。也许这是一种无声的沟通邀请，希望你能走进去开始"和平谈判"。一定要细心观察，找出类似的常规行为，并且勇敢而果断地去利用它。这些沟通邀请对孩子特别重要，特别是那些年龄较小的孩子。当家庭成员之间产生矛盾冲突时，他无法用语言表达出自己有多受伤，但能体会一个拥抱或者一起相处所带来的安慰。

朋友，赢得长久友谊的法则

第一步，审视自己向朋友提出的沟通邀请

友谊的特殊之处在于它的自愿本质，同时也能解释为什么有些友谊不够稳定。不管对方提出共进咖啡，还是送上丰厚的礼物，或者在你生病时过来照顾，这一切都是一种极为慷慨的情感表达。友谊不受法律、经济状况或亲情的限制，朋友主动发出的沟通邀请完全是一种自觉自愿的行为，这也使得友谊在各种人际关系中显得弥足珍贵。

因为双方都需要履行一些其他责任和义务，所以两人有时无法抽出时间巩固、加深友谊，这也是友谊不稳定的原因之一。所以，这就更需要双方做出一些额外的努力，想出一些精巧的创意来使友谊常在常新。希望下面这项练习能对你有所帮助。

> **实践场　寻找机会亲近朋友**
>
> 下面这些创意能帮助大家用一些全新的方式与朋友建立更紧密的联系。在后面几周尝试一下这些新点子，总结一下自己的努力是否对友谊产生了积极影响。你是否感觉和朋友之间的关系更紧密了？
>
> 前文有一项练习叫作"寻找机会亲近爱人"，那项练习中的很多想法同样可以适用于朋友之间。但对于某些友谊，特别是那些略显疏远的，我们需要采用不同的方法来"亲近"。
>
> **为朋友做的事：**
> - 问问对方最近怎么样。注意，一定要让对方感觉到你是真的关心，而不是随便问问。
> - 听对方讲笑话或故事（就算以前听过，也要耐着性子听下去）。

- 返还以前你借的朋友的东西。
- 对于朋友的帮忙真诚地说声"谢谢"。
- 马上请朋友出来吃饭或者喝点儿什么（不过就算他不能赴约，也不要有受伤的感觉）。
- 接受对方的即兴邀请（如果真的不能赴约，不要勉强，也不用有负罪感）。
- 遇到问题时可以征询对方的意见，但不一定要按照对方的建议做。
- 关于对方的问题，在提供意见前一定先问一下对方是否需要。如果对方同意，那就分享一下你的理解。不过就算对方最后没有接受，也不必太失望。
- 知道什么时候自己的要求太过分了。
- 询问对方童年的经历，用心聆听。
- 记住对方的生日，到时送上一张贺卡或者一份礼物。
- 对方在称赞他的爱人或者男女朋友时，点头表示同意。
- 注意对方的孩子，并且不要吝惜赞扬的话语。
- 称赞对方。
- 接受对方的道歉。
- 询问对方的某些生活经历，用心聆听。
- 询问对方父母的情况，用心聆听。
- 告诉对方，自己的电话随时为他开通。
- 如果对方说"我快累垮了"，一定要想办法让他感到放松。
- 如果对方需要出差或者旅行，开车送他去机场。
- 如果对方情绪低落，那就让他在你面前尽情发泄吧。
- 如果对方有健身计划，给予必要的支持和帮助。
- 鼓励朋友多学习，多拓展人生领域。
- 当对方压力太大时，主动提供帮助。
- 寻求对方的帮助。
- 允许对方帮助自己。

- 关注对方的生存状态，不管对方是得意还是失意，都要提供必要的支持。
- 如果双方多年没有联系了，找准机会重新建立联系。

和朋友一起做的事：

- 去对方家里做客。
- 一起上下班。
- 一起锻炼。
- 一起做志愿活动。
- 通过电子邮件聊天，分享笑话和新闻。
- 经常给对方打电话。
- 集合有共同兴趣爱好的朋友，定期聚会。如果你没有时间参加聚会，也可以在线参与关于这些兴趣爱好的沟通。
- 相互吐露心声，并为对方保守秘密。
- 双方在必要的时候互相帮助，比如照看孩子、照顾宠物或者照料房间。
- 在大事上也相互帮助，比如粉刷房间、搬家或者盖房。
- 为对方的成功表示祝贺。
- 共同为两人共有的朋友举办宴会。
- 拥抱、握手，或者拍拍肩膀。
- 一起痛哭。
- 参加对方生活中的大事，如孩子的婚礼、父母的葬礼或者对方生病时前去照料。
- 合作一个项目。
- 给对方看自己孩子的照片。
- 一起祈祷或者沉思。

第二步，不要忽视情绪指令系统对友谊的影响

几个月前，有位相识多年的老朋友专程来看我。这时他正处于

事业的巅峰期，一切都让他感到特别满意。在听他讲自己的成功经历时，我发现自己面临两种选择。一种是像我们年轻时那样，开始讲述自己的成就，然后把这次会面变成一种竞争。这是很多人在不知不觉间都会去做的。而另一种是用心聆听，分享朋友成功的喜悦。

我最终选择了用心聆听，而且我为自己能做出这样的选择感到欣慰。会面结束时，我们都非常高兴，感觉友谊比以前更牢固了。有人会问：那你什么时候讲述自己的成功故事呢？急什么，我们有的是时间。

回过头来想一想，我逐渐明白了自己为什么会做出那样的选择。其实这是一个"筑巢鸟"情绪指令系统战胜"司令"情绪指令系统的过程。我主动选择倾听，而不想把它变成一个竞赛，因为这可以使友情加固，而不会伤害彼此的感情。朋友之间当然可以竞争，而且这也是很多朋友相互激励的方式，但至少我这次不想这样做。

对于任何人际关系来说，了解彼此的情绪指令系统都很重要，但在友情中确实显得尤其重要，因为友谊这东西不是命定的，而是双方选择的结果。和其他关系相比，友情的中断显得更为自然，没有任何仪式，你只需要从此与对方切断联系就行了。

所以，想要保持让双方都满意的友情才显得更加不容易，这需要很多特殊的关心以及微妙的协商过程，可以用语言表达，也可以用其他方式。这时，"筑巢鸟"情绪指令系统就显得很重要。大家可以就下面这些问题进行协商：作为朋友，我们应该花多少时间和对方待在一起？我们是否经常与对方分享真实的内心感受？当事业和家庭有可能对友谊造成负面影响时，我们该怎么办？如何掌控自己的"司令"情绪指令系统？如果有一方始终居于主导地位怎么办？对方能否甘心长期居于从属地位？他对此有何感受？

对于异性朋友来说，"好色之徒"情绪指令系统显得尤其重要。双方能否感觉到彼此对于异性的吸引力？如果真有这种感觉，我们该如何处理这一局面？是顺其自然发展，还是划定界线？如果两人在这一问题上意见相左，友情还能否维持下去？

经常一起旅行的朋友应该特别注意彼此的"探险者"情绪指令系统。当双方或一方又饿又累时，我们需要调控彼此的"能源总管"情绪指令系统。当旅行中存在危险因素时，我们还需要动用"哨兵"情绪指令系统，这在有孩子同行时会显得特别重要。（"我们必须有个人陪孩子一起过去。""无论何时，我女儿都不能喝酒！"）还有，如果两人的"开心果"情绪指令系统不能协调一致，双方可能会因为待在一起没有足够的乐趣而使友情淡漠。

另外请注意，没有必要刻意调节自己所有的情绪指令系统去适应某一位朋友，因为我们不能把所有对友情的期盼放在某一个人身上。你可能喜欢和小王一起跑步，和大李分享工作上的快乐与苦恼，而关于家庭的事儿总是跟老赵说说……相信大家已经明白我的意思了。

第三步，情感历史对于友谊的影响

友谊，和其他人际关系一样，都会受到情感历史的影响。我们在儿时看到的情感表达方式、家庭情绪观以及过去经历带来的持续伤害都会影响我们与朋友建立情感联系的方式。

完成下面的练习，大家可以更为具体地了解情感历史对于友谊的作用。如果我们能有意识地运用自己的情感历史，就可以提高我们提出沟通邀请并恰当地回应对方沟通邀请的能力。

实践场　你的过去对于友谊的影响

请回读一下第5章中关于情感历史的练习，看自己当时所写下的答案。然后，心中想着某一位特定的朋友，在情感日志中记录下面这些问题的答案。如果你和对方的关系较为亲密，可以邀请他一起完成这项练习。你也可以自己完成，同时努力设想对方面对同样的问题时将如何作答。当然，事后最好能寻找机会与对方就此事谈一谈。

1. 回顾一下前文"测测你的情感历史"，看当时你完成的情况怎么样。仔细看一下你在每项中的得分：自豪、爱意、愤怒、悲伤或恐惧。想一下你在向朋友表达每一种情感时的舒适程度。然后回答下面的问题，把每一种情感独立出来进行思考。

- 你在表达每一种情感时的舒适程度对你与朋友产生联系的能力有什么影响？
- 当你在经历这种感受时，你一般能否向朋友解释清楚你的感受？
- 你感觉你的朋友是否可以理解你当时的感受？
- 当你在表达这种情感时，你是否有负罪感或者感觉不自然？
- 当你在表达这种情感时，你的朋友一般倾向于亲近你、远离你还是反对你？
- 当你在表达自身感受时，你希望朋友如何回应？你和朋友能就这些问题坦诚对话吗？

现在想想你在听对方表达情感时的自身舒适程度。然后回答下面的问题，同样地，把每一种情感独立出来进行思考。

- 当你在倾听对方表达情感时，你的舒适程度将会对你与对方建立情感联系的能力产生什么影响？
- 你能否在对方表达情感时产生共鸣？
- 对方表达情感时，你是否会感觉尴尬、恐惧或者生气？

- 对方表达情感时，你一般会亲近、远离还是反对对方？
- 你认为怎样可以提高与朋友分享感受的能力？

2. 回顾前文"测测你的家庭情绪观"，然后回答下面的问题。

- 你的家庭情绪观属于"情绪管理训练型""忽视型""放任型"还是"压抑型"？
- 在与朋友进行沟通时，你的情绪观是什么？这对你的友谊有什么影响？
- 在与你的沟通中，你朋友的情绪观属于"情绪管理训练型""忽视型""放任型"还是"压抑型"？这对你们的友谊产生了什么影响？

第四步，提高你与朋友进行情感沟通的能力

真正的好朋友一般都能通过对方的面部表情、说话语气或者行为举止来洞察对方的内心感受。我们在第6章中已经详细地讨论了这些非语言表达方式。下面的练习是想让大家进一步提高这方面的能力。这次的所有情景都是与朋友相关的。

实践场　朋友之间的情感沟通游戏

如果大家准备和朋友一起来完成这个游戏，请先静静地读完题干以及3个可能的解释，按照自己的理解选择一个最合理的解释。然后轮流读一下每个题目，互相猜测对方选择的是哪一个。你也可以自己来完成这个游戏，但建议只要有可能，就一定要与朋友一起来做，因为这可以帮助彼此了解各自表达情感的独特方式。

1. 这周末能不能一块儿吃顿饭？

    A. 这时你很生气，因为每次都是你提出一起聚一聚的建议。
    B. 你感到有些惊喜，因为对方似乎有时间，而一起吃饭又是最好的选择。
    C. 你只是随便问一下对方有没有时间。

2. 现在忙吗？
    A. 你发现对方似乎手边有事情要做，而你不想过多打扰。
    B. 你一直想和对方谈点事儿，可对方似乎总是在回避，你感到很恼火。
    C. 你只是随便问问。
3. 这套新衣服怎么样？
    A. 你很喜欢这套衣服，觉得自己穿上后看起来很棒，同时也很想得到对方的赞扬。
    B. 这套衣服价格不菲，而且你也不确信穿上后看起来好看，所以很想把它退掉。
    C. 你很不喜欢这套衣服，想把它退掉，希望对方能支持你的做法。
4. 埃米马上就要过生日了，你提前预定餐厅了吗？
    A. 对方答应要去预定，而你总担心他记性不好会把这事儿忘掉，从这一点上你很讨厌他。
    B. 你很想知道对方是怎么安排这次聚会的。
    C. 能在这么好的一家餐厅举办宴会，你感到很高兴。
5. 你有没有想过和你的老板谈谈加薪的事儿？
    A. 你觉得朋友早该要求加薪了，你担心对方不好意思跟老板说。
    B. 你感觉现在还不是要求加薪的时候，你担心朋友如果要求的话会显得过于急迫。
    C. 你只是随便问问。

第五步，在友谊中寻求共同意义

建立在共同意义基础上的友谊最让人心满意足。如果你的朋友和你有着共同的兴趣与价值观，并且了解彼此的梦想与目标，那将是多么让人惬意的事。通过下面的练习，以及紧随其后的常规活动，大家可以更为方便地找到共同意义。

实践场　友谊对你的意义

下面的问题能帮助大家找出友谊在我们人生中的意义。阅读这些问题时，脑中想着一些对你来说非常重要的朋友。你的回答也许可以指出这些友谊中的亮点和不足。这项练习可以帮助你找到加强友谊中情感联系的新方向。如果你与朋友的关系较为亲密，可以共同来完成这项练习。当然，你也可以自己来做，同时设想一下对方的反应。机会成熟后，就里面的一些问题和对方讨论一下，看自己的设想是否与事实吻合。

请大家记住：没有一位朋友能满足你所有的情感需求。在回答这些问题时，你可能会发现以前在某个朋友身上没有发现的潜能，也可能会发现你们关系中的局限性，而这种局限也许可以在其他朋友身上得到弥补。

- 你是否觉得成为别人的好朋友在你人生中意义重大？在你们的友谊中，双方做得是否足够？
- 在友谊中是否应该追求给予和索取的平衡？这在友谊中是否意义重大？在这方面你做得怎么样？
- 你能否向对方表达出你的真实感受？你认为这对于你们的友谊有多重要？当你们中有人感到生气、难过或者恐惧的时候，你们会不会向对方倾诉？
- 在你们的友谊中，你们能否接受彼此？这在你们的友谊中发挥着什么作用？你们是否可以在对方身上找到自己的价值？这对你是否重要？
- 在你们的友谊中，向彼此提供意见和建议是否很重要？听取对方的意见是否也很重要？是否对于不同话题，答案也是不一样的？有没有什么领域是你不想与别人分享，同时也不想听取对方意见的，比如你的婚姻、事业，或孩子教育问题？

- 在你们的友谊中，向对方说真话是否很重要？你是否需要向对方倾吐真实的想法？两人出现意见分歧会不会影响双方的友谊？
- 如果两人对于对方的成功羡慕嫉妒恨，这是否会影响两人的友谊？两人是否敢于向对方表达这样的情绪？
- 如果你的朋友和他人的关系看起来比你们还要亲近，你是否会感到不舒服？这种情绪会不会影响两人的友谊？你们是否敢于向对方表达这样的情绪？
- 在你们的友谊中，信任和为对方保密是否显得很重要？如果你或者你的朋友做出了失去对方信任的事情，结果会怎样？
- 你们是否支持对方在友谊之外的一些重要的人际关系，比如对方的婚姻、事业或者孩子？
- 你觉得两人应该抽出多少时间来维持友谊？如果你们其中一人或者两人都有家庭的负担而无法抽出足够的时间，结果会怎样？如果两人的工作占据了太多时间，而使你们无法抽出足够的时间，结果会怎样？
- 两人可以表现得多么亲近？向对方分享多少比较合适？分享多少会显得有点儿过了？
- 两人可以在多大程度上依靠对方？当寻求对方帮助时，如何做到不过分？
- 在你们的友谊中，冒险活动发挥着什么作用？双方是否满意它所占据的位置？
- 娱乐消遣在你们的友谊中占据什么位置？你们是否满意它所占据的位置？
- 你们是否完全信赖对方？这在你们的友谊中占据什么位置？你们两人对此的看法是否一致？
- 你们在彼此的心目中是否占据特殊的位置？你们对彼此的需要是否得到了充分满足？
- 你们是否能在智力方面互相激励对方？这对你们的友谊是否发挥重要作用？双方在这方面是否满意？
- 如果其中一人在金钱或者社会地位方面忽然高过了对方，这是否会影响你们的友谊？
- 你们各自的家庭情绪观或者为人父母之道是否会影响友谊？两人在这方面是否一致？
- 你们两人对于一夫一妻制以及对于婚姻的忠诚这些问题的看法是否一致？这些是否会影响你们的友谊？

- 你们对于精神层面以及宗教事务的意见是否一致？这些是否会影响你们的友谊？
- 你们是否有一致的政治见解？这是否会影响你们的友谊？
- 两人是否有共同的兴趣爱好？你们双方对此是否满意？

有助于和朋友建立情感联系的常规活动

一起锻炼。 列举两项你必须定期做的事。如果没有太多例外的话，这应该是"锻炼"以及"和朋友单独相处"。要是能把这两件事结合一下，岂不事半功倍？如果你和朋友约好一起在早晨6点起来散步，我想你就不会再赖床，这样做不仅有利于你的身体健康，更有利于你们的友谊。这也是向对方发出积极情感沟通信号的好方式。类似的常规活动像是在说："我们选择一起锻炼是因为我们重视我们的健康，更重视我们之间的友谊。"但是如果你们的休息时间不统一该怎么办？那可以尽量寻找时间一起散步、慢跑或者打篮球。

定期"约会"。 你是否读过米奇·阿尔博姆（Mitch Albom）写的畅销书《与莫瑞相约星期二》（*Tuesdays with Morrie*）？其中写的就是与自己的好朋友定期"约会"的故事。这是一个真实事件，讲的是一位体育专栏作家每周二都要横穿整个美国，与自己大学时的教授"约会"。因为这位教授得了卢伽雷氏症（Lou Gehrig's disease），不久于人世。我们不同，我们风华正茂，不用等到得了不治之症再履行这样的誓言。选个地点，餐厅、公园、酒馆或其中某位的家里；挑个时间，一周一次、一月一次、一个季度一次或者一年一次。不管怎样，朋友，我们约会吧！这个时间不可动摇！带着善于倾听的耳朵，带着富于同情的心，这一刻，我们属于彼此！

一起参加志愿活动。 就像和朋友一起锻炼一样，共同参加志愿活动可以达到一石二鸟的目的：既培养了友谊，也为大家提供了服务。有些朋友一起在食物银行①服务，也有的在教堂参加志愿活动。共同参加这些活动能加强大家的共同观念，而这恰恰是构成伟大友谊的基础。

创建小组活动。寻找一些和你有共同兴趣的朋友，创建一些相关的活动小组，并定期举办活动。大家读一些相关的图书，分享各自的感受，邀请专业人士做演讲，并组织实地考察活动。如果你们的共同爱好是手工方面的，比如缝纫或者打牌，那就在活动期间一起参与。如果你们的爱好是季节性的，比如滑雪、园艺或者钓鱼，那可以在聚会时谈谈来年的活动计划。

很多小组聚在一起时都会有共同的话题，不会因为没有方向和目标而造成会员流失。不过，兴趣小组同样可以不断开拓新的领域。听说有一个桥牌小组，他们把每个人赢来的钱集中在一起，然后共同外出旅游。还有一个由男士组成的致力于精神提升的小组，在经过一段时间的活动后，大家都已经厌烦了谈论罗伯特·布莱（Robert Bly）之类的话题，他们发现在一起看《周一足球之夜》（*Monday Night Football*）更为有趣。还有一个读书小组，他们总是无法决定该谈论什么书，于是最后就放弃了这一环节，而是定期聚在一起谈论他们在工作以及家庭中遇到的各种问题。

一个小组应该有6～12位成员。这样每个人都有参与的机会，而且如果有人因故无法出席，人数也不会显得太少。如果讨论和相互支持是小组活动的主要目的，不妨设置一些简单的仪式，比如给每位成员10分钟的发言机会，其他人不允许打断。

上下班时间。如果有机会在工作日的早晨乘坐美国西北部的渡船，你就会发现他们——"渡船朋友"。每天早晨，这些渡船会从周边的岛上带着人

---

① 食物银行（Food Bank），美国的一种慈善形式。——译者注

们去西雅图，因为人多拥挤，所以很多人的友谊就是从为彼此占座开始的。我知道有一位女士拒绝了一份高薪的工作，只因为这份工作使她不能和船上的其他三位女士聊天了。还有一位女士，她的一个朋友经常情绪低落，有时竟然严重到完全说不出话来。"但我这位朋友每天都早早地上船，把公文包放在旁边的椅子上，等我来坐在她身边。"这位女士跟我说："有时跟她这样静静地待着真的很难受，但我知道她这时需要我，于是我一直耐着性子陪伴她。过几天，她就会恢复正常了。"看，占座这样普通的事情竟然也可以维持两人的关系，而这是语言做不到的。

渡船并不是唯一能促进友谊的场所。友谊可以在任何一起乘坐的交通工具上出现或者加强。如果你每天都乘坐同一种交通工具，肯定会遇到很多同乘的人。如果你能抓住机会亲近这些越来越熟悉的面孔，相信你一定可以找到使你的生活更为丰富的珍贵友情。

节日活动。一般像感恩节、圣诞节或者光明节这样的传统节日，都会想到要和家人一起度过，并且"按照惯常的方式"来举办活动。但实际上，人们头脑中最珍贵的节日记忆经常是那些他们远离家庭，与很多素不相识的人一起庆祝的节日。（"那是我在海外留学的第一年，本以为感恩节要一个人过，结果却遇到了这对夫妇……""那是在战争期间，我正在朝鲜服役……""还记得我们结婚后的第一个圣诞节吗？我们没钱坐飞机回家，于是就……"）有两种因素使得这样的节日活动与众不同：一是我们被迫参与到节日准备活动的各个方面，而不是依靠家人来组织；二是我们在前面提到过的友谊的自愿特性。换句话说，活动的参与者都是完全自愿的，没有任何人强迫大家这样做。

但是，我们不必非等到迫不得已与家人分开时才能享受这样的人生经历。我们在平时也可以不断思考自己庆祝节日的方式，决定和谁一起度过。

请朋友来和家人一起欢度节日是让已经有些乏味的过节方式活跃起来的好办法。这样做能给我们机会来回忆传统对我们意味着什么。("为什么我们要在逾越节宴会上吃那种特别苦的草药？这有什么重要意义？""为什么每年12月我们要把一棵死树摆在客厅里，上面还要挂那么多乱七八糟的小东西？")

宗教仪式或者其他精神类活动。不管是在传统的教堂、清真寺、犹太教堂或是寺庙交的朋友，还是通过一起练习瑜伽或者超验式冥想活动而认识的朋友，这些精神层面建立起来的联系都是非常牢固的。这里的一切都有特殊含义。在多数情况下，我们会被吸引到一些特殊的社区来活动，因为我们认同这个群体的信仰和价值观。很多时候，我们倾向于全家参与这些活动——有时这种活动可以维持几代人的时间。一旦我们被这个群组接受了，我们就有机会来参加各种社区活动，比如唱歌、祈祷、冥想或为他人提供服务。通过精心设计，这些活动能使我们超越个人而感受到更强烈的情感联系，我们可以把它命名为社区精神。如果这种情感联系是真挚的，那么我们在其中感受到的无条件的认同和友谊就是不可超越的。我经常鼓励人们关注宗教或者其他精神信仰，因为在这里可以找到珍贵的友谊。

兄弟姐妹，保持和谐相处的法则

第一步，审视向兄弟姐妹提出的沟通邀请

你可以问问其他人对自己兄弟姐妹的感受，得到的答案或是积极或是消极，很少有完全中立的观点。不管他们把兄弟姐妹看作幸福的来源还是痛苦的起点，有一点是肯定的，那就是兄弟姐妹之间的关系是我们人生中最富有情感的关系。

为什么会这样？首先，人们一般会在他们最敏感的年龄和自己的兄弟姐妹一同度过一段很长的时光。根据一项研究，80%的美国人和欧洲人至少有一个兄弟姐妹，而他们在成长时期和兄弟姐妹待在一起的时间要比与父母待在一起的时间长。

因此，我们与兄弟姐妹的关系成了人际关系的"学习实验室"——孩子可以检验自己的行为或者角色是否适应将来的生活。一个坚定、自信的哥哥可以扮演好老板或者坏老板的角色，而弟弟则可以选择顺从或者反抗。一个经常照顾弟妹的姐姐从小就知道应该做一个充满爱心、细致入微的贤妻良母还是粗暴易怒、打骂孩子的专制家长。在学习是战斗还是和解、是顺从还是掌控、是合作还是竞争的过程中，孩子会运用他与兄弟姐妹的关系决定自己想成为什么样的人。这样，他们发展出自己独有的互动方式，也会影响他们在今后生活中对于彼此的感情。

因为这种特有的互动在年龄很小时就已经形成，有时候反而很难与现在业已成年的兄弟姐妹相处。即使到了成年期，我们依然会用过去对兄弟姐妹的印象来看待现在的他们，你会说"我弟弟小时候可容易上当受骗了"或者"我哥哥在我眼里永远又机灵又强壮"。但是，如果想与他们建立更为紧密的情感联系，你必须了解现在的他们是什么样子。这一般需要你多下功夫，多用心，多用好奇的心态去观察他们："你现在过得怎么样？你的人生追求是什么？"拓宽对兄弟姐妹的了解可以在更广泛的领域和他们建立情感联系。

同时，分享你们过去共度的时光也很重要。这是你们之间关系与众不同的重要标志，所以有时不妨谈论一下过去。但如果想使关系不断发展，也不能总停留在对过去的回忆上。

实践场　寻找机会亲近兄弟姐妹

下面这些活动可以帮助我们与兄弟姐妹建立更好的情感联系。在阅读的过程中，考虑一下文中提出的建议，把你认为有用的建议圈出来，然后有意识地在生活中实践一下，看看它们能否促进关系。不要期待会出现戏剧性的变化，要注意观察是否出现了一些细小变化：两人是否更愿意交谈了，或者对彼此目前的生活更感兴趣了。

请注意，真正令人满意的兄弟姐妹关系看起来像好朋友一样。所以，在考虑如何与兄弟姐妹相处时，可以参考一下本书中对于婚姻的建议以及与友谊有关的练习，它们也能帮助我们建立和谐的兄弟姐妹关系。

可以为兄弟姐妹做的事：

- 到对方家中做客。
- 询问他们的工作情况，用心聆听。
- 询问他们有什么兴趣爱好，用心聆听。
- 关心他们的伴侣及孩子，用心聆听。
- 努力接受他们的配偶，并尽量对他们好些。
- 努力接受他们的孩子，并尽量对他们好些。
- 如果他们向你求助，一定要中肯地说出你的意见或者建议。但请记住，在提供意见或建议前，先要表示对他们现状的理解。
- 如果你知道很多人已经给他们提出了意见和建议，那就不要再多此一举了。
- 听他们讲童年的往事，即使你不太爱听或者他们讲述的跟你的记忆出入很大。
- 分享童年往事，即使他们不是特别爱听或者你讲述的和他们的记忆不太一样。
- 如果做过什么不妥当的事情，写一封道歉信发给对方，不要再放在心上。
- 接受兄弟姐妹的道歉，不要再放在心上。
- 持续关注他们的孩子。

- 让他们的孩子到自己家里来过周末或者度假。
- 支持他们为改善生活所做的努力。
- 记住他们的生日或者其他重要的日子。
- 接受他们提出的各种邀请,比如婚礼、毕业典礼或葬礼。
- 让他们把自己的各种信息告诉家族其他成员。
- 在他们困难时伸手帮一把。
- 在自己困难时,允许他们来帮忙。
- 支持他们孩子的各种活动。

可以和兄弟姐妹一起做的事:

- 通过电子邮件分享新闻、笑话或者聊天。
- 经常互通电话。
- 把自己孩子的照片给对方。
- 共同为另一位家庭成员举办宴会。
- 每个家庭都拿出一些照片来建立"家庭档案"。可以选择好的照片多复印一些,这样就可以保证每个家庭都可以拥有一份。
- 采访家中的长辈,让他们讲述家族的历史。采访过程可以录音或者录像。
- 共同研究家谱。
- 谈论你们对过去的看法。(比如:谁比较让父母喜欢?父母二人一般谁来照顾孩子?父母二人的关系怎样?)
- 在对方的重要时刻一定要在场,如婚礼、毕业典礼、葬礼以及重大疾病。
- 把自己孩子穿不了的衣服传给年龄更小的孩子,同样也接受对方的赠予。

第二步,了解情绪指令系统在与兄弟姐妹关系中的重要性

随着对兄弟姐妹关系的不断深入了解,我们会认识到具有竞争意识的"司令"情绪指令系统是不能在这种关系中占据主导地位的。这一原则在很

多同龄人关系中都适用,尤其是兄弟姐妹关系。小时候,我们会向父母争宠。而成年后,我们的经济社会地位会有很大不同。兄弟姐妹不像朋友那样可以自由选择,这是产生问题的根源。我们也许生活在不同社区,属于不同社会群体,拥有着不同性质的工作,所以我们更有可能因为种种差距而产生矛盾冲突。

比较与竞争还会源于对"如果……会怎样"这种假设的好奇。我们看着自己的兄弟姐妹,很自然地会产生一种想法:"同是爹娘所生,为何差距如此巨大?""我要是能像我弟那样早点儿结婚该多好!""我要是能遗传爸爸的长腿该多好!可惜,我更像妈妈的身材!""我要是当年不参军,而是像我妹一样去上大学,那现在的生活肯定不是这样!""当年要是我用父母给我的钱炒股,而不是马上买房,现在也许我就发大财了!"这样的思考确实会让我们对人生有新的视角,但不利于兄弟姐妹关系的稳固。所以建议大家承认现实,承认彼此间的不同,并清除掉由此带来的任何消极情绪。多多理解兄弟姐妹的感受,这样才可能有和谐美满的关系。

第三步,不要忽视情感历史对于兄弟姐妹关系的影响

情感历史在兄弟姐妹关系中的影响巨大。这很容易理解,由于在同一个家庭中成长,兄弟姐妹会很自然地认为他们受到了相同的家庭影响,因此他们会有一样的家庭情绪观,遭受同样的持续伤害。但实际上我们对兄弟姐妹的调查表明,出生顺序、性格差异以及育儿观念的差别会使兄弟姐妹对于童年的回忆有很大区别。

苏珊·斯卡夫·梅里尔(Susan Scarf Merrell)在《意外建立的联系》(*The Accidental Bond*)一书中写道:"兄弟姐妹会不断提醒彼此,每个人都在用自己的方式来体验童年生活。也许你记得妈妈是一个强势而稍显冷漠的形象,而

你的兄弟姐妹却觉得妈妈是一个充满爱心的好家长。每个人说的话都是真的，只是他们在用各自不同的方式来体验生活的不同侧面和不同阶段。这也是很多成年的兄弟姐妹经常在他们的关系中经历不愉快的原因。"发现这些各自拥有的，有时甚至是相互误解的回忆，"容易使我们走上不一样的人生轨迹"。

发现并理解你与兄弟姐妹之间的不同确实很难，特别是当你一直相信在童年时期你们有过同样的经历。但是，一旦你认识到你们对于童年有着不同的理解方式，那就会使你们之间的情感沟通变得顺畅。你不必猜想或者质疑你的兄弟姐妹在想些什么，而是努力用对待其他同龄人的方式与他们相处。你会开始关注对方，用心聆听他们的倾诉，并积极回应对方提出的沟通邀请。最重要的是，当你们开始建立联系时，你会忘记童年时的他们，接受他们现在的样子。

实践场 你的过去对于你与兄弟姐妹之间关系的影响

通过阅读前面部分，大家明白了我们要更多地了解兄弟姐妹的现状，这样才能保持良好的关系，但是回想童年时的情感体验也会促进关系。借助情感日志，回答下面的问题。这些问题探讨的是情感历史对兄弟姐妹关系的影响。你可以和兄弟姐妹一起来做，也可以自己完成，但过后尽量找机会与他们沟通。

1. 回顾前文"测测你的情感历史"，看当时你完成的情况怎么样。仔细看一下你在每项中的得分：自豪感与成就感、爱恋之心、愤怒、悲伤或恐惧，想一下你在向兄弟姐妹表达每一种情感时的舒适程度，然后回答下面的问题，把每一种情感独立出来进行思考。

   - 你在表达每一种情感时的舒适程度对你与兄弟姐妹产生联系的能力有什么影响？
   - 当你在经历这种感受时，你一般是否有能力向你的兄弟姐妹解释清楚你的感受？
- 你感觉你的兄弟姐妹能否理解你当时的感受？
- 在表达这些情感时，你是否有负罪感或者感觉不自然？
- 在表达情感时，你的兄弟姐妹一般倾向于亲近你、远离你还是反对你？
- 在表达自己的感受时，你希望兄弟姐妹做出怎样的回应？你能否向他们表达清楚你想要的回应方式？
- 现在想想你在听兄弟姐妹表达情感时的自身舒适程度，然后回答下面的问题。同样地，把每一种情感独立出来进行思考。
- 当你在倾听对方表达这种情感时，你的舒适程度将会对你与对方建立情感联系的能力产生什么影响？
- 你能否在对方表达情感时产生感同身受的感觉？
- 当对方在表达这种情感时，你是否会感觉尴尬、恐惧或者生气？
- 当对方在表达这种情感时，你一般会亲近、远离还是反对对方？
- 如何才能提高你与兄弟姐妹分享感受的能力？

2. 回顾前文"测测你的家庭情绪观"，然后回答下面的问题。
- 你的家庭情绪观属于"情绪管理训练型""忽视型""放任型"还是"压抑型"？
- 与兄弟姐妹进行交往时，你的情绪观属于"情绪管理训练型""忽视型""放任型"还是"压抑型"？这对你与兄弟姐妹的关系有什么影响？
- 在与你的沟通中，你的兄弟姐妹的情感观属于什么类型？这对你们的关系有什么影响？

第四步，提高与兄弟姐妹进行情感沟通的能力

家庭成员间一般会通过复杂的非言语信号向对方表达感受。在第6章中，我们介绍了多种表达情感的方式以及读懂别人情感的方法。下面，我们设计了几个成年兄弟姐妹经常遇到的情景，希望这项练习能提高你与兄弟姐妹进行情感沟通的能力。

实践场　与兄弟姐妹的情感沟通游戏

如果你准备和兄弟姐妹一起来完成这个游戏，请先静静地读完题干以及3个可能的解释，按照自己的理解选择一个最合理的解释。然后轮流读一下每个题目，猜测对方选择的是哪一个。你也可以自己来完成这个游戏，但建议只要有可能就一定要与兄弟姐妹一起来做，因为这有助于了解各自表达情感的独特方式，如举止神态、面部表情及语气、语调等。

1. 最近给妈妈打过电话吗？

    A．你只是随便问问。

    B．你觉得对方对妈妈关心不够，对此你很气愤。

    C．你了解到妈妈有些好消息，你很想跟对方分享，但又想让妈妈直接跟他们说。

2. 什么时候到我们家来坐坐？

    A．你只是随便问问。

    B．过去几年总是你到他们家里做客，这使你感到很恼火。

    C．你希望他们能够安排好做客的时间，最好能够提前打个电话。

3. 下次我们出去吃饭谁掏钱？

    A．以前每次出去吃饭都是你掏钱，你觉得对方也该偶尔破费一次了。

    B．你们两位都想在下次吃饭时掏钱。

    C．你只是问问下次该轮到谁了。

4. 我们小的时候，父母更喜欢谁？

    A．小时候对方更受宠，你对此感到很生气，今天要聊一聊。

    B．你只是想知道对方对于这件事是怎么看的。

    C．你也不想谈论这件事，但又知道必须谈论一下，因为对方总是有一些情绪。

5. 你已经准备买新车了？
    A. 你觉得买新车太过奢侈，所以希望对方不要这样做。
    B. 你感觉很兴奋，因为对方终于要做一件自己拿主意的事了。
    C. 你只是随便问问。

第五步，与兄弟姐妹寻找共同意义

随着年龄的增长，我们会建立自己的家庭，这时与兄弟姐妹的关系就略显次要。但随着我们步入中年，有两件事情会让兄弟姐妹关系重新回到我们生活的前沿。第一件是，父母年岁渐长，兄弟姐妹需要讨论如何照顾他们，如何料理后事，如何从老人去世的痛苦中恢复以及如何分割财产。第二件是，我们会自然而然地重新思考人生：我们儿时与父母和兄弟姐妹的关系对我们现在的生活有何影响？大家族内的人际关系对我们的意义有多重要？思考这些问题时，与兄弟姐妹之间的关系就会凸显出来。

我想用我自己和妹妹贝提亚的关系来解释这一点。成年后，我们大部分时间都是各过各的日子。1987年，父亲去世，由此导致了我们的一些争执。我现在都很难说清楚这些争执是怎样引起的。我觉得贝提亚总是认为我没有承担一家之主的角色，同时不考虑她的感受。但这并不是说她想要我做的很多，其实，那段时间我们都很难受，她只是希望我能够在她需要的时候给她多一点关心。不幸的是，我错误地认为这种要求有点儿过分，她是要我承担父母曾经扮演的角色。后来我才发现自己误解了她的意思，她只是希望我能够更多地出现在她的生活中，而不要显得过于冷漠。

把这些关系理清楚花了我好几年的时间。对我来说，我对妹妹的理解开始于一封信，这封信是一位年龄稍长的表亲要我写的，他说我应该给贝提亚写一封信，向她道歉，并请求她能够忘掉过去的伤痛。妹妹看完信同意了，这使我如释重负。此后，我们都开始重新梳理过去的伤痛，并努力把它抚平。我们最重要的意见分歧在于我们对家庭有不同的理解。我的妻子朱莉在这一过程中发挥了重大作用，她不断在我与妹妹之间传递积极信息，这才使我们更加了解彼此。现在，我们可以坐下来谈论很多事情，我感觉我们之间的理解已经到了一个新阶段，这当然是一种巨大的进步。这种进步对于我们今后的生活也会有积极影响，因为我们的老母亲已经越来越需要人照顾，我们之间的和谐关系会使这一过程更为顺畅。

下面的练习将探讨兄弟姐妹关系在人生中的重大意义，后面还有能够促进这种关系的一些常规活动。

实践场　寻找兄弟姐妹关系的意义

下面的问题涉及我们与兄弟姐妹之间的关系。大家可以选择一个人完成，但是如果你有一个特别信任的兄弟姐妹，你可以和他一起完成，并讨论其中的共识和分歧。在这一过程中，你们有可能会发现你们之间的分歧比原来想的更大。不要感到奇怪，这正是练习的意义。随后，我们可以讨论这些分歧，表达自己的真实想法，这样我们才能够建立更为深入，也更为有意义的兄弟姐妹关系。

- 你是否觉得成为别人的好兄弟或者好姐妹在你人生中意义重大？
- 每个兄弟姐妹需要具备什么素质才能够帮助其他家庭成员过上幸福而有意义的生活？
- 你认为自己是不是一个好兄弟或者好姐妹？你的兄弟姐妹在这方面做得怎么样？
- 家庭对你意味着什么？
- 大家族内的人际关系应该是什么样的？回想一下在你儿时的大家族关系，你希望你们现在的人际关系有什么相同点或者不同点？
- 兄弟姐妹之间互相提供情感支持有多重要？这些情感支持应该包括哪些方面？你认为自己从兄弟姐妹中得到这样的情感支持了吗？

- 你会与兄弟姐妹分享自己的真实感受吗？这对你们之间的关系有多重要？
- 你和兄弟姐妹一般喜欢通过什么方式表达对彼此现在生活状况的关心？
- 你和兄弟姐妹之间是否存在什么误解？
- 兄弟姐妹之间应该有多长时间待在一起？你对于你们待在一起的时间满意吗？
- 兄弟姐妹在照顾老人方面应该采取什么策略？这对于他们之间的关系会起什么作用？你希望自己在照顾老人方面应该扮演什么角色？
- 你们对自己的父母各有什么看法？
- 你们是否能够开诚布公地谈论过去？这对你们的关系有什么影响？
- 你们对于成长经历各自有什么看法？
- 你们是否会谈论家族历史中比较艰难的阶段，或者某些家庭成员身体或者情感受伤的时光？
- 如果你们对童年有着不同的回忆，你们会怎样解决这个问题？
- 你们之间是否还有残留的伤痛需要讨论解决？
- 在创建自己家庭的过程中，你继承了哪些儿时家庭的价值观？而哪些价值观是你努力摒弃的？
- 如果你与兄弟姐妹之间在财产或者社会地位方面有了巨大的差别，这是否会影响你们的关系？
- 对彼此的爱、感激和欣赏在你们的关系中占据什么位置？你们是否要对这些因素做些改变？会以什么样的方式？
- 兄弟姐妹是否应该共度假期？哪个假期对于大家的关系影响最大？你们是否商量过可以换一种方式来度过假期？
- 兄弟姐妹之间是否应该记住彼此的生日？你对自己在这方面的努力是否感到满意？
- 你们是否积极地参加对方人生中的重大事件，比如婚礼、毕业典礼或者葬礼？在这一点上，你与对方意见是否一致？
- 你是否经常与对方一起参加休闲娱乐活动？对这些活动，你是否感到满意？
- 你们在教育孩子方面是否意见一致？你觉得这一点是否重要？

- 你是否想改善你与兄弟姐妹之间的关系？通过什么样的方式？你需要为这些改变付出些什么？而如果这些改变真的发生了，你们之间的关系会变成什么样？

与兄弟姐妹建立情感联系的常规活动

家庭聚会。在有些家族中，"家庭聚会"这个词意味着每年的某个固定时刻，所有或远或近的亲戚聚在一起，享受一周的团圆时光。而对于另外一些家庭，则是更为亲密的聚会：这里只有父母以及他们的成年子女，这些子女一般都在全国或者世界各地工作。不管属于哪种情况，筹划并参加家庭聚会都能让已经成年的兄弟姐妹建立更牢固的情感联系。

家庭聚会的意义就是要建立情感联系，所以在聚会的过程中经常会组织各种各样的活动，以便让不同年龄和兴趣的每个家庭成员都能轻松、愉快地沟通。

研究家庭聚会的专家发出了这样的忠告：各种活动都要轻松、活泼，而且要让每个人都有选择权。如果有人不愿意参加，就不要强行举办排球赛或者猜谜之类的游戏。有些桌面游戏就很适合让大家边玩儿边聊天儿。还要注意，在准备各种活动时，尽量让大家都有机会参与。参与度越高，亲密程度就越大。

有些家庭习惯于在酒店或者乡村旅馆举办家庭聚会。这样就不会让某个家庭感到负担太重，因为承担整个家族的衣食住行确实是一件费神又费力的事情。而且这样能够让大家比较放松，如果有些家庭的关系不是很好，也不会出现到底要不要到他家里去的犹豫。如果想省钱，可以考虑全家去野外露营，这样就只需要租一间小屋做饭或者安顿老人就可以了。

集体外出。你也可以考虑和兄弟姐妹集体外出。我认识的三个姐妹，她们每周末都会去海边的一个小木屋中聚会，而且她们都不会带丈夫和孩子，这样就可以保证有足够的时间单独沟通。

当然，有些男士一直有各种传统，他们称此为"狩猎季节"或者"垂钓之旅"。这并不是说只有喜爱户外运动的人才能参加这样的活动。你们可以去另外一个城市听音乐会或者拜望老朋友。关键是要单独在一起，而且尽量远离日常生活。

度假。假期的常规活动可以加强与兄弟姐妹的情感联系。大家可以想一下我们过圣诞节、感恩节或者光明节的一些场景。一起度假后，你与兄弟姐妹的关系是更亲密了，还是更疏远了？某个家庭是否要花大量的时间、精力准备假期活动？是否有些兄弟姐妹感觉被冷落了？你是否为了给其他兄弟姐妹以及他们的子女买礼物而造成过多的计划外开支？是否有人大吃大喝或者过量饮酒，使得本该和谐的气氛变得让人不愉快？你是否想对此做一些改变，却不知从何开始？

为了使假期的活动进展得更顺利，我们需要提前与兄弟姐妹磋商。大家聚在一起，各自说出自己的意见和建议。想想哪些活动非常有意义，哪些活动只不过是迫不得已，既乏味又空洞。你很可能会发现其他人也会有和你类似的想法，他们也为有人挑头提出这些问题而感到欣慰。

注意，在调整假期活动时，一定要保留那些能够让每个家庭成员都感觉亲近的活动。一些强调民族特性和宗教信仰的庆祝活动经常可以增强家庭成员的归属感。这些节日包括犹太民族的逾越节、基督教徒的复活节、穆斯林的斋月、爱尔兰人的圣帕特里克节以及瑞典的圣露西亚节。这些节日既有利于团结各个家庭成员，也有利于传播一些超越个人价值的共同文化特性。这些特性对于家庭、社区以及整个社会文化都至关重要。

生日或者纪念日。为父母举办生日宴会意义重大，特别是在父母日渐年高后。健康长寿，四世同堂，这样的事情当然值得庆祝。很多兄弟姐妹都会在诸如父母金婚或者父亲 70 大寿的时候举办盛大的庆祝活动。兄弟姐妹、其他亲属和一些老朋友聚在一起，共同分享老人度过的黄金岁月。有些人还会为老寿星们准备亲手制作的个性化礼物。我所认识的一个家庭就为父母共同缝制了一床被子，被面由 28 块布缝制而成，每一块都是由某个子女或者第三代的孩子精心制作的。

照顾生病的家人。照顾生病的家人或者会让兄弟姐妹关系亲密，或者会激起某些矛盾，不管怎样，我们都不能忽视它的重要意义。这项活动强度极大，责任也很重，时刻需要大家齐心协力，共同协商，而且每个人都希望自己有"最佳表现"。这种情况经常出现在父母得了重病的时候，比如癌症、中风或者老年痴呆。这需要兄弟姐妹做出一些艰难的决定，比如谁来照顾，如何轮班，医疗费用如何分摊。如果疾病已到晚期，还要考虑后事。尽管这经常会引起争端，可有的家庭却发现兄弟姐妹正因为有了这样的经历才变得更为团结一心。有些家庭可能会请专业的护理人员，但大部分家庭都会选择自己照顾，这样，在给病人洗澡、喂饭或者安慰病人的时候，大家会用一种以前预料不到的方式进行合作。

有位朋友告诉我说："我永远忘不了在我母亲临终时哥哥精心照料她的情景。他给妈妈读书，经常握着妈妈的手，还用小勺一点点喂她吃冰激凌。以前我从来没有发现他的这一面。"

这位朋友给我看了一张照片。那是在母亲葬礼后的答谢宴会上。照片上，我的朋友、她的两个姐妹以及上面提到的那位哥哥站在一起，互相搭着肩膀。他们看起来心情沉痛、精疲力竭，但神情却很平静，而且不忘对着照相机露出难得的笑容。

  我的朋友回忆说："那天我们悲痛万分，但同时很为自己感到骄傲。我们同心协力地陪伴母亲走完了人生最后一段路。同时，这也改变了我们今后的关系，或者更确切地说，完全改变了我们每个人的人生。"

  葬礼。尽管我们都不愿想象这样的场景，但必须承认，亲人的葬礼通常是我们人生经历中倾注最多情感的时刻。

  某位家人临终之时，一般整个家族都要花费大量的时间和精力来讨论一些至关重要的问题。而葬礼的很多安排都会涉及一些需要情感投入的问题，比如火化、棺材、骨灰盒、墓地、悼词以及一些宗教仪式。研究葬礼安排的专家建议大家在家人去世或者已经病入膏肓之前就做好必要的安排，这样的话，大家就不用在过度悲痛的情绪下讨论这些艰难的决定。

  如果能够提前为葬礼做好充足的准备，这个家庭就可以在参加葬礼时充分感受预想的效果。葬礼能够达到的理想状态能让极度悲痛的人们在急剧的情感波动中感受到支持和情感联系。这也给予了我们共同向死者致敬的机会，也把整个家庭维系在一起。如果致悼词者在葬礼上读道："玛丽一生致力于照顾孩子、当好护士以及在教堂中的义务劳动……"这就表明玛丽的亲人对什么让人生更有意义达成了共识。

  另外，葬礼可以帮助家庭加强已有的联系，或者补救已经破裂的人际关系。亲人或者朋友经常需要跨越遥远的距离来参加自己亲人的葬礼，这种距离既是地理上的也是心理上的。经常会有多年没有联系的亲人来参加父母或者兄弟姐妹的葬礼。他们的关系会从会面的那一刻重新开始。

每个家庭都应该建立一种具有纪念意义的常规活动，这样，所有人都可以在想参与的时候加入其中。比如，家人或者朋友会举行一些针对某些逝者的纪念活动。这样做自然能够加强家庭的凝聚力。葬礼这种情景是每个人都想尽量避免的。但我们一定要记住：如果你下定决心要通过这种仪式与他人建立更为稳固的情感联系，你的付出与回报将在治愈伤痛和修复关系中发挥长久的作用。

同事，提升工作满意度的法则

第一步，审视你向同事提出的沟通邀请

当我还在上大学时，我最喜欢和表哥库尔特待在一起。他是一个服装销售商，每年都要去波士顿斯塔特勒酒店两次，为的是推销他们公司的儿童服装系列。有一天，我去他那儿玩，进来了一位女士，库尔特热情地接待了她。两个人聊了很长时间，最后这位女士问道："今年你们这儿有没有适合这个季节的好东西？"我表哥很坦诚地说："今年真没什么，真没有。"

"好吧，那我秋天的时候再来看看。"她站起身来，亲了一下他的脸，然后就走了。

"你这是在干什么？"我吃惊地问他，"你可是个推销商！你就这样让她走了？她可什么都没从你这儿买！"

库尔特看了我一会儿，然后笑着说："别奇怪，听我说。我认识这位女士已经很长时间了。我知道她的商店在哪儿，也知道去她那儿的一般是什么顾客。现在我这儿的东西真的不太适合她。不过到了秋天我这儿会进一批新货。要是有合适她的，我会马上告诉她，她绝对立刻上门提货，因为她对我十分信任。做生意就是要建立人际关系，建立长期而相互信任的人际关系。"

这件事让我茅塞顿开。我一直以为，作为一个推销员，库尔特在工作中一定承受着巨大的压力，所以他会不断推销，巧舌如簧地拉拢顾客。但实际上他在工作中的表现就像对待家人一样。他在商业上的成功来自他不断地了解自己的顾客，倾听他们的需要，然后做出准确的回应。

这件事已经过去40多年了，但我依然记忆犹新。所以你可以想象当我听到一些营销大师谈论"关系营销"时，我是多么兴奋。关系营销就是要建立一种商业模式，不仅能够吸引顾客，更要能够与顾客保持长期联系。关系营销理论认为，你可能需要花费大量的时间和精力去了解顾客，但从长远来看，这种投资会显得非常必要，因为你最终能够赢得顾客的信赖与忠诚。

有些大型企业的员工喜欢把公司内部人员也称为"顾客"，这让我感到十分欣慰。比如，财务部的员工会把其他员工称作他们的顾客，而采购部的人员也喜欢把来给他们送货的工人称作顾客。这说明每个人都在亲身实践"关系营销"策略。据说有些组织已经逐渐意识到员工之间的关系最为重要：员工是否能与同事建立良好的关系？他们是否了解彼此？是否能够尽力满足彼此的需要？

关注员工的需要毫无疑问能够对员工的生活和公司的运作产生积极影响。研究显示，如果员工认为自己在一个情感上相互支持的团队中工作，他们的工作满意度就会提升，工作压力会减轻，辞职的可能性也会降低，同时还会有更出色的团队表现。耶鲁大学的研究者对服务行业做了一项调查，发现如果员工能够坦诚地讲述自己在工作中的压力，他们就能够更好地合作，还能够防治一些健康隐患。另一项调查显示，如果员工之间沟通不善，不能照顾彼此的感受，或者有人独霸某个领域，不允许其他人来参与，那么整个团队的表现就会下降。相反，一个内部关系和睦的团队就会产生协同作战的效果。他们会彼此激励，一起做得更好，而这种合力比个人奋斗的成效要大得多。

在管理层与员工的关系方面，注意倾听、积极回应同样至关重要，特别是在人才缺乏的时候。盖洛普公司曾对 700 家企业的 200 万名员工做了一项调查，发现绝大部分员工都认为有一个关爱员工的老板要比多挣钱更重要。哈里斯调查也显示，如果员工不喜欢自己的老板，他们辞职的可能性要比喜欢老板的员工高 4 倍。

实践场　寻找机会亲近同事

与同事建立情感联系永远不会写在你的工作日程里，但是只要你需要与同事合作，你就必须懂得其中的技巧。我们与同事的沟通大多数时候都很随意。虽然我们不能完全列出所有类似的情景，但下面的场景都是大家比较熟悉，而且可以充分利用的。

从下面的清单中找出你打算尝试的事项。几周过后，看看这些改变是否对你与同事的关系产生了积极的影响。

可以为同事做的事：

- 出去吃饭或者喝茶的时候，问问同事是否需要带点儿什么。
- 每天见面打招呼，分手时告别。
- 同事讲笑话时，尽可能笑出声来。
- 同事与你谈话时，尽量看着对方。
- 如果有同事为你做了点儿什么，一定要表示感谢。
- 寻找机会帮助同事。
- 有借有还。
- 当你的同事需要集中精力做事的时候，尽量不要去打扰。
- 在办公室放音乐前应事先征得他人的同意，如果有人要求你关掉或者把声音调小，马上照办。
- 喷香水前要考虑同事中是否有人对此过敏。
- 对同事的表现表示欣赏。
- 记住同事的生日，到时送张贺卡或者发一封电子邮件。

- 在老板面前真心称赞同事的工作成绩。
- 在员工会议上称赞努力工作的同事。
- 注意同事工作环境及个人情绪的变化，在合适的时候关心一下。如果对方愿意分享，那就用心聆听吧。
- 用自己感兴趣的东西装点工作环境，让这些成为别人了解你的窗口。
- 为同事随意地拍一些照片，不为其他，只为娱乐。为所有出现在照片中的人们准备一份拷贝。
- 问问同事平时怎么过周末或者如何度假，并用心聆听。
- 同事生病时一定要表示关切。如果看到他状态不好，那就劝他回家休息。
- 问问你的同事当时为什么选择了这份工作，倾听他们的讲述。
- 问问他们的愿望或者梦想是什么。
- 记住同事的一些个人信息，在以后的谈话中可以偶尔提及。
- 如果你们曾经有过矛盾，以后可以想想这种矛盾后来是怎么解决的。
- 注意同事的一些个人兴趣爱好。对这些表示出自己的尊重。

可以和同事一起做的事：

- 去吃午饭。
- 休息时一起喝茶或者咖啡。
- 分享自带的盒饭。
- 散步。
- 健身。
- 下班后一起去喝杯酒或者其他饮料。
- 沟通厨艺。
- 就共同感兴趣的话题交换意见。
- 参加和工作有关的培训班。
- 参加减压课程或者健康教育活动。
- 参加共同感兴趣的课程。
- 共同参加社区志愿活动。

- 一起参加各种会议。
- 联系同事创建共同兴趣小组，比如远足、看戏剧或者打保龄球等。
- 筹划公司在假期进行的聚会等活动。
- 为其他同事准备庆祝活动，如有人退休、结婚、怀孕或者获奖。
- 分享养育孩子或者照顾老人的经验。
- 一起去注射疫苗。
- 午饭后一起去买点儿东西。
- 组织献血活动。
- 上下班。

第二步，了解情绪指令系统对同事关系的影响

有一种很好的思维方式可以让我们从不同的视角审视办公室关系，那就是把办公室看成一个家庭。举个例子：老板在分配办公室资源时很像父母向子女分发糖果，因为资源是有限的，所以他们就需要统筹考虑。如果员工都运用自己的"司令"情绪指令系统，结果就是你死我活的竞争。而"筑巢鸟"情绪指令系统则会让你尽量与老板搞好关系。如果老板能力出众，能够将一碗水端平，基本上大家就可以按工取酬，于是关系会相对和谐。而如果多数员工不认同老板的分配方式，矛盾冲突就会"揭竿而起"，于是大家情绪低落或者怨气冲天。

所有这一切都是人的本性，就像在《圣经》中该隐和亚伯的故事所展示的。这种行为习惯根深蒂固、深入骨髓。不过这是否意味着办公室中只能有你死我活的竞争，而无法形成稳定、持久的办公室友情呢？当然不是！很多人一生的朋友就是他们的同事。这不是不可能的，特别是如果你真的喜欢这份工作。办公室中的朋友能够给你提供建议，帮你提高工作效率等。他们会在好机会出现时给你提醒，或在危险来临前发出警告。如果你能够与同事发

展出高度的相互信任，这可以成为丰厚的社会资源，帮你解决各种可能出现的问题。

这里的关键是相互信任，这需要双方不断提出沟通邀请，并积极回应对方的尝试，寻找机会亲近彼此。但有时这是一个长期的过程，特别是当工作环境中的个人野心遮蔽了真心的时候。弗洛伦丝·艾萨克斯（Florence Isaacs）在《假朋友，真朋友》（Toxic Friends, True Friends）一书中说道，在工作环境中交朋友要特别慎重。为了保住自己的工作或者声誉，在确定对方可以信任之前，暂时不要吐露过多的自身弱点。有时，与同事之间保持距离也是迫不得已。你可以和其他朋友沟通关于自己工作的问题，那样会更轻松、自然。

第三步，不要忽视情感历史对同事关系的影响

同所有的人际关系一样，我们和同事之间的关系也会受到情感历史的影响，包括你的家庭成员表达情感的方式、他们的情绪观以及由于过去的情感创伤所造成的持续伤害。

下面的事例可以帮助我们了解为什么要特别注意情感历史以及它们对我们现在生活的影响。完成这些练习，你就可以明白这些问题能够对我们现在的同事关系产生什么影响。

实践场　你的过去对于同事关系的影响

1. 回顾前文"测测你的情感历史"，看当时你完成的情况怎么样。仔细看一下你在每项中的得分：自豪、爱意、愤怒、悲伤或恐惧。想一下你在工作场合表达每一种情感时的舒适程度。然后回答下面的问题，把每一种情感独立出来进行思考。

- 你在表达每一种情感时的舒适程度对你与同事产生联系的能力有什么影响？
- 当你在经历这种感受时，你是否能向同事解释清楚你的感受？
- 你感觉同事能否理解你当时的感受？
- 表达这些情感时，你是否有负罪感或者很不自然的感觉？
- 在表达情感时，你的同事一般倾向于亲近你、远离你还是反对你？
- 现在想想你在听对方表达情感时的自身舒适程度，然后回答下面的问题。同样地，把每一种情感独立出来进行思考。
- 你在倾听对方表达情感时，你的舒适程度将会对你与对方建立情感联系的能力产生什么影响？
- 你能否在对方表达情感时产生共鸣？
- 对方表达情感时，你是否会感觉尴尬、恐惧或者生气？
- 对方表达情感时，你一般会亲近、远离还是反对对方？
- 如何能够提高与同事分享感受的能力？在解决这类问题时，你倾向于参与小组讨论还是与某个同事或者上级单独讨论？

2.回顾前文"测测你的家庭情绪观"，然后回答下面的问题。

- 你的家庭情绪观属于"情绪管理训练型""忽视型""放任型"还是"压抑型"？
- 这对你的情绪观具有什么影响？
- 在与同事进行沟通时，你的情绪观是怎样的？这对你们的工作有什么影响？
- 如果让你定义你所在团队的情绪观，那么它属于"情绪管理训练型""忽视型""放任型"还是"压抑型"？这对你们团队的表现会产生什么影响？

第四步，提高与同事进行情感沟通的能力

如果你能够敏锐地捕捉并积极回应同事所发出的情感沟通信号，那将给你带来巨大的回报。在第6章中，我们介绍了很多非言语的沟通形式，包括语音语调、面部表情和行为举止。我们设计的情感沟通游戏也是为了帮助大

家训练这方面的能力。这次练习关注的对象是同事关系。

大家可以独自完成练习，也可以和朋友或者同事一起完成。工作团队一起完成这项练习是最好不过的，因为大家可以就此了解各自的情感沟通模式。

实践场　同事间情感沟通的游戏

如果你准备和他人一起完成这个游戏，请先静静地读完题干以及3个可能的解释，按照自己的理解选择一个最合理的解释。然后轮流读一下每个题目，互相猜测对方选择的是哪一个。

1. 活儿已经干完了吗？
   A. 你感到十分惊喜，因为任务终于完成了。
   B. 你有些担心，因为你怕同事完成得不像他所承诺的那么好。
   C. 你只是随便问问。

2. 你参加这次单位组织的度假活动吗？
   A. 你还没有决定好自己去不去，所以想先问问同事的决定。
   B. 你觉得同事应该去，因为以前他跟其他同事比较疏远。
   C. 你只是随便问问。

3. 昨天我独自完成了7项任务。
   A. 你对自己的工作成绩很是骄傲，所以想得到其他同事的认可。
   B. 你很生气，因为在整个过程中几乎没有人来帮你。
   C. 你的表达没有什么感情色彩，只是陈述事实而已。

4. 谁来负责这个项目？
   A. 几乎每次有了项目都是你来负责，你早已厌倦了，所以希望有人出头来替换你。
   B. 你只是随便问问轮到谁了。

C. 一般都是其他同事来当负责人，这次你想试一下，也让同事看看自己的工作能力。

5. 在是否让简参与这个项目的问题上，你怎么看？

A. 你们两个想独自完成项目，而不想让其他人参与。

B. 简的工作能力有限，有可能会拖团队的后腿。

C. 简的工作能力很强，你非常欢迎她的加入。

第五步，在工作中寻找共同意义

在本书第 7 章中，我们提到在情感沟通的过程中需要寻找共同的立足点，即寻找共同的价值观和意义，也包括尊重彼此的梦想和愿景。这些方法在同事关系中同样适用。

管理学大师史蒂芬·柯维（Stephen Covey）曾写过一本《原则领导术》（*Principle-Centered Leadership*）。他在书中特别强调了人们对自己工作的认同感有多重要。他写道："工作中的人们不能仅仅从资产、经济、社会或者心理方面去分析。他们同样具有精神性，他们需要寻找意义，寻找一种完成重要事项的满足感。人们不想完成一些没有什么意义的工作，就算这项工作能够充分发挥他们的智力水平也不行。这项工作中必须有能够提升他们的地方，让他们感到高贵，同时使他们上升到特别的高度。"

如果同事们可以在工作中找到共同意义，那会产生怎样的积极影响？这可以加强情感联系，建立更牢固，也更积极、有效的人际关系。他们更愿意共同解决偶然出现的争端。

下面的练习能够帮助大家在工作中寻找共同意义。练习后面是一些可以帮助大家促进彼此关系的常规活动。

实践场　工作对于人生的意义

回答下面的问题有助于理清一些关于同事之间的信任、竞争以及亲密关系的问题。同样地，你也可以从中发现自己是否与同事有着同样的目标、价值观以及人生意义。这些共同点能够帮助你们建立更为牢固的情感联系，于是办公环境也自然会变得更为和谐。

你可以单独完成这项练习，这样你可以发现自己对工作环境和同事关系的一些看法。如果你有一些值得信赖的同事，也可以和他们一起完成，这样大家就可以一起探讨了。

- 工作对于你的人生意味着什么？你在向他人提供服务或者产品的过程中体会到了什么人生意义？
- 成为别人的好同事对你来说意味着什么？
- 哪些因素有助于建立和谐、友好的工作环境？你现在的工作环境是否和谐、友好？如果不是的话，什么样的改变可以使之更让人感到舒心？
- 成为团队中的一员是否对你意义重大？为了在工作中获得别人对你的信赖感，你愿意付出哪些代价？你认为这些是否值得？
- 你是否想要改变你与同事关系中的某些方面？具体是哪些方面？
- 道德观在你的工作中发挥着什么作用？你是否会在工作中坚持自己的道德观？你是否坚持用符合自己道德观的方式来对待同事？
- 你现在最想在工作中完成的目标是什么？你与同事的关系对你完成目标有帮助还是产生了一些阻碍？
- 你将来的工作目标是什么？你现在的同事关系对你完成这些目标会产生什么作用？
- 你感觉自己的工作是否得到了应有的回报？这对你是否意义重大呢？
- 你所在的单位是否能够做到同工同酬？这对你是否意义重大？
- 工作中的认同感对你是否意义重大？如果你出色地完成了一项任务，你希望同事用什么方式对你表示认同和欣赏？你希望老板用什么方式表达这种认同感？
- 对你工作的评价是通过什么方式进行的？你一般如何获知评价的

结果？对工作评价以及获知过程你有什么看法？
- 你如何看待与同事之间的友谊？这种工作中的友谊与其他友情有何区别？具体有哪些不同？
- 人们是否应该为工作中的友谊设定与众不同的界限？如果真的需要，到底应该是什么样的界限？在什么情况下这种界限可以被打破或者被改变？
- 在同事间的友谊中，双方是否可以保持比较亲密的关系？双方可以在多大程度上分享有形或者无形的东西？
- 同事之间是否应该为对方保密？同事之间在倾诉秘密或者保守秘密方面是否应该比其他朋友有更严格的纪律？
- 在自己压力很大时，你是否可以从同事那里获得情感上的支持？如果你在某天感觉情绪消沉，你是习惯于一个人闷在心里，还是寻求他人的情感支援？
- 你是否在努力寻找一种工作、友谊以及家庭的平衡状态？这对你来说是否重要？你是否希望你的工作单位能够帮助你达到这种平衡，也就是说你可以有更多的时间来陪伴家人？
- 休闲娱乐在同事之间的友谊中应该占据什么位置？是否因此在工作上显得不那么郑重？
- 你是否会表达自己在工作中的一些消极情绪？当你生气、伤心或者有恐惧感时，你是否会向同事表达？
- 你是否习惯于和同事分享你的真实感受？这对你来说是否重要？
- 你对于同事之间调情有什么看法？
- 你对于同事之间谈恋爱或者发生性关系有什么看法？
- 假设你现在要离开现有的工作，或者退休，或者去新的岗位，你希望你的老板和同事们在告别宴会上对你有怎样的评价？如果他们的评价不是特别让你满意，你想做出怎样的改变？

与同事建立情感联系的常规活动

下面是一些可以在工作场所进行的常规活动。希望大家充分利用这些活动，提高自己与同事沟通的能力。

互相介绍。新人参加欢迎仪式会对他们开始几周的工作表现有巨大的影响。在有些公司，老板会在门口亲自迎接新员工，并对他们进行非常细致的上岗培训。每个员工都会认真地进行自我介绍，这样新员工就可以了解每个员工的基本情况。而在其他一些公司，新员工的第一天是独自度过的，或者坐在办公桌前，或者守在电话旁。很多公司的新员工欢迎活动都介于这两个极端之间。在我看来，只要能让新员工感到自己的到来是受到欢迎的就可以了。

打招呼。进入办公室或者离开办公室的时候跟每个同事打招呼，是建立良好同事关系的最简单办法，影响却很深远。首先，这种简单仪式可以让每个人都知道你已经到岗，他们有事儿可以来找你。其次，大家可以利用打招呼的机会随便聊两句，这样就可能建立更为深入的情感联系。所以，不要吝惜来去时的几分钟，一定要尽量和每个认识的同事打招呼。不管你们聊的是什么，只要在聊，就是在建立更为亲密的同事关系。

团体聚会。团体聚会是制订计划以及进行决策的好方式。有些组织会对经理们进行培训，告诉他们如何举办高效的团体聚会，这一点很重要。但这些培训经常忽略员工内部的情感沟通。如果员工在沟通的过程中能够建立充分的情感联系，那最好不过。为完成这一目标，在聚会开始时，可以让每个员工先进行情感上的"入住"，也就是说，先让他们各自说一下他们在工作过程中的真实内心感受。这当然听起来有些冒险，特别是对于那些时间紧、任务重，而且资源不够丰富的团队来说，但这却可以把隐藏的问题摆到桌面上，从而减轻内部损耗以及对于繁重工作的厌倦。在进行"入住"环节时，请一定记住：我们的最终目的是要让大家把精力集中在现有的工作上。所以，如果有的员工提出了一些过于复杂而无法在短期内解决的问题，我们应该另找时间进行讨论。重要的是让大家畅所欲言，这样才能放下包袱，轻装前进，专注于眼前的任务。

公告栏、员工通信录和局域网。通过这些方式维持关系显得有些随机，却也不失为一种重要的沟通手段。员工可以在其中尽情地分享共同感兴趣的话题，很多时候可能不是关于工作的，而是关于个人生活的。这也是拉近员工距离的简单方式。我认识的一位员工喜欢在公告栏上晾晒自己的私人生活，他有时会贴出自己孩子的照片，有时会贴出高中舞会的画面，还会在旅游回来后通过影像分享自己游览的经历。这些活动给其他员工带来了无穷乐趣，这也使员工有机会从另一个侧面相互了解。如果能看到你工作上的竞争对手第一次骑马时的惶恐照片，或者平时略显冷漠的老板儿时窘迫的情景，你会有什么感觉？所有这些传递给我们这样的信息：我们都曾经非常幼稚可笑，非常容易受到伤害，而且我们现在也没有完全脱离这种状态。旅游照片也会起到同样的作用，它们能够帮助我们分享生活中最悠闲、轻松或者浪漫的时刻。你当然不必和同事分享你的整个人生，但是偶尔向他们透漏一些也是可以的。

生日聚会。生日聚会这事儿最奇妙的地方在于，每个人每年都有一次。这样的活动能够传达最为简单明了的信息：我们彼此关心，无条件地关心。不管你在工作中是否顺利，到了这一天，同事们会齐声为你唱生日快乐歌，你的工作就是吹蜡烛、切蛋糕，享受这种不可替代的快乐与温馨。

下面这些建议也许能够帮助大家把这种看似乏味的常规活动变得更幸福、快乐。首先，仪式一定要简单、快捷，不要过于冗长。另外，不要强调"寿星老儿"的年龄，因为有些人对此很敏感。仪式规模不要过大，尽量保证参与的人与"寿星"关系较为亲密，这样的聚会才显得更有意义。另外，这种活动不宜过于频繁，不然会使人厌烦。

增加各种"面对面"的机会。我们现在的一个问题是过于依赖网络，减少了很多真正"面对面"的机会。这对我们的情感沟通是一个莫大的损失。有些人意识到了这一点，所以他们会刻意增加一些传统的会面方式。他们会一直开着自己办公室的门。在准备发电子邮件或者手机信息前，他们会先问自己一句："这事儿我们能不能当面谈？"

有位女经理在办公桌上放了一罐巧克力。她工作的很大一部分是咨询与指导，所以总会有人很随意地走进来。她自己说："很多人会很随意地走进来说'我来拿块儿巧克力吃'，实际上他们会在我这儿逗留一段儿时间，谈话自然而然就展开了。所以说，我的巧克力在不断召唤他们：'来吧，进来吧，我们坐下聊聊。'"

对员工表现的评价。不管是员工还是经理都特别惧怕每年的"工作评估"环节。这时的老板像是严苛而冷酷的家长，他们掌握着所有的权利，能够完全决定谁能升职，谁能加薪。但还是有些企业单位充分利用了这样的场景——利用这些场景来提高员工对公司的忠诚度，激励他们有更好的工作表现。达到这一目的的一个简单办法是在员工刚来到公司时就签订一份"工作表现协定"。这份协定应该包括员工在本年度的基本工作表现，而这些应该与公司的总体目标直接挂钩。这样，老板评定员工的表现时就有了依据，大家可以心平气和地坐下来讨论工作中的问题。

假期活动。在很多公司，假期前的一段时间是工作效率最低的，因为大家都在思考自己的度假计划，有些老板为此头疼不已。其实，老板可以组织集体度假活动，让大家放松紧张的神经。在装饰办公室、互换礼物或者分享午餐时，员工可以更多地了解彼此。所以说，假期是让员工休息和沟通的好时机。

有些老板或者员工在假期活动上很下功夫，因为他们能够清楚地意识到这是员工之间进行情感沟通的绝佳机会。我认识的一位连锁店经理能够记得每年元旦员工举办宴会的情景。每个分店的员工都会精心装扮自己的店面。老板会到每个店里参观，然后颁发一些有趣的奖项，比如最有节日气氛奖、最有创意装饰奖等。之后，所有分店的员工会在一起聚餐，还有才艺表演。你看过后才会知道他们搞得有多隆重。

奖励特殊贡献。很多企业单位都喜欢搞"本月最佳员工"之类的活动。如果这些奖励是大家认可的，就能促进大家的情感沟通。这类活动能够形成一种相互欣赏的氛围。

如果可行的话，这样的奖励活动应该在公共场合进行。工作最努力、成绩最突出的员工应该在同事、顾客或者其他人面前接受奖励。西雅图的一家网络设计公司在新员工参加公司纪念日时，会动员其他员工写几句对这位员工的赞扬的话，这些赞扬的话会被认真地编辑，然后通过电子邮件在整个公司传播。有些员工非常满意这种对于自己工作的肯定的话，会把这些与家人或者朋友分享。

我们也可以通过会议、通信报道或者招贴画等形式宣传员工的优秀事迹。西雅图的公交车上有关于"本年度最佳修理工"之类的招贴画，这样，他们的事迹就会在更广的范围内传播，这对他们无疑是一种激励。

当然，有些类似的仪式可以采用一些比较特立独行的方式，这与工作团队的文化特点紧密相连。微软学院的软件开发团队创建了这样一种常规仪式：如果某个开发小组能够在规定时间内完成艰巨的任务，团队经理会承诺剃个光头以示纪念。我听说有位女经理也做出了这样的承诺。有一次，开发小组真完成了任务，团队经理顶着新剃的光头来到了人来人往的公司餐厅，这仿佛是在说:"我做到了!我带领自己的团队完成了不可能的任务!"

在创建这类庆祝活动时,最好的方式是让它显得自然。比如说,你们的团队连续奋战3周,终于完成了任务,有人提议:"我们去喝一杯吧!"于是大家一起走向附近的酒吧。到酒吧后,团队领导最好能够抓住机会倡议大家干一杯。不过,要是领导不在呢?或者领导似乎没这个意思,你该怎么办?其实,任何人都可以发出这种倡议。关键问题是不要让这样的机会悄悄溜走。而且你还可以趁机说点什么,夸夸那些贡献大的人,同时也要顾及所有人的感受。不过,对于那些确实没什么贡献的人,你也没有义务虚情假意地夸一通,不然的话,这种活动就失去了它本来的意义。所以,总的原则是,盛赞突出贡献者,让那些确实不努力的人自己看着办。

人际关系要点

- 只要两个以上的人在一起完成任何有意义的工作,他们早晚会产生矛盾冲突。

- 孩子天生懂得如何提出沟通邀请。

- 孩子年龄越大,他们就越愿意承担责任。

- 在争吵后,向对方道歉或者用其他方式修复感情。

- 增加各种"面对面"的机会。

后　记

美好瞬间的收集者

就在本书马上完稿时,西雅图遭遇了一次6.8级的地震,这是50年来最大的一次地震。我当时正在华盛顿大学,和3个多年合作的同事待在一起。当我们意识到发生了地震后,赶忙起身来到了狭窄的过道里。我们紧紧地抱在一起,听着楼房震动的声音,感受着地面在脚下颤动。我们当时异常恐惧,不知自己的命运会如何。

幸运的是,楼房并没有倒掉,也没有人受伤。实际上,整个城市也基本上安然无恙,但这种经历却一直留在我们心里。

事后,每当回想起当时的情景,我都会怀着一颗感恩的心。那时我们彼此信任,互相安慰。我认为当时的情景就是一个完美的例子,验证了好的人际关系是多么重要。我们一起共事 10 年，10 年间我们不断向对方提出沟通邀请，也认真地回应对方提出的每一次沟通邀请，并不断亲近彼此。所以，当灾难发生时，我们没有多想，很自然地互相寻求帮助，彼此都体验到了友情的温暖。

这种关系就是我们对人际关系的最高期待。这样的关系并不会在危急时刻突然形成，它就存在于我们日常无数次看似无聊的交谈之中。

"今天过得怎么样？"
"忙得脑子有点儿晕。你看起来也挺累的。"
"是啊。要不要一块儿喝点儿什么？"
"好哇！去哪儿？"

当灾难真的发生时，这些看似无心的关心都会派上用场。如果你们已经习惯了向对方提出沟通邀请并积极回应对方提出的沟通邀请，在问题出现时双方会更好地利用幽默以及对彼此的好感来化解问题。用心倾听对方的需求，我们对彼此的了解会越来越深入。

如果有机会和周围的人一起经历一次灾难，事后你会用心审视自己的内心，从而在今后的生活中表现出更多的细致入微。你能够意识到自己的人生会在瞬间发生巨变。这样，你就会意识到人际关系对于自己的重要性。

震后很多人都打电话来表示关心。"我们都没事儿。"我对他们一次次地重复，心中充满了喜悦和欣慰，因为其中很多人都已经多年没有联系了。我特别欣慰的是接到一位老朋友的来电。他问我有没有在地震中受伤，听到我的回答后顺便安慰了我几句，我从他的语气中听出他才是那个真正需要别人关怀的人。尽管我还有很多事要做，但我临时决定先把那些事放下，把电话拿到沙发旁，坐下来认真地听他讲述自己的故事。他告诉我这一年他过得很不顺，在新的工作岗位干得很郁闷。我们谈了一小时多。这次谈话让我们双方都获益匪浅，每个人都用心讲述，而后倾心聆听。我想，正是这样的对话能够让我们保持多年的亲密关系。

我们的研究让我意识到，人际关系的保持不必等到灾难来临后才能够实现。其实，我们可以从现在开始，从身边的小事做起，提出积极的沟通邀请，并积极回应别人提出的沟通邀请。我希望本书能够帮助你做到这一点。我相信，如果你按照本书中描述的步骤来做，肯定能够找到与身边的人们建立情感联系的好机会，而你的生活也一定会发生积极的变化。

提出沟通邀请并积极回应对方沟通邀请的好处之一是它能够引起良性的连锁反应。不管你的努力显得多么微小，至少你是在朝着正确的方向前进。这就意味着不管你在何时何地，你总能恰当地改善自己的人际关系。我们应该成为"美好瞬间的收集者"，即使这些只是一些看似无关紧要的互动行为——一个羞涩的微笑，一个轻声的招呼，当然，也可能是比较正式的邀请。

另外，了解各自的情绪指令系统也能够使我们的关系变得更为融洽。了解情绪指令系统后，你会恍然大悟，原来人与人之间的矛盾并不像看起来那么让人迷惑。

在应用本书提供的这些原则时，我强烈建议大家要时刻注意观察、培养耐心并保持乐观。如果你能够抓住生活中每一个与沟通邀请有关的机会，回报会越来越明显，成效也会越来越显著。这就像开车一样，刚开始学车的时候，你发现自己要记住那么多细节——限速、变道、后视镜等。随着驾驶经验的丰富，你发现自己在不知不觉间就变成了一个技术娴熟的司机。

　　好了，不断练习吧！用不了多久你就会发现，与他人沟通已经成为你的一个习惯，你身边的人都会越来越喜欢你，越来越欣赏你。

未来，属于终身学习者

我们正在亲历前所未有的变革——互联网改变了信息传递的方式，指数级技术快速发展并颠覆商业世界，人工智能正在侵占越来越多的人类领地。

面对这些变化，我们需要问自己：未来需要什么样的人才？

答案是，成为终身学习者。终身学习意味着具备全面的知识结构、强大的逻辑思考能力和敏锐的感知力。这是一套能够在不断变化中随时重建、更新认知体系的能力。阅读，无疑是帮助我们整合这些能力的最佳途径。

在充满不确定性的时代，答案并不总是简单地出现在书本之中。"读万卷书"不仅要亲自阅读、广泛阅读，也需要我们深入探索好书的内部世界，让知识不再局限于书本之中。

湛庐阅读 App: 与最聪明的人共同进化

我们现在推出全新的湛庐阅读 App，它将成为您在书本之外，践行终身学习的场所。

- 不用考虑"读什么"。这里汇集了湛庐所有纸质书、电子书、有声书和各种阅读服务。
- 可以学习"怎么读"。我们提供包括课程、精读班和讲书在内的全方位阅读解决方案。
- 谁来领读？您能最先了解到作者、译者、专家等大咖的前沿洞见，他们是高质量思想的源泉。
- 与谁共读？您将加入优秀的读者和终身学习者的行列，他们对阅读和学习具有持久的热情和源源不断的动力。

在湛庐阅读 App 首页，编辑为您精选了经典书目和优质音视频内容，每天早、中、晚更新，满足您不间断的阅读需求。

【特别专题】【主题书单】【人物特写】等原创专栏，提供专业、深度的解读和选书参考，回应社会议题，是您了解湛庐近千位重要作者思想的独家渠道。

在每本图书的详情页，您将通过深度导读栏目【专家视点】【深度访谈】和【书评】读懂、读透一本好书。

通过这个不设限的学习平台，您在任何时间、任何地点都能获得有价值的思想，并通过阅读实现终身学习。我们邀您共建一个与最聪明的人共同进化的社区，使其成为先进思想交汇的聚集地，这正是我们的使命和价值所在。

CHEERS

湛庐阅读 App
使用指南

读什么
- 纸质书
- 电子书
- 有声书

怎么读
- 课程
- 精读班
- 讲书
- 测一测
- 参考文献
- 图片资料

与谁共读
- 主题书单
- 特别专题
- 人物特写
- 日更专栏
- 编辑推荐

谁来领读
- 专家视点
- 深度访谈
- 书评
- 精彩视频

下载湛庐阅读 App
一站获取阅读服务

HERE COMES EVERYBODY

版权所有，侵权必究
本书法律顾问　北京市盈科律师事务所　崔爽律师

The Relationship Cure: A Five-Step Guide to Strengthening Your Marriage, Family, and Friendships by John Gottman, Ph D. and Joan DeClaire
Copyright © 2001 by John Gottman, Ph D. and Joan DeClaire
Illustrations copyright © 2001 by Julie Schwartz Gottman, Ph D.
All rights reserved.

浙江省版权局图字：11-2023-293

本书中文简体字版经授权在中华人民共和国境内独家出版发行。未经出版者书面许可，不得以任何方式抄袭、复制或节录本书中的任何部分。

图书在版编目（CIP）数据

人的七张面孔/（美）约翰·戈特曼，（美）琼·德克莱尔著；李兰兰译.— 杭州：浙江科学技术出版社，2023.11
ISBN 978-7-5739-0879-7

Ⅰ.①人… Ⅱ.①约… ②琼… ③李… Ⅲ.①人际关系-通俗读物　Ⅳ.①C912.1-49

中国国家版本馆 CIP 数据核字（2023）第 190073 号

书　　名	人的七张面孔
著　　者	［美］约翰·戈特曼　　［美］琼·德克莱尔
译　　者	李兰兰
出版发行	浙江科学技术出版社 地址：杭州市体育场路 347 号　邮政编码：310006 办公室电话：0571-85176593 销售部电话：0571-85062597 E-mail：zkpress@zkpress.com
印　　刷	石家庄继文印刷有限公司
开　　本	710mm×965mm　1/16　　印　张　22
字　　数	310 千字　　　　　　　　　　　插　页　1
版　　次	2023 年 11 月第 1 版　　　　　印　次　2023 年 11 月第 1 次印刷
书　　号	ISBN 978-7-5739-0879-7　　　定　价　99.90 元

责任编辑　余春亚　　　　　　责任美编　金　晖
责任校对　张　宁　　　　　　责任印务　田　文